여행업 경영론

윤대순 · 구본기 · 윤기명
이경숙 · 최현묵 공저

Travel Agency Management

기문사
www.kimoonsa.co.kr

머리말

관광산업이 발전되어 가면서, 특히 여행업에 대한 관심은 높아질 수밖에 없다. 관광통계에 의하면 우리나라 국민의 국외여행 관광자 수가 2016년 2,200만 명, 외국인 국내 관광자 수는 1,700만 명이 넘는 인원이 국내 여행을 하였다. 이러한 추세는 관광통계를 보면 점차 많은 인구가 국내외를 여행하게 되고 2017년을 기점으로 4차산업이 활발히 움직이고 있는 이때 여행업은 앞으로 4차산업에서 인적 서비스를 요구하는 성장 가능성이 크다는 점에서 중요한 시기를 접하고 있음을 알 수 있다.

4차산업의 여행업 트랜드는 개인이 많은 정보를 통하여 직접 여행지에서의 일정을 계획하거나 패키지 상품은 한 나라를 세분화하여 국가별 정보를 제공하는 일정으로 여행 목적을 다양화하고 있다.

그로 인한 소비자에게는 많은 서비스를 요구하는 시대인 것이다. 따라서 본서에서는 여행업의 체계적인 학습을 통하여 여행업에 대한 인식과 변화를 이루고자 한다. 출입국 통계가 2016년에 비해 무려 19%가 늘었고, 앞으로 해마다 이러한 현상은 계속 변화할 것이라 본다.

특히 본서에서는 그동안 여행사로 인식하던 개념을 깨고 여행업으로 인식을 바꾸려 한다. 그 이유는 관광진흥법 제3조(관광사업의 종류)제1항1에 따라 여행사가 아닌 여행업으로 규정하고 있기 때문이다. 여행업이란 여행자 또는 운송시설 · 숙박시설, 그 밖에 여행에 딸리는 시설의 경영자 등을 위하여 그 시설 이용 알선이나 계약 체결의 대리, 여행에 관한 안내, 그 밖의 여행 편의를 제공하는 업으로 규정하고 있으며, 여행업의 업무는 고객과의 상담을 통한 여행상품을 제작 · 판매하고, 관광자가 원하는 상품을 설명하며, 관광자의 불편을 해소시키는 역할을 하여 기업 이익을 창출하는 업이다. 따라서 여행사란 여행업을 수행하는 회사라 칭한다. 우리가 그동안 편하게 호칭하던 여행사는 그저 회사일 뿐이고 여행업을 수행하는 한 기업이라 할 것이다. 그러하기에 학문적으로는 여행업을 학습하는 것이다.

고객의 상품 다양화, 저가 항공권, 호텔의 검색 사이트가 많은 정보를 제공하기 때문에 여행업의 수입구조에도 영향을 미칠 것이라 생각된다. 고객들은 많은 정보 속에서 관광을 가려든가, 가고 싶어 한다. 메스컴을 통하여 또는 인터넷을 통한 정보의 바다를 걷고 있다.

항공업의 저가 항공사가 출범과 동시에 호텔업의 저가 호텔업(서비스, 레지 등), 게스트하우스가 성행하면서 특급호텔의 고전도 어려운 상황을 보태고 있으며, 인터넷의 전세계 호텔을 검색 비교적 저가에 예약을 하고 있으며, 여행업의 문의도 에어텔을 다양하게 찾고 있다. 따라서 본서에서는 대학에서의 기본적인 여행업에 대한 충분한 교육의 기본서라고 할 수 있다.

본서가 집필되는 과정에서 많은 도움을 주신 분들과 도서출판 기문사의 모든 분들에게도 감사의 말씀을 전한다.

2018년 2월

저자 일동

C·o·n·t·e·n·t·s

차례

제11장 여행업 마케팅 • 205

제1편

여행업 기초이론

제1장 여행의 기초개념

제1절 여행의 개념과 의의

1. 여행의 어원

인간의 이동에는 거주지를 떠나 타지에 정착을 하게 되는 이주(이민)와 타지로 이동하였다가 거주지로 다시 돌아오는 여행으로 구별된다.

원시생활에 있어서 인간의 이동은 생활권을 완전히 옮기는 이주형태가 거의 대부분이었으며, 사회문화가 발전하면서 중세시대에는 이민 · 이주형태를 나타내며, 근대에는 일상의 생활권을 벗어나 다시 돌아올 것을 전제로 타지의 사회 · 문화 등을 돌아보는 여행의 형태를 나타내고 있다.

漢字로 여행의「旅」字는 人과 方이 합해서 이루어진 회의문자로 나그네, 여행, 무리, 군사의 뜻을 의미하며, 「行」字는 彳과 亍이 합해서 이루어진 회의문자로 다니다, 가다, 돌다, 흐르다의 뜻을 의미하므로, 旅行은 인간이 어떠한 방향으로 움직인다는 뜻을 나타내고 있다.

한편 英語에서 여행의 어원은 「travel」로서, 이는 「trouble」(걱정, 고생, 고됨)이나 「toil」(고통, 힘든 일)과 같은 어원인 라틴어의 「travail」(고된 일)에서 그 어원을 찾을 수 있는데 고통, 노동, 힘든 일을 하는 것이라는 뜻으로부터 출발하여 1947년 IUOTO (International Union of Official Travel Organization)라는 관광단체에서 「travel」을 공용의 단어로 사용하였다. 그만큼 여행에는 먼 길을 떠남에 있어 안전과 숙박 등에 대한 고통과 고민이 항상 따르고 있음을 알 수 있다. 즉, 과거에는 그리스 · 로마 시대의 귀족이나 산업혁명 이후의 신흥 부유층의 호사를 위한 여행은 즐겁고 안락한 여행이었겠지만, 그 이외 대부분의 서민들의 여행은 위험과 고역이 따르는 여행이었다.

오늘날에도 일부 학생층의 배낭여행이나 경제적인 여행을 추구하는 여행자의 경우 고난과 위험을 무릅쓰는 여행 중에 이러한 의미를 느낄 수가 있다. 그러나 과거의 여행이라고 해서 전적으로 고난과 위험이 따르는 여행만 존재한 것은 아니다.

2. 여행의 정의와 개념

여행(旅行, travel)이라는 용어를 인간의 이동이라는 측면에서 고찰한다면 한곳에서 다른 곳으로의 이동행위라고 넓은 의미에서 정의를 내릴 수 있지만 보다 구체적으로는 관광과 거의 같은 의미로 거주하는 집을 떠나 다시 집으로 돌아오는 동안의 모든 체험과정의 총체라는 개념으로 단정지을 수 있다.

여행이란 인간이 거주하는 자기 집을 떠나 즐거움(樂), 친교(親), 건강(體), 인격도야(德), 견문확대(知), 효도(孝), 충성(忠), 생활개선(富), 일탈(脫) 등을 목적으로 여행하여 眞 · 善 · 美를 추구하는 체험과정의 총체로서 관광하는 외적 사회현상을 말하며, 여행자란 거주하는 자기 집을 떠나 관광의 목적을 가지고 이동하는 사람을 말한다. 따라서 외형적으로 관광과 여행은 구분되지 않으며, 관광의 목적을 가지고 이동하는 것이 여행이다.

3. 여행의 현대적 의의

일반적으로 과거의 여행이 생존을 위하여 수렵이나 사냥을 위하여 이동하는 모습에서 여행의 연원을 찾는다면 관광의 목적과 관련한 오늘의 여행의 형태는 과거의 여행과는 그 의미나 형태에서 확연히 다른 모습을 보여주고 있다.

과거와 달리 오늘날의 여행은 일부 부유층이나 특권층에 의해서만 행해지는 것이 아니라 모든 대중이 참여하는 여행으로 변화하였다. 즉, 계속적인 경제발전의 혜택이 모든 국민들에게 그 영향을 미치게 됨에 따라 과거에는 일부의 계층만이 여행에 참여하였으나, 현재에는 여행의 참여 계층이 확대되어 일반 대중이 여행에 참여하고 있다. 특히 산업화와 도시화에 따라서 변화가 적고 반복적이며, 권태로운 일상생활에 젖어 있는 현대인에게 있어 여행은 삶의 질을 높일 수 있는 적극적인 생활의 수단이 되어 자신만이 가지는 가치를 실현하고, 자신의 삶을 보다 윤택하게 할 수 있는 것으로 인식하게 되었다. 따라서 현대인의 여행의 참여는 적극적이고 동적인 것으로 변화하였고, 복합적인 활동으로 그 양상이 변화하고 있다.

그 결과 도시의 수많은 사람들은 주말이나 휴일이 되면 자연을 맛보고 새로운 경험을 위하여, 자신만의 이색적인 경험을 갖기 위하여, 그리고 자신의 새로운 가치관과 인생관을 형성하기 위하여 자기의 생활권을 벗어나 새로운 세계로 여행을 하게 되었으며, 여행은 인간의 새로운 사회현상의 하나로 자리 잡았다.

제2절 여행의 형태와 종류

1. 여행의 형태

여행형태의 분류는 여행동기나 목적, 여행상품에 따라서 다양하지만, 일반적으로 다음과 같은 4가지의 유형으로 분류하여 설명할 수 있다.

1) 피스톤(Piston)형

피스톤형은 여행자가 출발지에서 단일여행 목적지에 도달한 다음 그 곳에서 여행을 하고, 다시 동일한 경로를 이용하여 출발지로 되돌아오는 가장 단순한 반복식 여행코스로 여행소비지출은 적게 드는 편이다.

그림 1-1 **피스톤형**

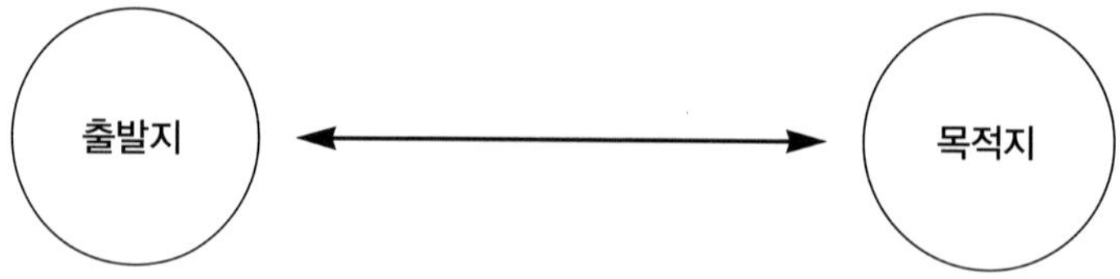

2) 스푼(Spoon)형

스푼형은 여행자가 출발지에서 단일여행 목적지에 도달한 다음 그곳에서 주변관광지 등 여러 곳을 여행한 다음 동일한 경로를 이용하여 출발지로 돌아오는 여행유형이다. 이 유형은 여행목적지에서의 여행소비가 피스톤형보다 많이 발생하며, 목적지에서의 여행활동이 비교적 다양하다.

그림 1-2 **스푼형**

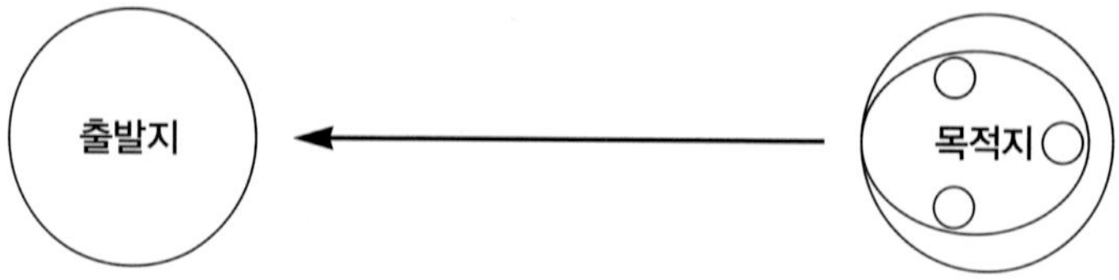

3) 안전핀(Pin)형

안전핀형은 여행자가 출발지에서 단일여행 목적지에 도달한 다음 그곳에서 주변관광지 등 여러 곳을 여행한 다음 출발코스와 다른 경로를 이용하여 출발지로 되돌아오는 여행유형으로 피스톤형과 스푼형보다 여행경비가 많이 지출된다.

그림 1-3 **안전핀형**

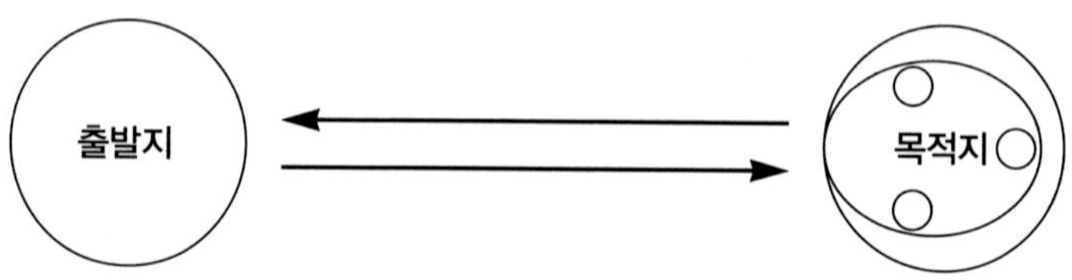

4) 텀블린(Tumblin)형

텀블린형은 여행자가 출발지를 떠나 여러 목적지를 여행한 후 출발코스와 다른 경로를 이용하여 출발지로 되돌아오는 여행유형으로, 여행을 계속적으로 반복하므로 비교적 체류기간이 길고 많은 여행경비가 소요된다.

그림 1-4 텀블린핀형

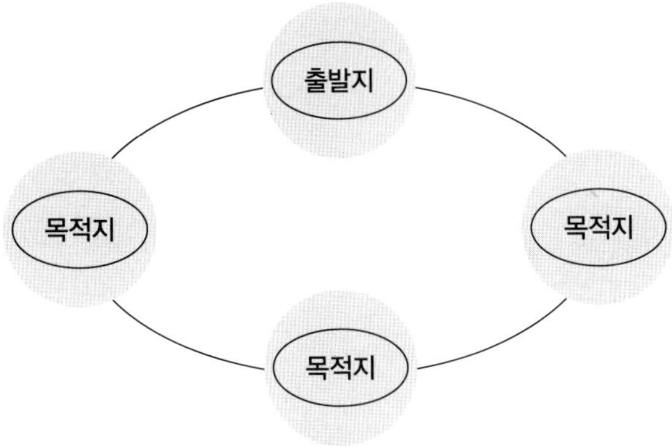

이상의 4가지 형태의 여행유형을 살펴보면, 피스톤형에서 텀블린형으로 갈수록 체류기간이 길고 여행경비가 많이 소요되므로 단독으로 여행을 계획하기가 힘들어 정보수집 및 예약대행 등에 관해서 누군가의 도움을 필요로 한다. 따라서 여행의 코스가 복잡해질수록 여행관련 업무를 대행하는 기관이 필요하며, 이러한 여행자의 요구가 곧 여행업의 생성과 발달에 직결된다.

2. 여행의 종류

여행의 종류는 국적별, 여행방향, 여행목적, 여행자 수, 여행기획자, 안내원 동승조건, 여행형태, 출입국수속, 여행기간 등에 따라 다음과 같이 분류해 볼 수 있다.

1) 국적별 여행의 분류

(1) **한국인 여행**(Korean Tour)

한국인 여행은 한민족 전체를 포괄하여 대한민국 국민으로서의 여행인 국민여행(National Tour)과 재외국에 거주하는 한민족으로서의 여행인 교포여행(Tour of Korean in Foreign Country), 그리고 국내여행이나 국외여행이라고 할 수도 없고 UN 동시가입으로 국제적으로는 두 개의 국가로 되어 있으나 두 개의 국가라고도 볼 수 없는 남 · 북한 간의 교류로 추석이나 설 등의 명절에 민족의 이동이라고 표현하는 연장선상에서 남북이 통일되기 전까지는 민족여행(Korean Nation Tour)이라고 명칭한다.

(2) **외국인 여행**(Foreigner Tour)

외국인 여행은 외국인의 국내여행(Inbound Tour), 외국인의 외국여행(World Tour), 주한외국인의 국내여행(Inbound Tour), 그리고 주한외국인의 국외여행(Outbound Tour)으로 구분한다.

2) **국경에 의한 분류**(여행 방향에 의한 분류)

(1) **국내여행**(Domestic Tour)

한 지역 또는 한 나라의 국민이 자신이 소속되어 있는 영토 내를 여행하는 형태로 주로 우리나라 사람의 국내여행이다. 국민의 소득수준의 향상과 여가선용 등으로 국민의 국내여행이 국민여행이나 복지관광측면에서 점차 중요시되고 있다.

(2) **외래여행**(Inbound Tour)

외국인의 국내여행을 칭하며, 외화획득과 국제친선이라는 점에서 전략산업으로 지정, 진흥정책으로 육성하고 있으며, 한국을 해외에 알리는 등 경제외적인 효과도 많이 있다.

(3) **국외여행**(Outbound Tour)

여행의 이동이 거주지 국경을 벗어나는 여행형태로서, 한국인의 국외여행을 뜻한다. 국외여행은 외화의 국외유출이라는 문제와 사회적 · 경제적 · 문화적 · 정치적 상황에 따라서 비판의 대상이 되기도 하지만, 외국의 여행을 통하여 애국심 고취, 사고의 확대 등 긍정적 효과가 많음도 인식하여야 한다.

3) 여행자 수에 의한 분류

(1) 개인여행(Individual Tour)

개인여행 또는 개별여행은 일반적으로 단체여행의 반대 의미로 10명 이하의 여행을 말하며, 여행자 개인의 의사에 따라서 일정을 정하고 교통수단, 숙박시설 등을 예약하여 떠나는 것으로 비경제적이다. 개인여행은 개인 혹은 가족 간의 의미를 부여하는 여행이며, 개인 기호에 따라 자유롭게 여행을 느낄 수 있다.

(2) 단체여행(Group Tour)

단체여행은 10명 이상의 여행을 말하며, 개인여행과는 달리 모집대상자 또는 단체참가자 및 단체 주최자의 희망에 따라 여정을 작성, 출발하는 것으로 참여자와의 친교와 공동의 여행목적을 위한 것으로 비용이 저렴한 것이 특징이다. 단체여행은 일정한 조건과 여정을 만들어 모객대상자가 희망하는 최대공약수를 도출, 여행사에서 모집하여 행하는 모집여행, 기업체나 단체에서 특정한 목적, 즉 기업체에서의 조직원 단합 또는 근무성적이 우수한 자를 선발하여 상으로 여행을 시켜주는 보상여행(Incentive Tour), 학생들이 교사의 인솔하에 학습의 연장으로 여행하는 수학여행, 그리고 국가의 발전상 등을 알려주기 위한 공공목적의 산업시찰과 산업체 자체의 홍보 및 교육을 위한 산업시찰 또는 종교 목적인 선교순례 등으로 구분할 수 있다.

4) 인솔자 동승조건에 의한 분류

(1) IIT(Inclusive Independent Tour)

IIT는 인솔자가 동승하지 않고, 현지안내원이 각 여행지에서의 여행을 안내하며, 그 이외는 여행객이 단독으로 여행하는 형태이다. 이를 현지안내원제도(local guide system)라고도 한다. 또한 FIT(foreign independent tour)는 개인여행을 뜻하며 여행자 단독으로 여행하는 형태이다.

(2) **ICT**(Inclusive Conducted Tour)

ICT는 인솔자가 동승하여 전체여행기간동안 계속하여 안내하는 형태로, 단체여행에 많이 이용되는 형태이다. FET(foreign escorted tour) 역시 인솔자가 여행시작부터 종료까지 동행하는 형태이다.

5) 여행형태에 의한 분류

(1) **패키지여행**(Package Tour)

여행사 주최 관광의 전형적인 형태로서 가급적 저렴한 경비로 명승지, 고적지 중요 여행대상을 포함해서 여행상품(여행사의 상품)화하여 판매하는 것이다. 계속하여 송객한다는 정기여행 또는 Series Tours의 의미를 내포한 것과 여행상품의 구성을 통해 개별여행자를 모집한다는 의미의 Package Tour가 있다.

(2) **크루즈여행**(Cruise Tour)

선박을 이용한 여행으로 적게는 몇 시간을 여행하는 정도의 유람선과 장거리 · 장시간의 크루즈여행으로 구분할 수 있으며, 각 선박의 기항지에서 여행을 하고 숙박은 선박에서 하는 형태를 말한다.

(3) **보상여행**(Incentive Tour)

포상여행이라고도 하며, 판매실적이 우수하거나 모범적인 사원을 선발하여 관련업무의 사기증진을 위해 여행을 시켜 주는 것으로 기업체나 단체에서 행하고 있다.

(4) **국제회의여행**(Convention Tour)

각종 국제회의 참가를 목적으로 여행하는 것을 말하며, 이는 국제친선, 국위선양, 국제평화 등의 계기가 된다. 국제회의를 유치하면 관광경제적 효과도 증대되므로 Convention Tour를 유치하기 위한 각국의 노력이 경주되고 있으며, 그 나라의 국제적인 이미지를 높일 수 있어 그 중요성이 높아져 점차 활성화되는 형태의 여행이다.

6) 출입국수속에 의한 분류

(1) 기항지 상륙여행(Shore Excursion)

선박 또는 항공기가 항구와 공항에 도착한 후 그곳을 출발할 때까지의 기간을 이용하여 일시 상륙허가를 얻어 근처의 도시와 관광지 등을 여행하는 것을 말한다.

(2) 통과 상륙여행(Over Land Tour)

항공기 또는 선박이 동일한 국가 내에서 이동 · 항해할 동안의 기간을 이용해서 통과상륙의 허가를 얻어 행하는 여행이다. 단, 동일항공기 또는 선박에 재승선할 때에 한한다.

(3) 일반 관광여행

15일 이내의 체재허가를 얻어 입국한 여행을 말하며, 국가에 따라서 체재일수가 다르다.

7) 여행기간에 의한 분류

(1) 단기여행

단기여행은 2일~5일 이내의 여행을 단기여행이라고 할 수 있다.

(2) 중기여행

중기여행은 5일~15일 이내의 여행을 중기여행이라고 할 수 있다.

(3) 장기여행

장기여행은 15일 이상의 여행을 장기여행이라고 할 수 있다.

제3절 여행의 유사개념

1. 관광(Tourism)

관광이란 인간이 자기 집을 떠나 즐거움(樂), 친교(親), 건강(體), 인격도야(德), 견문확대(知), 효도(孝), 충성(忠), 생활개선(富), 일탈(脫) 등을 목적으로 여행하여 眞 · 善 · 美를 추구하는 체험과정의 총체이다. 즉, 관광은 삶의 질을 향상시켜 주는 체험과정이다.

표 1-1 스푼형 관광의 외형적 용어

구분	내용
Travel	이동의 개념이 포함된 장거리 또는 미지의 곳으로의 여행, 주로 의도적인 구경이며 비교적 소액의 금전을 보유하고 출발.
Tour	이동의 개념이 포함된 일정한 계획에 의해 각지를 관광하는 주유관광으로 Travel에 비하여 고가임. Travel보다는 여행기간이 짧고 Trip보다는 긴 여행. 주로 의도적인 구경으로 선택적, 자기후생적 성격이 매우 강함. Tour 자체로 관광구성 여건을 갖춤.
Trip	목적, 기간, 수단 따위에 관계없이 여행을 뜻하는 일반적 의미 (보통 육상여행을 의미함). 교통수단 내용 및 이용횟수를 단위로 한 성격이 강함(목적 Trip, 수단 Trip)
Journey	목적, 기간, 수단 따위에 관계없이 여행을 뜻하는 일반적 의미 (보통 육상여행을 의미). 의무적 또는 非자기후생적인 의미까지 포함(Tour보다 의미가 강함) 의미 또는 무의도적 구경
Sightseeing	이동의 개념이 포함되지 않은 의도 또는 무의도적 구경. Sightseeing 자체로는 가벼운 마음의 관광.
Excursion	짧은 유람여행으로 주로 단체할인의 주유여행, 당일관광, 소풍
Voyage	해로 또는 공로의 보통 긴 여행
Cruise	호텔과 레스토랑 등 모든 유락시설과 프로그램을 갖춘 시설에서 여러 날을 머물며 각 도시나 섬을 순항하는 여행
Jaunt	가정이나 직장을 떠나서 즐기는 짧은 여행(하이킹의 성격)
Junket	특히 시찰 따위의 명목으로 관비로 하는 호화여행, 카지노 관광

자료 : 기존의 각종 자료를 참고로 작성하였음.

2. 여가(Leisure)

여가는 우리말 사전에 의하면 「짬」, 「틈」, 「겨를」로 표현되어 있으나, 여가는 영어 「Leisure」의 번역어로 관광경영학의 한 부문으로 연구되고 있다. 여가는 아직 그 개념에 대한 통일된 견해가 없고, 인접 유사개념들과의 경계도 확립되지 않았으며 나아가 여가의 활동이나, 시설 또는 여가산업에 대한 명확한 개념 규정도 이루어지지 않고 있다.

표 1-2 여가의 분류개념

	대분류	세부분류	내용
학술적 정의	Murphy의 분류	고전적 견해 (전통적)	고대 그리스 「아리스토텔레스」의 견해로 여가란 「존재상태」를 의미
		자유재량시간	일과 생존을 위한 기본욕구 충족 후의 잔여시간으로, 일면 「잔여시간설」이라고 함
		사회적 도구	지역사회 프로그램을 통해 시민욕구를 충족 사회기능적 관점
		반공리적 견해 (Antiutilitarian view)	고전적 견해와 유사한 「정신상태」 또는 「그 자체를 목적」으로 보는 것. 당위성이나 공리성을 전제하지 않음.
		포괄적 개념	사회적 · 개인적 열망을 망라한 복합체로 보는 견해, 의미상 여가와 일은 불가분의 관계
	Kraus의 분류	고전적 견해	「존재상태」나 「정신상태」 그리고 「여가 그 자체를 위한 순수활동」으로 보는 고대 그리스적 견해
		사회계급의 상징	「베블렌」의 「유한계급론」에 묘사됨, 과시적 소비를 하는 부유엘리트 층의 특권이 여가라는 견해
		활동의 한 형태	자유의 자유시간에 행하는 「非노동활동」 여가의 위락적 기능을 많이 암시함.
		非의무시간	의무성이 없는 자유재량시간을 의미 「크라우스」는 「준 여가」라는 중간개념 도입
실무적 개념	시간개념의 분류	시간대 기록 (Time Budget)	소비시간에 대한 일기형식의 기록 준여가 개념을 도입, 시간대 기록에 적용
		제도적 시간	사회제도적 근로시간, 휴일, 휴가 등에 따른 여가의 다과를 추정

	대분류	세부분류	내용
여가의 기능	비용지출 로서의 분류	개인에 대한 기능	여가활동에 대한 비용지출규모로 여가활동의 양을 계량적으로 파악. 여가에 대한 기능 : 휴식, 기분전환, 자기계발 자발적 「학습」의 형태를 낳고, 자아실현의 길을 펼침
		사회 및 집단에 대한 기능	사회나 집단의 공감대형성, 사회를 통합 문화적 기능 발휘, 사회적 긴장 가능

자료 : 윤대순. 2000 : 29.

여가의 개념규정 및 정의는 학자에 따라서 견해가 다르지만, 사전에 의하면 "여가는 업무를 떠나서 각자가 자유롭게 되는 시간"이라고 릿트레 사전(1896년)에 기록되어 있으며, 1930년 오제(Auge)가 편집한 사전에서는 "여가는 정규의 업무로부터 떠나 있을 때에 자유롭게 할 수 있는 오락이나 일"이라고 되어 있다.

3. 레크리에이션(Recreation ; 위락)

레크리에이션이란 첫째, 어떠한 활동에 대한 각자의 흥미와 욕구에 의하여 결정된다. 둘째, 각자가 행하는 활동에서 즐거움을 느끼지 못하는 것은 레크리에이션이라고 할 수 없다. 만족과 즐거움을 느끼지 못하면 고된 노동과 다를 바 없다. 셋째, 레크리에이션은 자발적인 활동인 경우에 이루어진다. 레크리에이션은 타인의 강제적 권유에 못이겨서 하는 것이 아니라 스스로 우러나서 하는 자발적인 활동이다. 그래야 레크리에이션의 최대 효과를 거둘 수 있다.

레크리에이션의 본질적 요소는 ① 할만한 가치가 있는 것(worth-while), ② 사회적으로 용납될 것(socially-accepted), ③ 여가에 행할 것(leisure), ④ 만족을 느낄 수 있을 것(satisfaction), ⑤ 자발적(스스로)으로 행할 것(voluntary)이며, 이와 같은 5가지 요소를 바탕으로 김오중은 "각자가 선택한 활동에 스스로 문화적 · 사회적으로 받아들일 수 있는 건설적이며 창조적인 여가의 활동이다"라고 정의하였다.

레크리에이션이란 용어는 1911년 미국의 레크리에이션 운동을 장려한 바 있던 단체의 명칭으로 사용해 왔다. 그리고 1932년 미국 로스엔젤레스에서 제1회 세계 레크레이션 회의가 열리게 되었고, 이에 세계 각국의 이목을 끌게되면서 현재의 용어가 세계적으로 널리 사용되고 있다.

4. 놀이(Play)

놀이에 대한 최근의 견해는 자기표현이론과 문화상의 요소로 크게 구분된다. 자기표현이론은 여가태도나 습관형태에 영향을 미치며, 그 중요한 내용으로는 ① 새로운 경험에 대한 욕구, ② 단체에 참여하고 싶은 욕구, ③ 안전에 대한 욕구, ④ 다른 것으로부터 응답과 인식의 욕구, ⑤ 실학적(實學的) 욕구를 들 수 있다. 한편, 문화상 요소로는 "놀이는 자유에 의해 표상되는 자발적인 행위이지 결코 물적 필요나 도덕적 의무감에 의해 부여되지 않는다."고 하였다.

놀이는 관광행위에서 매우 중요한 위치를 점하고 있으며, 놀이가 국제관광과 국내관광 수요를 증대시키는 상품으로서 역할을 하고 있는 것은 놀이가 문화적 가치를 표현하고 있기 때문이다.

제2장
여행업의 개요

제1절 여행업의 개념

1. 여행업의 개념

관광진흥법 제3조(관광사업의 종류)에 의하여 여행업은 여행자 또는 운송시설 · 숙박시설, 그 밖에 여행에 딸리는 시설의 경영자 등을 위하여 그 시설 이용 알선이나 계약 체결의 대리, 여행에 관한 안내, 그 밖의 여행 편의를 제공하는 업으로 규정하고 있다. 여행업의 업무로는 여행상품을 생산 · 판매하고, 관광지를 안내하며, 관광자와 관광관련사업자(principal)를 위하여 상호알선하고, 관광관련사업자의 사용권을 대매하며, 기타 관광에 필요한 업무를 수행하는 기업이다.

오늘날 여행사는 관광자나 관광관련사업자에게 없어서는 안 되는 중요한 위치로 발전했다. 관광관련사업자로부터 수수료를 받던 관계에서 대량소비, 대량판매를 위해 저렴한 가격으로 제공하여 주고 일정 기간이 지나면 그 판매액 또는 사용율에 대한 별도의 수수료를 포함시키며 여행사에서 여행상품이라는 별도의 제품을 만들어 판매하는 단계까지 발전하였다.

여행업의 법률적 정의는 몇 차례의 관련법규가 개정되면서 현실적인 현상을 법규상의 개념에 포함하는 방향으로 그 정의가 변화하였다.

현행 우리나라의 관광진흥법 제3조 제1항 여행업은 2015년 2월 관광진흥법 개정을 통해 "여행자 또는 운송시설 · 숙박시설, 그 밖의 여행에 딸리는 시설의 경영자 등을 위하여 그 시설 이용 알선이나 체결의 대리, 여행에 관한 안내, 그 밖의 여행 편의를 제공하는 업"으로 정의하고 있으며, 여행업을 국내 · 국외 · 외래관광 업무를 종합적으로 담당하는 일반여행업과 국외관광 업무를 전문적으로 담당하는 국외여행업, 국내관광 업무를 전문적으로 담당하는 국내여행업으로 구분하고 있다.

2. 여행업의 필요성

1) 관광자를 위한 필요성

관광의 대중화로 인하여 많은 계층의 사람이 관광에 참여하게 되었다. 관광에 대한 지식이 전혀 없는 사람이라도 시간과 경제만 허락한다면 여행사에서 제반준비를 하여 줌으로서 관광자가 편리한 관광이 되도록 배려한다.

복잡한 국외관광에 필요한 각종 수속 절차부터 관광국의 입국을 위한 VISA수속에 이르기까지, 교통수단, 숙박업무, 예약 등 제반에 이르는 수속을 대행하여 줌으로써 관광자는 경비만 제공하면 많은 편의 제공을 받을 수 있게 된다.

2) 관광기업을 위한 필요성

현대사회는 많은 사업체가 변화무쌍하게 생겨나고 있다. 그러한 번영과 발전 속에 모든 사업체들은 일정한 목표를 달성한 직원들에게 편익적인 혜택을 제공하는 인사정책을 강구하게 되었다. 인간의 욕구인 일상생활을 벗어나고자 하는 해방감을 고려한 정책인 것이다. 욕구를 충족시켜 줌으로써 보다 활기찬 직장생활을 유도할 수 있다. 이러한 혜택의 제공은 여행상품을 통하여 달성할 수 있게 되었다. 기업은 여행업을 통하여 직원들의 보다 높은 수준의 휴식을 통하여 애사심이 높아진다고 볼 수 있다.

따라서 기업은 전문성을 가지고 있는 여행업에 직원들의 휴식기간을 의뢰하게 된다.

제2절 여행업 기능과 역할

1. 여행업의 기능

여행업의 기능은 관광자와 관광관련기업(principal) 사이에서 이들 양자 간을 접목시키는 매체 기능이 주된 기능으로, 관광자의 대리인으로서 운송 또는 숙박계약을 체결하며, 관광자의 위탁에 따라 관광자와 운송사업자 또는 숙박업자와 계약의 체결 또는 알선, 관광자의 안내, 비자 등 수속대행, 관광에 관한 정보제공 및 상담, 예약 및 수배와 여행상품 판매, 각종 승차권의 발권, 관광일정관리, 정산 등으로 구체화된다. 이상을 요약하면, 여행업의 기능은 ① 상담기능, ② 예약 · 수배기능, ③ 판매기능, ④ 수속대행기능, ⑤ 발권기능, ⑥ 여정관리기능, ⑦ 정산기능의 7가지로 나눌 수 있다.

그러나 관광자의 욕구가 보다 다양화 · 세분화 · 고도화되면서 오늘날 여행업의 기능은 점차 확대되어 그 역할이 강화되고 있다. 따라서 여행업의 기능은 단지 여행상품을 판매하거나 상담하는 것만이 아니며, 관광자의 여행상품 구매를 지원하고 구매한 상품의 가치를 증대시켜 부가적 기능까지 포함한다.

1) 상담기능

관광자는 사전에 관광목적지, 관광기간, 관광비용, 관광코스, 숙박시설, 교통편 등 관광의 전반에 관해 전문가의 조언과 현지정보, 안내를 받아 관광을 계획하는 것이 바람직하다. 따라서 여행사의 상담기능은 관광자를 위하여 정보를 수집하고 이를 바탕으로 관광상담을 하며 여행상품에 대한 설명을 하는 기능을 말한다. 관광에 있어 정보는 필수적인 것이며, 이러한 의미에서 상담기능은 여행업 존재기반이라고 말할 수 있는 중요한 기능이다.

최근 정보기술과 인터넷이라는 매체의 발달로 인해 여행업의 정보제공 기능이 점차 줄어들고 있기는 하지만, 관광자에 대한 전문적인 지식과 정보를 활용하여 상담을 하는 기능은 대단히 중요한 기본적인 기능에 해당한다. 따라서 여행업의 전문적인 상담을 통해 고객을 유치하고 상품판매를 증대시키기 위해서는 전문성을 가진 유능한 상담요원을 양성할 필요가 있다.

2) 예약 · 수배기능

여행업은 항공사, 선박회사, 철도회사 등 교통운송기관과 호텔, 모텔 등과 같은 숙박시설 및 기타 관광관련업자들을 대리하여 고객의 요망과 요청에 의해 관광에 필요한 각각의 구성요소들에 대한 예약과 변경 · 취소 등을 행하는 기능이다.

3) 판매기능

여행업의 판매기능은 고객의 요구에 부응하여 주문여행상품뿐만 아니라 여행업의 마케팅활동에 의하여 조성된 패키지 상품과 같은 여행상품을 관광자에게 효과적으로 판매하는 기능을 말한다. 이러한 판매방법은 카운터판매, 방문판매, 무점포판매, 직접판매, DM 발송 등으로 나눌 수 있다.

최근에는 인터넷을 통하여 온라인에서 상품을 판매하는 여행사가 증가하고 있다.

4) 수속대행기능

관광에 필요한 사증(VISA) 등의 여러 가지 수속을 관광자를 위해 대행하는 기능을 말한다. 특히 국외관광을 할 경우에는 여권이 반드시 필요하고, 특정 국가를 관광할 경우에는 VISA도 필요한 서류이다. 따라서 국외관광을 하는 관광자를 위하여 VISA 발급을 대행해 주는 것은 여행사의 기능에서 제외할 수 없는 중요한 기능이다.

5) 발권기능

예약에 부수되는 업무로 관광관련 시설업으로 부터 판매위탁을 받아 항공권, 숙박권, 승차권 등의 각종 티켓을 발권하는 기능을 말한다.

6) 여정관리기능

관광일정을 여정과 같이 원활히 진행하기 위해 관리하는 기능으로 국내 · 외 여행안내서비스 기능을 말하며, 인솔 · 안내서비스가 이에 해당된다.

7) 정산기능

관광비용의 정산 · 견적 · 청구 · 지불 등에 필요한 기능을 말한다.

2. 여행업의 역할

여행업은 서비스기업이다. 여행업은 관광 그 자체를 판매하는 것이 아니다. 관광은 인간의 행동을 수반하지 않으면 안 되는 것으로 관광의 구성요소에 서비스를 추가하여 이를 상품화하여 판매하는 것으로, 결국 관광의 각 구성요소에 서비스를 추가하는 역할을 담당하는 것이 여행업이다.

여행업은 출발 전에 숙박과 교통기관을 예약하고, 인솔자가 전 관광일정에 동행함으로써 관광자를 대신하여 관광에 대한 불안감을 해소시켜 주고, 관광의 제반 어려움을 해결해 주는 역할을 담당한다. 또한 단체관광을 조직하여 저렴한 경비의 관광을 제공하게 되었으며, 이로 인하여 서민들의 관광을 가능하게 하였다.

여행업의 역할은 관광자에게 관광과 관련된 서비스를 제공함으로써 이에 합당한 수수료를 받아 운영하는 것이다. 인간은 누구나 이동하기 마련이며 이동에 필요한 교통수단과 숙박, 식사 등을 해결해야 한다. 이러한 관광관련사업을 개별, 조합하여 판매 · 대행하는 것이 여행업의 역할이며, 이를 구체적으로 살펴보면 다음과 같다.

① 관광자를 위한 편의 제공

② 안심 · 안락 · 안전한 관광이 되도록 함

③ 교통기관, 숙박시설, 지역 및 관광대상의 체계화(system)

④ 편리하고 간단하게(여행상품선택으로)

⑤ 여행업의 창의와 연출로 관광전문가의 전문성 인정

⑥ 매력있는 상품제조

⑦ 자유로운 관광의 Package Tour 제조판매

⑧ 보이는 상품으로 연구(무형의 상품을 유형으로)

⑨ 관광관련 Principal의 알선 및 상품 판매

3. 여행업의 특성

1) 고정자본의 투자가 적다

여행업의 경영은 자본금의 규모도 법규상에 업종별로 정해져 있지만 사실상 고정자본으로의 투자액은 아주 적다고 하겠다. 여행업 경영의 비용을 살펴보면, 일반여행업의 경우 자본금은 2억 원으로 되어 있으나 실질적으로 고정자본으로의 투자는 거의 없이 대부분이 운영비로 지불된다. 때문에 여행업을 개업할 때는 사무실의 규모나 위치를 어느 곳에 할 것인가에 따른 사무실의 임대차보증금이 고정자산 투자액의 전부 내지 대부분을 차지하고 있다.

2) 인간이 자본이다

모든 기업의 운영은 사람이 하기 때문에 인간 위주의 경영을 하여야 한다고 하지만 특히 여행사의 업무는 처음부터 끝까지 여행사의 요원에 의하여 이루어진다.

여행상품의 질은 관광을 담당한 Guide에 따라서 변화한다고 보겠다. 즉, 똑같은 조건으로 객관성 있게 행해졌다고 하더라도 관광행사를 직접 운영하는 Guide나 사무실에서 전화를 받는 카운터 요원의 태도에서부터 여행상품의 질적 향상과 특별히 관광자의 욕구충족을 할 수 있는 것까지 모두가 인간에 의하여 이루어지기 때문에 인간이 곧 자본이라 할 수 있다.

3) 무형의 상품을 유형의 상품으로

여행상품의 소재가 되는 운송기관이나 숙박시설 등은 유형이지만, 여행상품의 대부분이 무형적인 것이어서 여행업은 무형의 여행상품을 유형의 것으로 상품화하여 판매한다. 따라서 여행상품은 생산과 소비자 동시에 이루어지며, 이러한 무형성을 극복하기 위해서 다양한 매체를 활용하거나 고객과의 지속적인 상담을 통해 상품유형화를 시도해야 한다.

4) 계절성이 강하다

관광수요는 계절에 따라 비수기와 성수기의 구별이 매우 탄력적이다. 따라서 관광자의 집중현상은 평일보다는 주말이나 방학기간에 편중되며, 이에 따른 계절 및 상품의 종류와 형태에 따라 수익성의 차이가 매우 크다. 따라서 계절성을 극복하고 여행사를 합리적으로 경영하기 위해서는 성수기와 비수기의 탄력적인 가격운영 방안 및 관광조건의 차별화 등의 방법을 통하여 경영전략을 다각화해야 한다.

5) 세일즈의 인적구속력이 강하다

여행상품은 운영자가 누구인지에 따라서 상품의 질도 다르다. 즉, 여행업 직원의 이동에 따라 고객이 움직인다.

6) 직원의 전문성

모든 기업경영에서도 마찬가지겠지만 여행업의 모든 직원은 관광에 대한 제반지식, 여행상품의 구체적 내용(숙박, 교통, 입장료 등)에서부터 고객과 어떠한 대화도 함께 할 수 있는 만능요원이 되어야 한다. 즉, 여행상품의 제작과 이를 위한 수배 및 관광안내원으로서도 손색이 없어야 하며 편지나 텔렉스를 이해하는 정도와 최소한 전화를 받을 수 있을 정도의 영어, 일어는 숙지하여야 한다.

7) 사무실의 위치 의존도가 크다

여행업의 고객은 크게 2가지로 규정지을 수 있다. 단골고객과 사무실로 찾아드는 고객(walking passenger)이다. 다른 어느 업종보다 여행업의 사무실이 고객이 찾기 쉽고 고객의 눈에 많이 띄는 곳에 위치하는 것이 절실히 필요하다.

제3절 여행업의 분류

여행업을 관광진흥법 제3조제1항1에 의하여 여행업을 규정하고 관광진흥법시행령 제2조제1항(여행업의 종류)에 의해 분류하면, 일반여행업, 국외여행업, 국내여행업으로 분류 할 수 있다.

1. 법규에 의한 분류

관광진흥법 제3조 제1항에 따라 관광사업의 종류를 세분한다. 아울러 여행업은 관광진흥법시행령 제2조 제제1항 여행업의 종류를 다음과 같이 세분한다.

1) 일반여행업

국내외를 여행하는 내국인 및 외국인을 대상으로 하는 여행업 사증(査證)을 받는 절차를 대행하는 행위를 포함한다.

일반여행업은 국내 또는 국외를 관광하는 내국인 및 외국인을 대상으로 하는 여행사로 외국인의 국내관광을 대상으로는 하는 Inbound Tour 업무, 내국인의 국외관광을 위한 Outbound Tour 업무 및 내국인의 국내관광을 위한 Domestic Tour 업무를 병행하는 여행사를 말한다.

(1) Inbound Tour

외국인의 국내관광을 말하며 외국인 관광자를 대상으로 하여 관광단체나 개인의 국내관광을 수배 · 알선하는 업무를 하고 있으며, 이 업무를 담당하는 부서이다.

표 2-1 외국인 국내여행 통계(입국자 수)

해외여행객(명)	2010년	2011년	2012년	2013년	2014년	2015년	2016년	2017년
계	8,797,658	9,794,796	11,140,028	12,175,550	14,201,516	13,231,651	17,241,823	5,760,203

자료 : 한국관광연구원(2017년 7월)

표 2-2 외국인 국내여행 통계(입국자 나이별)

연령별(명)	2010년	2011년	2012년	2013년	2014년	2015년	2016년	2017년
0~10	215,511	242,024	301,368	354,240	463,006	407,254	652,740	180,259
11~20	435,859	504,204	625,233	663,500	786,208	604,683	1,050,014	312,584
21~30	1,622,769	1,927,213	2,198,565	2,337,179	2,866,912	2,889,783	3,897,678	1.386,223
31~40	1,670,563	1,854,705	2,136,084	2,306,379	2,794,963	2,617,535	3,395,559	1,190,783
41~50	1,598,371	1,771,292	2,079,293	2,174,659	2,424,659	2,141,149	2,627,321	898,582
51~60	1,319,766	1,411,504	1,630,262	1,687,735	1,969,288	1,881,750	2,332,528	775,193
61~70	724.314	759,289	886,521	861,732	1,006,721	996,462	1,379,385	431,390
71~	219,000	225,513	275,671	268,489	307,618	293,769	398,123	120,209
승무원	991,505	1,099,052	1,007,031	1,521,637	1,582,174	1,399,266	1,508,475	464,980
전체	8,797,658	9,794,796	11,140,028	12,175,550	14,201,156	13,231,651	17,241,823	5,760,203

자료 : 한국관광연구원(2017년 7월)

(2) Outbound Tour

내국인의 국외관광을 말하는 것으로 국외관광을 하고자 하는 내국인 관광자를 대상으로 하여 항공권 판매, 국외관광의 수배와 알선, 국외여행상품 판매 및 국외관광에 따른 사증(VISA)수속 등 기타 서비스를 알선하는 업무를 하고 있으며, 이 업무를 담당하는 부서이다.

(3) Domestic Tour

내국인의 국내관광을 말하는 것으로 국내를 관광하고자 하는 내국인 관광자를 대상으로 하여 국내항공권 및 철도승차권 등의 교통운송기관의 이용권 판매, 국내여행상품의 예약 및 수배, 판매 및 안내, 전세버스의 알선업무를 하고 있으며, 이 업무를 담당하는 부서이다.

2) 국외여행업

국외여행업은 국외를 관광하는 내국인을 대상으로 하는 여행업으로 사증을 받는 절차를 대행하는 것을 포함한 국외관광(Outbound Tour)과 관련된 업무를 주로 수행하는 여행업을 말한다.

표 2-3 국외여행 통계(출국자 수)

해외여행객(명)	2010년	2011년	2012년	2013년	2014년	2015년	2016년
계	12,488,364	12,693,733	13,736,976	14,846,485	16,080,684	19,310,430	22,383,190

자료 : 한국관광연구원(2017년 7월)

표 2-4 국외여행 통계(출국자 나이별)

연령별(명)	2010년	2011년	2012년	2013년	2014년	2015년	2016년	계
0~10	483,650	493,351	548,614	636,988	727,970	943,513	1,180,184	5,014,270
11~20	834,551	855,760	877,247	940,718	972,769	1,253,079	1,525,331	7,259,455
21~30	1,984,571	1,986,211	2,103,810	2,243,851	2,490,443	3,148,565	3,825,443	17,782,897
31~40	2,588,354	2,648,733	2,854,094	3,116,279	3,386,235	3,910,321	4,408,523	22,912,539
41~50	2,444,700	2,470,065	2,641,406	2,847,335	3,078,382	3,639,247	4,156,605	21,277,740
51~60	1,922,604	1,974,217	2,245,089	2,409,107	2,632,272	3,188,399	3,632,897	18,004,585
61~70	912,756	887,214	927,223	1,013,801	1,099,877	1,385,964	1,654,850	7,881,685
71~	248,042	244,169	276,659	317,218	338,140	416,566	460,403	2,301,197
승무원	1,069,133	1,134,013	1,262,834	1,321,188	1,354,596	1,424,776	1,538,954	9,105,494
전체	12,488,364	12,693,733	13,736,976	14,846,485	16,080,684	19,310,430	22,383,190	111,539,862

자료 : 한국관광연구원(2017년 7월)

표 2-5 1인당 평균소비액(관광수입)

연도	연평균	1월	2월	3월	4월	5월	6월	7월	8월	9월	10월	11월	12월
2010년	1,170	1,228	1,122	980	1,055	1,520	1,339	1,057	1,036	981	1,094	1,320	1,386
2011년	1,261	1,172	1,139	1,230	1,055	1,258	1,137	1,086	1,274	1,509	1,245	1,457	1,465
2012년	1,199	1,333	1,276	1,286	1,344	1,468	1,202	1,093	965	1,055	1,122	1,174	1,159
2013년	1,193	1,426	1,214	1,197	1,299	1,301	1,206	1,054	859	1,204	1,244	1,236	1,302
2014년	1,247	1,249	1,265	1,181	1,108	1,108	1,097	1,172	1,086	1,392	1,346	1,555	1,503
2015년	1,141	1,383	1,193	1,287	1,107	1,137	1,289	1,296	1,057	997	934	1,066	1,153
2016년	991	1,207	1,233	1,082	936	1,147	965	756	913	864	917	1,061	995
2017년	958	990	1,025	906	921	939	0	0	0	0	0	0	0

표 2-6 1인당 평균소비액(관광지출)

연도	연평균	1월	2월	3월	4월	5월	6월	7월	8월	9월	10월	11월	12월
2010년	1,143	1,065	1,075	1,265	1,275	1,012	1,128	1,066	1,028	1,233	1,160	1,200	1,273
2011년	1,224	1,164	1,045	1,358	1,401	1,297	1,333	1,224	1,146	1,217	1,132	1,216	1,238
2012년	1,201	1,145	1,160	1,234	1,188	1,173	1,237	1,165	1,104	1,258	1,250	1,272	1,252
2013년	1,168	1,076	1,063	1,131	1,204	1,188	1,089	1,164	1,097	1,266	1,233	1,230	1,307
2014년	1,211	1,097	1,073	1,211	1,398	1,327	1,308	1,224	1,164	1,245	1,185	1,128	1,221
2015년	1,115	1,014	1,066	1,202	1,241	1,088	1,303	1,159	969	1,115	1,129	1,085	1,085
2016년	1,033	863	905	1,159	1,024	1,061	1,117	1,059	1,116	1,094	958	1,062	1,018
2017년	1,006	899	989	1,120	999	1,047	0	0	0	0	0	0	0

3) **국내여행업**(국내를 여행하는 내국인을 대상으로 하는 여행업)

국내여행업은 국내를 관광하는 내국인을 대상으로 여행상품의 제조판매와 알선 및 안내를 하는 것을 주 업무로 하는 여행사로서 전세버스업을 겸하고 있는 업체가 많다.

2. 유통형태에 의한 분류

여행업은 여행상품 유통형태에 의해 그 취급범위를 결정하고 있다.

1) 종합여행업

일반적으로 볼 수 있는 여행사로 국내관광 · 국외관광의 모두를 취급하는 여행사이다. 대형 · 중형의 여행사 거의가 이 형태의 여행사이다. 직판형 여행사와 다른 점은 타사에 도매, 타사상품의 판매 모두를 취급하고 있는 점이다. 다시 말하면, 자신의 부담으로 관광관련공급업자가 제공한 단위상품들을 결합하여 하나의 완전한 상품으로 만들어 여행소매업자 및 일반 관광자에게 판매하는 여행사를 말한다.

2) Wholesale형 여행업

여행상품을 타여행사에 도매하고 있는 여행사이다. 패키지 투어 전성기에는 Wholesale형 여행사가 급성장하지만, 메디아 판매의 확대에 의해 관광의 직판화가 진행되어 앞으로 Wholesale만을 취급하는 여행사는 줄어들 것으로 보인다.

3) Retail형 여행업

타사가 Wholesale한 여행상품을 소매하는, 다시 말하면 여행 도매업자가 생산한 여행상품을 제공받아 이를 최종소비자인 관광자에게 판매하는 여행사를 말한다. 즉, 여행도매업자가 만든 여행상품을 여행도매업자를 대신하여 일반 관광자에게 직접 판매하고, 그 판매에 따른 일정한 수수료를 여행도매업자로부터 받는다. Retail형 여행사는 여행상품의 조성은 취급하지 않으며, 주로 영세자들로 이루어져 있다.

4) 직판형 여행업

여행상품의 조성에서부터 판매까지를 자사에서 일관해서 취급하는 여행사이다. 원칙적으로 타사에 Wholesale, 타사 상품의 Retail은 취급하지 않는다.

5) Tour Operator(Land Operator)

국외관광에 있어서 특유의 형태로, 현지의 수배를 전문으로 하는 여행사이다. 즉, 랜드 오퍼레이터는 여행업자의 의뢰를 받아 관광목적지의 관광활동(호텔숙박, 식사, 교통운송, 관광, 안내 등)에 대해 관광 · 알선을 대행해 주는 기능을 지닌 지상수배업자를 말한다. 여행업은 항공편에 관해서는 직접 수배하는 경우가 많지만 현지의 호텔, 관광이나 공항 미팅(meeting) · 센딩(sending), 식사 등은 Tour Operator를 경유해 수배하는 경우가 일반적으로 되고 있다.

3. 마케팅전략에 의한 분류

1) 현대적 여행업

현대적 여행업은 광고로써 시장진입을 시도하는 여행업으로서 기업 마케팅비용의 대부분을 신문과 TV 광고 등 대중매체에 할애하고, 영업활동도 주로 광고에 의존한다. 내부조직 또한 광고를 기획하고 집행해 가는 조직과 상품광고 시행 후 이에 대한 전화상담 및 대면상담을 주력으로 하는 상담원 조직을 중심으로 구성되어 있는 것이 특징이라 할 수 있다.

또한 이러한 부류의 여행사 대부분은 업무수행에 있어 최고경영자가 많은 결정권을 가지고 있으며, 매출액에 비해 많은 광고비용을 집행하고, 시장에서의 경영활동이 주로 상품광고 중심으로 형성되어 있어 현재 어느 정도의 시장인지도를 얻었다 할지라도 향후 상당기간동안 광고를 지속적으로 시행함으로써 현재의 매출액을 유지시켜 나갈 수 있는 여행사라고 할 수 있다.

2) 공격적 여행업

공격적 여행업 일정한 시장점유율을 확보하고 있는 기존의 시장선도업체 여행사로서 일정한 연간 광고비용을 책정하여 신문 등의 대중매체를 통해 지속적인 광고를 시행하고, 아울러 인적판매와 DM, 이벤트 개최 등 다른 형태의 영업활동을 병행하여 기업의 경영성과를 높이고자 노력한다고 할 수 있다.

이들 여행업은 광고중심의 상담원 조직은 물론, 인바운드 업무부서와 인적판매를 중심으로 하는 아웃바운드 업무부서를 갖추고 있어 비교적 다양한 상품 포트폴리오를 가지고 공격적인 마케팅을 구사하는 것이 특징이라 할 수 있다.

3) 보수적 기존여행업

보수적 기존여행업은 시장선도업체로 인지되어 있으며, 안정적 경영과 재무성과의 향상을 위해 광고비용을 지속적으로 줄여 나가는 여행사로, 다양한 상품 포트폴리오를 가지고 있고, 비교적 방어적인 마케팅전략을 구사하는 것이 특징이라 할 수 있다.

상품의 광고시행에 대한 상담조직을 갖추고는 있으나 주력조직은 아니며, 정부기관 판매, 공최자 확보, 인적판매, 기획상품, DM, 이벤트 개최 등 각 세분시장의 성격에 맞추어 다양한 영업활동을 행하는 조직으로 구성되어 있고, 인바운드 업무에도 지속적인 영업활동과 실적을 가지고 있는 여행사이다.

4) 대기업 계열여행업

대기업 계열여행업은 비교적 안정적인 재무성과를 기대할 수 있는 여행업으로, 과다한 마케팅비용을 사용하지 않고 여행사를 경영하며, 일정한 현금흐름의 안정적인 재무구조를 기반으로 패키지관광 시장 진입의 기회를 찾고 있어 영업 직접비용이 다른 여행사에 비해 경제적인 기업이라 할 수 있다.

이러한 형태의 여행업은 항공권 판매위주의 조직을 갖추고 있으며, 영업활동도 매우 안정적이어서 주로 자체 계열기업 혹은 특별한 관계에 있는 유연기업체에서 발생되는 해외출장 및 연수 등의 업무를 중심으로 양호한 재무성과를 지속적으로 유지한다.

5) 사이버 여행업

인터넷의 보급에 의해 홈페이지에 의한 온라인 판매를 주로 영업을 하는 새로운 분의 여행업이다. 인터넷은 통합적인 정보환경과 더불어 쌍방향, 리얼타임의 정보전달을 가능케 하여 여행상품의 판매에 큰 영향을 미칠 것으로 예상되고 있다.

제3장 여행업의 설립

제1절 여행업 설립의 전제조건

1. 여행업 설립의 기초

최근 여행업의 경영환경은 경제 및 무역의 글로벌화 및 인터넷 전자상거래 시장의 급속한 발전으로 새로운 국면에 들어서고 있다. 또한 여행업계에 다년간 근무한 경력자들을 중심으로 할인항공권 및 특수 목적 여행상품들을 On-Line과 Off-Line에서 연계하여 중 · 소규모 여행업을 설립하는 사례가 크게 늘어나고 있다. 이러한 추세 속에서 신규 여행업을 설립하는 자의 자질과 경영능력은 여행업 성패에 바로 직결되는 더없이 중요한 요소이다.

2. 여행업 경영의 유형결정

1) 개인 기업과 법인 기업

소유주는 여행업을 설립하기 전에 여행업 경영의 유형을 먼저 결정하여야 한다. 기업은 출자형태에 따라서 개인기업과 법인기업으로, 기업의 법률적 형태에 따라서 개인기업과 법인기업(회사형태의 기업)으로 구분하는데, 일반적으로 업계에서는 법률적 형태에 따른 구분이 많이 쓰이고 있다.

(1) 개인 기업

개인 기업은 개인이 사업의 주체이므로 개인사업과 관련하여 발생한 모든 채무에 대하여 무한으로 책임을 져야 한다. 즉, 채무의 소멸시효가 경과하지 않는 한 채무에 대해서 계속 변제책임을 져야 하고, 채무자의 사망 시에도 상속인은 채무자의 피상속인이 남긴 상속재산의 한도 내에서 채무를 변제해야 한다. 하지만, 보통 상속인은 피상속인의 상속재산보다 부담해야 할 채무가 더 많은 경우에는 상속포기를 법원에 신청하여 상속재산과 채무를 모두 포기할 수 있다.

(2) 법인 기업

개인 기업과는 달리 법인은 법인의 주주나 출자자와는 독립하여 법인자체가 법적인 능력을 가지고 있으므로 법인의 재산은 주주나 출자자의 재산과는 명확히 구분되어 있다. 법인의 형태는 일반적으로 주식회사가 있다.

주식회사는 설립 시 3인 이상의 발기인이 있어야 하며, 설립 이후에는 대표이사를 포함하여 3인 이상의 이사와 1인 이상의 감사를 두어야 한다. 이러한 주식회사는 주주의 출자로 운영되므로 대표이사를 포함한 모든 구성원들은 회사의 채무에 대하여 자신의 출자액 범위 내에서만 채무를 부담하면 된다. 즉, 주식회사는 사업과 관련하여 발생한 모든 채무에 대하여 회사자체가 책임을 지므로 채권자는 회사소유의 재산에 대해서만 채권을 행사할 수 있고, 회사의 출자자나 대표이사의 개인재산에 대해서는 채권행사를 할 수 없다. 따라서 여행업을 개인 기업으로 하려면 관할관청에 먼저 인 · 허가를 받고, 세무서에 사업자등록을 위한 신청서를 제출한 후 사업자등록증을 교부받음으로써 사업을 개시할 수 있으나, 법인을 설립하는 경우에는 관할 지방법원이나 등기소에 설립등기를 한 후에 법인설립신고를 하는 절차를 거쳐야 하므로 개인 기업에 비해 절차가 복잡하고 비용과 시간이 많이 소요된다.

2) 독립경영과 대리점(Franchises) 경영

많은 소유주들은 재정적인 이익을 확신하기 위하여 단독으로 경영할 것인지, 아니면 기존의 여행도매업자(Wholesaler)의 판매점에 가입하여 대리점 형태 즉, 대리점 프랜

차이즈로 경영할 것인지를 결정하여야 한다. 독립경영은 상품구매 등 경영의 모든 일을 독자적으로 수행하는 반면, 대리점 경영은 여행도매업자의 대리점으로 가입하여 본사의 상품을 판매하고 수수료를 받는 것이다.

제2절 여행업 설립의 단계

여행업을 설립하고자 하는 자는 아래 〈그림 3-1〉과 같이 각각 시장분석, 여행사 형태 결정, 사업장 입지선정, 인원조직 구성 및 인·허가 절차 단계를 거쳐 합리적이고 빈틈없이 추진하여야 한다.

표 3-1 여행업 설립의 단계

업종선정 및 상업계획수립

1. 사업아이템 구상
2. 자본금 준비
3. 사업핵심요소 결정
   - 사업규모 결정
   - 사업형태 결정
   - 사업멤버와 조직구성
   - 기타 사업핵심요소
4. 사업타당성 분석
5. 사업계획서 작성

입지선정 및 회사설립

1. 사무실 입지선정
2. 사업 인·허가
3. 법인설립등기(법원)
4. 관광사업자 등록(해당관청)
5. 법인설립신고(세무서)
6. 사업자등록 신청(세무서)
7. 대리점 계약

1. 업종선정 및 사업계획 수립

1) 사업아이템 구상

기업을 설립하고자 하는 자가 가장 먼저 봉착하는 고민이 아이템 선정이다. 그런 만큼 아이템 선정에 대한 수많은 가이드가 제시되고 있고, 그 내용도 여러 가지 면에서 접근하고 있다.

사업아이템을 선정하는데 있어서 가장 중요한 것은 자신에 맞는 창업아이템을 선정해야 한다는 것이다. 관련된 전문지식이나 경험이 있는 분야와 연관하여 업종과 창업아이템을 선정하는 경우 자신이 가장 자신 있는 분야로 하는 것이 성공확률을 높여 준다.

2) 자본금 준비

시장이 넓은 만큼 누구나 쉽게 진입할 수 있는 것이 여행업종의 특색이 있는 만큼 틈새시장에 대한 시장세분화 능력과 경쟁력의 Know-how는 필수적인 조건이다. 이러한 과정을 거치면서 충분한 사업승산이 있다고 판단될 때 여행사 설립에 필요한 금액과 손익분기점(BEP)에 도달할 때까지의 운전자금을 포함하여 최소한 자기 자본의 50%의 범위 내에서 자금을 준비하여야 한다.

3) 여행업 종류의 선택

현행 관광진흥법상으로 보면 일반적으로 상품을 생산 · 판매까지를 할 수 있는 여행업을 바람직하게 할 수 있으려면 일반여행업 등록을 하여야 Travel Maker 즉, Tour Operator로서의 업무를 충분히 수행할 수 있으며, 국외여행업은 최소한의 규모로 국외여행상품을 판매한다든지 알선을 하여 주고 수수료를 받는 국외여행 Retailer가 된다. 여행업 경영의 주가 되는 직원의 구성은 어떻게 할 것이며, 어떤 조직기구에 의할 것인가는 판매의 목표나 인건비의 지출예산이나 여행업의 규모 등을 결정하며 여행업의 종류를 결정하는데 중대하다.

4) 사업타당성 분석

사업타당성 분석은 기업을 설립 시 실패로부터 지켜줄 수 있는 좋은 보조 장치이다. 흔히 사업타당성 검토와 사업계획서를 동일시하는 경우가 있는데 엄격하게는 서로 다르다. 사업계획서란 사업타당성 검토 후 사업타당성이 인정된 경우에 작성하는 것으로서 사업의 내용, 경영방침, 기술성, 시장성 및 판매전망, 수익성, 소요자금 조달 운영계획, 인력 충원계획 등을 일목요연하게 표현한 일체의 서류를 말한다.

따라서 사업타당성 검토는 외부 전문기관에 의뢰하거나 제3자에게 최종 검토하게 하는 것이 합리적이며, 사업계획서는 사업타당성 검토에 근거하여 창업사장이 직접 작성하는 것이 가장 이상적이다. 이와 같은 견지에서 사업타당성 검토는 사업성공의 첫 번째 단계라 볼 수 있으며, 그 필요성은 다음 네 가지로 요약할 수 있다.

첫째, 자신의 주관적인 사업 구상이 아닌, 객관적이고 체계적인 사업타당성 검토는 계획사업 자체의 타당성 분석을 통해 사업의 성공률을 높일 수 있다는 장점이 있다.

둘째, 사업타당성 검토를 통하여 구상하고 있는 기업의 제정 요소를 정확하게 파악하여 설립기간을 단축할 수 있고, 효율적인 기업 설립과 관련된 제반업무를 수행할 수 있다.

셋째, 독자적으로 점검해 볼 수 없는 계획상품의 시장성, 수익성, 자금수지 계획 등 세부항목을 분석 제시함으로써 해당업종에 대해 미처 깨닫지 못한 세부 상황을 사전에 인지하여 효율적 경영을 도모할 수 있다.

넷째, 기업의 구성요소를 정확하게 파악함으로써 사장의 경영능력향상에 사장의 경영능력향상에 도움을 줄 뿐만 아니라 계획사업의 균형 있는 지식습득과 보완해야 할 사항을 미리 확인하여 조치를 취할 수 있게 된다.

사업타당성 분석은 크게 나누어 제1단계 사업성 분석과 제2단계 사업성 분석, 즉 예비 사업성 분석과 본 사업성 분석으로 대비해 볼 수 있다.

예비 사업성 분석은 소수의 특정 프로젝트 선정 전에 다수의 예비 프로젝트를 선별해 가는 과정이라 볼 수 있다. 이 예비 사업성 분석은 후보 사업 아이디어 발견을 위해 사업가능 아이디어의 나열, 예비 사업 아이디어의 발견, 예비 사업성 분석 및 후보 사업아이디어의 1차적 선정으로 이어진다.

제2단계 사업타당성 분석은 예비사업성 분석에서 1차적으로 선정된 후보 사업 아이디어의 상세한 분석, 즉 아이템 적응성 분석, 시장성 및 판매전망 분석, 상품 및 기술성 분석, 수익성 및 경제성 분석, 국민 경제적 공익성 분석 등을 통해 사업 성공가능성을 확인하는 과정이라 볼 수 있다

5) 사업계획서 작성

(1) 사업계획서의 의미

여행업의 설립과정에 있어서 사업계획서의 작성은 사업자 등록에 필요한 요식행위에 그치는 것이 아니라 실제에 있어서도 매우 중요한 계획서일 수 있다. 따라서 사업계획을 작성할 때는 해당 사업내용과 추진일정 등이 구체적이고, 객관적으로 작성되어야 하며, 상대방으로 하여금 신뢰성을 주는 사업계획서가 작성되어야 한다. 특히, 신규 여행업 설립의 경우에는 경영하고자 하는 여행업의 등록기준에 적합하게 관련 구비서류를 갖추어 해당 관청에 등록을 하여야 하므로 빈틈없이 치밀하게 작성하여야 한다.

(2) 사업계획서 작성 시 유의사항

여행업의 사업계획서는 여행업을 설립, 자신의 사업을 지속적으로 성장시키기 위한 구체화된 의지를 체계적으로 정리한 설계서로써 여행사의 설립과 관련된 모든 외적 요소(법규, 경쟁, 사회적 변화, 소비자 욕구의 변화, 새로운 기술 등)와 내적인 요소(제조, 마케팅, 인적자원 등)를 문서로써 작성한 것이다. 따라서 사업계획서는 사업자 본인에 의하여 작성하여야 하며 일정한 양식은 없으나, 사업목적, 향후 3년간 여행알선계획(인원 및 금액)과 추정손익계산서 등 현재 상황의 파악과 기업의 목표제시, 목표를 달성하기 위한 전략 등이 포함되어 있어야 한다. 이러한 관점에서 사업계획서 작성 시에는 다음과 같은 주의와 기본사고 아래에서 작성되어야 한다.

① 정직하게 사실을 기술해야 한다.

② 쓸데없이 전문용어를 많이 사용하지 말고, 어쩔 수 없이 기술적인 용어나 약어를 사용할 경우에는 반드시 별도로 설명을 해야 한다.

③ 상품자체보다 그 상품이 시장에서 어떻게 받아들여 질 것인지에 대해 설명하여야 한다. 고객의 반응이나 진행되고 있는 계약 등을 동원하여 시장침투능력을 제시해야 한다.

④ 계획서는 살아 있어야 한다. 사업계획서는 한번 만들면 그만인 것이 아니라 상황에 따라서 새로운 요소가 발견되면 그때그때 고쳐서 써야 한다. 그리고 계획사업에 잠재되어 있는 문제점에 대해 항상 열린 마음을 가지고 점검, 작성되어야 한다.

⑤ 사업계획서는 자신감을 바탕으로 작성되어야 한다. 자신이 가지고 있는 목표 아이템을 제3자에게 설득력 있게 납득시키는 것이 사업계획서의 제1의 목표이다.

⑥ 객관성이 결여되어서는 안 된다. 자신감이 너무 지나쳐 자만심이 되거나 자신의 의견에 몰입되어 갇혀 버린다면 사업계획서의 신뢰성에 큰 타격을 미칠 수 있다. 사업계획서는 정확한 자료에 의거한 객관적인 것이어야 한다.

⑦ 핵심내용을 강조, 부각시켜야 하며 전문용어의 사용을 피하고 보편적으로 설득력 있게 작성되어야 한다. 남들과는 다른 자신의 아이템의 핵심을 중점 부각시키고 그것이 기술적 내용일 경우라도 투자자 및 관련 당사자가 알기 쉽게 작성되어야 한다.

⑧ 자금조달 운용계획은 정확하고 실현가능성이 있어야 한다. 사업계획서 작성 시 가정을 배제해야 한다. '이렇게 되면 자금조달은 순조로울 것이다', '무엇이 어떻게 된다면 판매에는 아무 문제가 없을 것이다' 라는 식의 가정을 바탕으로 작성되어서는 안 된다. 특히 자금조달 및 운용부분에 있어서는 더욱 그 원칙이 중요하다.

(3) 여행업 사업계획서의 구성

① 개요에는 여행업의 설립목적과 여행업의 운영방침을 정한다.

② 사업체내용으로 회사명, 사업의 종류, 대표자, 소재지(약도까지 포함), 여행업의 업무추진을 위한 기구 및 조직, 사무실의 시설 및 장비, 사업내용, 향후 3년간 여행상품 판매 및 알선계획인원과 사업의 규모 등을 작성해야 한다.

③ 재정내용에는 자본금, 자금계획, 고정자산 투자비의 내역, 소요자금의 조달(주식발행의 총액수), 주주명단 및 배당주 수 등을 기록한다.

④ 지출경비 내역 및 예산으로는 인건비(급료, 상여금, 퇴직금), 사무실 임차료(관리비 포함), 세금, 공과금, 차량유지비, 통신(전화, Fax, Cable), 여비(국내출장비, 국외출장비, 기타), 광고 선전, 국외시장 개척, 소모품비, 접대비(임원, 직원), 기타 판매관리비 등의 내용이 있어야 한다.

⑤ 수입예상계획의 내용에는 관광수입, 항공권수입, 관광수속 수수료, 기타수익(쇼핑수수료, 선택관광 수수료) 등이 포함되어야 한다.

⑥ 등기부등본 : 법인 등기부등본, 법인 인감증명, 정관, 주식납입금, 보관증명(은행발행), 주식발행현황 및 주주명단

⑦ 납입자본금 사용내역서 : 공채, 임대료, 차량, 집기 및 비품명세서, 일반관리비 명세서 등이 있어야 한다.

2. 입지선정 및 회사설립

1) 여행업 입지선정

여행업 설립의 경우 사무실의 위치 선정은 여행사 성공의 중요한 부분을 차지하는 만큼 다른 어떤 업종에 비하여 가장 중요하다. 여행사의 중점관광업무에 따라서 다소간의 차이는 있으나 여행사의 위치를 정하는데 있어서 고려되어야 할 여러 가지 요소들은 다음과 같다.

(1) 접근하기 쉬움(Accessibility)

여행사는 대중에 접근하기 쉬워야 한다. 교외의 여행사들은 시내에 있는 상업 건물의 높은 층에 위치한 여행사보다 예약 없이 지나다가 들어갈 수 있는 점이 있다. 여행사는 들어가기 쉽고, 찾기 쉽고, 적당한 주차 시설을 가지고 있어야 한다. 만약에 고객이 주차에 대해 돈을 지불해야 한다면, 여행사는 고객의 주차 티켓을 준비하는 것을 고려해 보아야 한다.

(2) 사무실의 크기(Size)

그 동안은 관광관련법규에 의하여 여행사의 종류별로 사무실의 크기가 규정되어 있었으나, 이제는 경영하는 사업자가 영업성과를 기초로 하여 사무실의 크기를 정할 수

있다. 만약에 자신하고 있는 많은 거래 때문에 6개월 안으로 더 큰 공간이 요구된다면, 더 많은 공간을 확장할 수 있다. 너무 빈 공간이 많거나 가구가 적다면 공간을 분할시키는 것도 좋을 것이다.

(3) 주위의 성장(Area Growth)

사무실의 위치를 지금 성장하고 있거나 개발하고 있는 지역으로 고려하여야 한다. 잠재적으로 성장 가능한 지역은 부흥되거나, 새롭게 성장하는 산업의 공원이거나, 새로운 구역이 집중되어 있는 도시(상업 지구)의 오래된 지역을 포함할 수 있다. 위치를 정할 때에는 미래 자산의 세금이나 직원 고용 비율 등을 고려하여야 한다. 상공회의소나 부동산 업자, 집주인, 그리고 도시 계획 위원회는 이러한 정보를 많이 가지고 있다.

(4) 공간 설계(Space Design)

새로운 건물에 필요한 공간을 만드는 것보다 오래된 공간에 벽과 유용물 등을 재배치시키는 것이 더 많은 비용이 드는지 결정하여 개조하는 것이 훨씬 비용이 적게 들 수 있다. 개조하기로 결심했다면, 개조 비용에 책임이 있는 임대공간의 소유주와 서면으로 된 계약서를 작성하여야 한다.

(5) 경쟁(Competition)

도시 지역에서는 다른 여행사들이 매우 짧은 거리 안에 위치해 있다. 여행사 소유주는 자신의 여행사 Marketing Mix가 경쟁력을 충분히 지닌 상품으로 만들기 위하여 제안된 장소로부터 적당한 거리 안에 있는 다른 여행사와 접촉해야 한다.

이상을 토대로 한 여행사 입지의 최적지는 도시의 중심지이고 보행자의 통행이 많아야 하며, 찾기 쉬워야 하고, Business가와 Shopping가 쪽이 좋으나 너무 시끄러운 곳은 피하여야 하며, 대형 Shopping Center와 특급호텔 내에는 영업소의 Counter를 설치하는 것이 매우 바람직하다. 또한 교통량이 많고 사람들의 집중이 많은 곳이어야 하며, 관공서, 외국공관 및 항공사(Carrier)의 사무소가 가까운 곳이어야 하고, 주 거래처의 위치를 고려해야 하며, 빌딩 내에 위치할 경우 1층 로비 위치에 여행사의 Counter 설치가 용이하여야 한다.

일단 여행업의 위치가 선정되면 사무실 위치를 탐색하게 되는데, 일반적으로 여행사의 사무실 위치를 선정하는데 고려해야 할 사항은 다음과 같다.

① 주위상권과 조화를 이루어야 한다. 음식점과 주점 옆에 노래방이 서로 상승효과를 일으키는 업종이듯이 여행사는 주위에 오피스 빌딩과 사무실 및 관광관련업이 함께 존재되어야 한다.

② 고객이 쉽게 접근할 수 있는 곳이어야 한다. 여행사의 항공권, 기차표 판매에 있어서 그것을 구입하고 배달함에 있어서 교통 및 접근이 용이해야 한다.

③ 주변 고객들이 왕래 중 쉽게 여행사를 볼 수 있도록 간판 및 위치 홍보가 용이한 곳에 위치되어야 한다.

④ 가장 기본적인 이야기지만 여행사로 실패한 경험이 있는 사무실은 반드시 피해야 한다. 왜냐하면 동종업종이 과거에 실패한 경험이 있는 곳에서 여행사를 설립하게 되면 고객들에게 남아있는 나쁜 이미지를 없애는 데는 상당한 시간이 소요되기 때문이다.

⑤ 유동인구 분석을 통한 통행계층의 예상 구매동향과 여행사 설립자가 선정한 영업전략이 시장세분화 전략에 적합한 곳이어야 한다. 예를 들어, 사무실로 선정할 곳에서 시간대별 통행인구를 조사한 결과 오후 1~3시 사이에 직장인의 통행이 많았다면, 이 시간대는 직장인을 위한 여행상품의 판매가능성이 높으므로 주변 오피스 근무자들의 휴가성향을 분석하여 오피스 일대의 직장인을 상대로 한 휴가 및 패키지 상품, 그리고 업무출장 등에 타깃을 맞춘 홍보전략과 상품마케팅 전략을 수립하여 판매하여야 한다. 또 오후 3~6시 사이에 주부, 학생, 일반인이 고루 분포되어 있다면, 국외여행상품 및 온천관광, 주말 패키지 프로그램 등을 개발하여 구매력이 있는 주부대상 판촉 및 마케팅 전략을 수립하여 판매하는 전략이 필요하다.

2) 사무실의 시설

입주예정 사무실이 구해지게 되면, 판매 및 접객을 위한 제 시설 및 Lay-out(안)을 작성하며, 입지대비 채산성을 검토하여야 한다. 고객들이 사무실을 용이하게 찾고 고객의 관광욕구 심리를 자극시키기 위하여 고객들의 눈에 잘 보이도록 하여 여행사로서의 강한 이미지를 부각시켜야 한다. 사무실의 건물외벽을 잘 장식하여 안전하고 즐거운 관광을 할 수 있다는 고객의 심리가 생기도록 창안하여 장식하도록 하여야 한다.

전체 사무실의 밝기와 Counter의 조명, 사무실의 크기에 따른 Counter와의 조화는 아주 중요하다. Counter의 Decoration은 경험자나 항공회사의 여행사 전담 Salesman들이 여러 곳을 참고로 하여 잘 조화 있게 꾸밀 수 있으며 Carrier와의 협조로 제공받기도 한다.

책상의 배치와 고객의 방문에 쉽게 응할 수 있고 함께 서류작성 등을 위하여 보조의자의 활용과 상담실의 운영이나 관리부서와 영업부서의 위치 등 사무실 내의 공간을 적절히 이용하여야 하며, 고객의 상담실도 조직의 계층보다는 먼저 온 고객순위로 하여 상담실을 이용할 수 있는 좋은 분위기로서 고가의 여행상품 판매에 적극 활용할 수 있도록 공간 활용을 잘 하여야 한다.

3) 법인설립 등기 및 법인신고

여행업을 설립하기 위한 법적 자본금의 최소규모는 업종에 따라 국내여행업은 3천만 원, 국외여행업은 6천만 원, 일반여행업은 2억 원의 자본금이 필요하다. 그러나 여행업 자본금의 납입에 있어서 자본금은 원칙적으로 자기자본으로 하여야 하나 원천이 불분명한 자금으로 자본금을 준비한 경우 처벌의 대상이 된다.

여행업 설립 시 우선 개인 기업 또는 법인 기업으로 할 건지를 결정해야 한다. 여행업을 개인 기업으로 하려면 관할관청에 먼저 인 · 허가를 신청, 관광사업등록증을 교부받고, 세무서에 사업자등록을 위한 신청서와 함께 관광사업등록증을 제출한 후 사업자등록증을 교부받음으로써 사업을 개시할 수 있으나, 법인을 설립하는 경우에는 관할 지방법원이나 등기소에 설립등기를 한 후에 법인설립신고를 하는 절차를 거쳐야 하므로 개인 기업에 비해 절차가 복잡하고 비용과 시간이 많이 소요된다.

표 3-2 여행업 설립 비용

구분	자본금	등기비용(법인)	면허세, 관광기금(법인)
국내여행업	3천만 원	약 180만 원	12만 원
국외여행업	6천만 원	약 310만 원	12만 원
일반여행업	1억 5천만 원	약 960만 원	28만 원

자료 : 한국일반여행업협회, 2017

4) 관광사업자등록

관광진흥법상 일반여행업은 시, 도청에게 등록하여야 하며, 자본금(개인의 경우에는 자산 평가액)이 2억 원 이상이어야 하고, 사무실은 소유권 또는 사용권이 있어야 한다.

국외여행업은 해당 관할 구청에 등록하고, 자본금(개인의 경우에는 자산 평가액)은 6천만 원 이상이어야 하고, 사무실은 소유권 또는 사용권이 있어야 한다.

국내여행업은 주된 사업장이 소재한 구청에 등록하도록 되어 있으며, 자본금(개인의 경우에는 자산 평가액)은 3천만 원 이상이어야 하며, 사무실은 소유권 또는 사용권이 있어야 한다.

표 3-3 여행업의 등록기준

종류	자본금	사무실	등록관청
일반여행업	자본금(개인의 경우에는 자산평가액)이 1억 5천 만원 이상일 것	소유권 또는 사용권이 있을 것	시, 도청
국외여행업	자본금(개인의 경우에는 자산평가액)이 6천만 원 이상일 것	소유권 또는 사용권이 있을 것	주된 사업장이 소재한 구청
국내여행업	자본금(개인의 경우에는 자산평가액)이 3천만 원 이상일 것	소유권 또는 사용권이 있을 것	주된 사업장이 소재한 구청

여행업을 경영하고자 하는 자는 일정한 양식의 서류를 갖추어 해당관청의 등록을 필하여야 한다.

5) 관광사업자의 보험가입

관광진흥법 제9조를 보면 관광사업자는 당해 사업과 관련하여 사고가 발생하거나 관광자에게 손해가 발생한 경우에는 문화체육관광부령이 정하는 바에 따라 피해자에게 보험금을 지급할 것을 내용으로 하는 보험 또는 공제에 가입하거나 영업보증금을 예치하여야 한다고 규정되어 있다.

(1) 보증보험가입

여행업은 사업을 개시하기 이전에 관광알선과 관련된 사고로 인하여 관광자에게 피해를 준 경우, 그 손해를 배상할 것을 내용으로 하는 보증보험 또는 공제에 가입하거나, 업종별 관광협회 또는 지역별 관광협회에 영업보증금을 예치하고 당해사업을 하는 동안 계속하여 유지하도록 하고 있다.

그리고 일반여행업 및 국외여행업에서 기획여행실시 신고를 하고자 하는 자는 5억원 이상의 보증보험에 가입하거나 영업보증금을 예치하여야 하는데, 가입 시는 피보험자가 한국여행업협회(KATA)장 또는 지역별 관광협회장이므로 한국여행업협회 또는 지역별 관광협회에서 명의 이용확인서를 발급 받아 보증보험에 가입하여야 한다.

(2) 여행공제가입

여행업을 등록한 사업자는 그 사업을 개시하기 전에 여행공제회에 가입하여야 하며, 관광알선과 관련된 사고로 인하여 관광자에게 피해를 준 경우 그 손해배상을 변상할 것을 내용으로 하고 있다(관광진흥법 제9조 및 동법 시행규칙 제18조). 규정에 의하여 보험 또는 공제에 가입한 자는 그 사실을 증명하는 서류를 바로 등록관청에 제출하여야 한다.

6) 기획여행의 신고

기획여행이란 관광진흥법 제2조 제2의 2호에 의하면 여행업을 경영하는 자가 국외관광을 하고자 하는 관광자를 위하여 관광의 목적지 · 일정 · 관광자가 제공받을 운송 또는 숙박 등의 서비스 내용과 그 요금 등에 관한 사항을 미리 정하고 이에 참가하는 관광자를 모집하여 실시하는 여행을 말한다.

7) 마케팅계획 수립

여행업을 개업하는데 있어서, 원래의 경영 계획이나 소유주에 의해 결정된 실행계획을 결합하는 것은 중요한 일이다. 창업 전에 결정되어야 할 계획의 몇몇 요소들은 다음과 같다.

① 실행의 기본 계획 : 여행업이 무엇을 실행하기를 원하는 지와(여행업의 목적) 관련된 다른 문제들

② 각각의 간부와 직원의 책임

③ 여행업 이미지와 판매할 상품들

④ 예산과 이익에 대한 기대로서 여행업 비용이 효율적이기 위하여 가장 비싼 방법을 선택할 필요는 없다.

⑤ 명확하고 적극적인 판매 계획으로 경영자나 소유주는 아주 가까운 거리에서 잠재적인 고객을 찾기 위하여 은퇴한 가정을 방문할 것을 고려할 지도 모른다.

⑥ 정확한 지리적 정보

⑦ 개인적인 접촉 : 여행업이 다른 조직이나 고객을 끌어들이기 위하여 단체나 지역 공무원, 특별한 모임, 고객에게 만족될 만한 상품들과 접촉하는 것 이상으로 대체될 만한 것은 없다. 소유주나 경영자는 기초를 다지기 위하여 많은 사람들과 가능하면 많은 접촉을 하여야 한다. 개인적인 접촉은 사업을 하는 동안 여행업의 기초를 튼튼히 하는데 있어 도움이 된다.

⑧ 전문가 기질 : 여행업 사업을 가장 전문적인 방법과 연관하여 하지 않는 데는 어떠한 변명이나 이유도 없다. 여행업을 알리기 위하여 가장 전문적으로 구성된 서류를 사용하고 대부분의 여행업들이 같은 서비스를 제공한다는 것을 기억하여야 하지만, 그들이 제시하는 방법이나 소개하는 방법은 각각 서로 다를 수 있다

제3절 여행업의 변경등록과 취소

1. 여행업의 변경등록

여행업에 등록을 한 자가 등록사항의 변경등록을 받고자 할 때에는 그 변경사유가 발생한 날로부터 30일 이내에 관광사업 변경등록신청서에 다음 각호의 서류를 첨부하여 일반여행업은 시, 도청에게 신청하여야 하며, 국외여행업은 해당 관할 구청에, 국내여행업은 해당 관할 구청에 신청하여야 한다.

2. 여행업의 등록 취소

시 · 도지사와 구청은 다음에 해당될 때에는 등록을 취소하거나 6개월 이내의 기간을 정하여 사업정지를 명할 수 있다.

① 결격사유에 해당될 때

② 본 업무 이외의 행위를 업으로 한 때

③ 등록, 변경등록, 등록의 갱신을 부정한 방법으로 한 때

④ 한정된 관광업무의 취급대상 지역 등을 위반하여 관광업무를 한 때

⑤ 명령을 위반한 때

⑥ 규정에 의한 증빙서의 교부 및 비치를 하지 아니한 때

⑦ 금지행위를 한 때

⑧ 관광진흥법에 의한 명령이나 처분에 위반할 때

3. 여행업의 양도 · 양수

여행업을 양도하거나 양수하고자 하는 경우에는 양도 · 양수 사유가 발생한 날로부터 15일 이내에 양도 · 양수를 증명할 수 있는 서류를 첨부하여 등록관청에 신고하여야 하며, 여행업을 양수하려고 할 때에는 유념하여야 한다.

4. 여행업의 휴업과 폐업

관광사업의 전부 또는 일부를 휴업이나 폐업하고자 하는 자는 휴업 또는 폐업한 날로부터 7일 이내에 관광사업휴업(폐업)신고서를 작성하여 등록관청에 신고하여야 한다.

제4장

여행업의 업무

제1절 여행상품 생산과 판매업무

여행업의 업무는 관광자로 하여금 자사 상품에 대해 관심을 갖게 한 다음 관광자의 욕구에 맞는 여행상품을 제공하는 것으로, 일반 고객이 인지하는 부분에 비해 그 분야가 상당히 다양하며 또한 복잡하다.

그러나 항상 여행상품이 특별한 관심을 가지는 잠재여행사들만을 위해 개발되거나 그들의 요구에 따라 만들어지는 것은 아니다. 여행상품은 일반 대중 즉, 잠재관광자들에게 공개되기 때문이다. 여행상품이란 것은 미리 기획되고 예약된 후 판매된다. 수배를 하기 위해서 여행사는 먼저 고객이 원하는 여행상품이 무엇인가를 결정하고 여행상품을 개발하는 데 필요한 시간, 에너지 및 판촉비용을 지출하는데 따르는 위험을 감수하여야 하는 등 여행사의 업무가 그리 간단한 것만은 아니다.

1. 여행상품 생산업무

여행업의 여행상품 생산업무란 여행업이 여행상품 부품제공자들이 제공할 수 있는 상품을 조합하여 하나의 완제품으로 만들어내는 과정을 말한다. 이러한 업무를 여행업에서는 수배업무라고도 한다. 즉, 항공사 등의 교통기관, 호텔 등의 숙박시설, 음식시설, 기타 시설 등의 알선 및 예약을 행하여 여행상품을 만드는 업무이다.

따라서 수배업무는 운송과 숙박기관 등을 예약하여 서비스 요소를 확보하고 이들을 결합 · 제시하는 것이므로 여행사의 신뢰성 확보 여부를 결정짓게 하는 중요한 업무 중의 하나이다.

여행상품을 제조하기 위해서는 가장 먼저 시장분석과정을 거쳐야 한다. 시장의 욕구가 없는 여행상품의 제조는 존재할 수 없기 때문이다. 잠재관광자 시장의 여행상품의 형태, 가격 등에 관하여 시장조사가 선행되어야 하고 판매량까지 예측할 수 있어야 한다. 이러한 시장분석을 통하여 얻은 여행상품의 형태나 가격이 결정되면 여행상품 부품제공자들이 제시하는 촉진가격과의 협상이 이루어져야 한다. 그리고 여행상품의 형태, 가격이 결정되면 여행상품 부품제공자들과 협상한 여행상품의 종류와 가격의 예약을 행하고, 차후 불가피하게 발생하는 상황에 대해 서로 재확인이 이루어져야 한다.

과거에는 가격이나 상품, 부대서비스에 우선을 두었다면 현재는 가치관의 실현과 사회적 지위향상 등을 위한 의미적 가치에 더 큰 의의를 두고 있다. 따라서 여행상품을 생산하고자 하는 여행사에서는 여행상품의 특성과 구조, 구매의 특성에 대한 기본적인 이해를 바탕으로 상품을 생산해야 한다.

2. 여행상품 판매업무

여행상품의 판매업무는 여행사의 생존과 직결되는 문제이다. 아무리 훌륭한 상품계획이 수립되고 만족할만한 수배가 되었다고 해서 상품이 반드시 팔린다는 보장은 없다. 심혈을 기울여 생산된 여행상품은 생산의도와 서로 일치할 때 그 가치를 발휘한다. 즉 고객의 욕구를 충족시키고, 또한 수익성과 연결되어야 한다는 것이다. 따라서 판매업무는 시장분석 단계에서부터 생산단계, 촉진단계, 안내단계, 관광 후 관리업무까지 여행사 업무전반에 걸쳐 원만하게 이루어졌을 경우에 소기의 목표를 달성할 수 있는 업무로 상당히 중요하다.

여행업의 업무 가운데 영업과 관련된 판매업무는 가장 중요한 본질적인 업무라고 할 수 있다. 여행사의 주된 수입원천으로서 판매업무야말로 여행사의 생존과 직결되는 내용인 것이다. 따라서 여행업은 자사가 생산한 여행상품이 관광자로부터 좋은 반응을 얻고, 판매가 왕성하게 이루어질 수 있도록 특수성이나 규모에 맞는 적절한 판매활동을 전개해 나가야 한다. 다시 말해서, 갈수록 관광시장의 가격 · 품질 등의 경쟁은 치열해지고 고객의 욕구와 상품 구매성향도 다양화된 상황에서, 여행사의 판매업무는 구체적이고 다양화된 목표 아래 수익과 직결될 수 있는 성과가 있어야 할 것이다.

제2절 관광자 안내업무

관광통역안내사(tour guide)는 관광에 관한 전문지식과 기술 · 능력을 갖춘 전문직업인이다. 관광통역안내사의 역할은 관광 중에 발생하는 불안감이나 긴장을 해소시켜 주고 관광자에게 관광을 원활히 할 수 있도록 이해시켜 주고 도와주어 관광의 목적을 이룰 수 있도록 안내하여 주는 일이라 하겠다.

이러한 관광통역안내사는 친절한 서비스와 정확한 안내를 통해 신속하게 관광이 진행될 수 있도록 관광일정을 적절하게 조절할 수 있는 능력이 필요하다.

따라서 관광통역안내사는 고도의 인격과 풍부한 지식과 교양을 쌓아야 할 것은 물론이며, 건강하고 단정한 용모의 소유자로서 이 나라 관광산업의 중흥을 다지는 초석이 될 사명감에 불타야 할 것이다. 또한 고객에게 민족정기를 일깨우고 국민적 긍지를 갖게 하는 임무도 망각해서는 안 될 것이다.

1. 국내관광자 안내업무

안내업무 자체는 관광자가 방문하는 지역에 대한 역사와 문화, 지리 등의 안내를 수행하는 것이다. 국내관광 안내 업무는 현재 국내관광 행사에 제주도의 경우를 제외하고는 국내여행 안내사가 동승하는 행사가 거의 전무하다시피 하고 있는 실정이다. 인건비의 절감이라는 측면과 국내 관광자 스스로의 자가 운전 또는 철도의 발전으로 전국이 하루 생활권이 되었기 때문이다.

현재 여행업에 진출하는 대부분의 안내 인력들은 국내관광 행사의 안내보다는 국외 여행인솔자를 선호하고 있다는 점은 수긍이 되기도 하지만, 자사만의 고유한 영역으로서 우수한 국내여행 안내사를 확보하여 관광행사에 투입한다면 여러 면에서 긍정적인 효과를 거둘 수 있다.

2. 국외관광 안내업무

국외관광 안내업무란 관광의 출발준비로부터 시작하여 관광종료까지에 있어서의 고객관리 업무라고 할 수 있다. 국외여행을 하고자 하는 내국인을 안내하는 국외여행인솔자 자격증을 소지한 자가 안내업무를 한다.

국외여행인솔자는 관광자를 인솔하는 업무를 담당하는데 관광대상국가에 입국하게 되면 현지 가이드에게 관광안내와 관련된 업무를 위탁하게 된다. Through Guide는 관광자들이 처음 도착한 공항에서부터 입국하고자 하는 마지막 출발지 공항까지를 안내하는 업무를 수행한다. Local Guide는 현지 가이드라고도 하는데 관광자가 도착한 지역에서 다음 출발지로 떠나기까지 일정을 안내하는 업무를 수행하는 안내원으로 TC와 협의하여 현지행사를 진행하는 역할을 하고 있다.

1) 국외여행인솔자(Tour Conductor)의 개념

(1) 국외여행인솔자의 정의

국외여행인솔자란, 국외관광에 있어서 관광의 출발준비로부터 시작해서 관광 종료시까지 관광자를 관리하고 지휘하는 사람으로서, 단체관광이나 개인관광 시에 동행하여 계획된 현지 일정의 원활한 진행은 물론, 관광자의 편의를 위해 상황에 따라 적절한 조치를 취하는 국외여행인솔자는 고객의 보호자이자 리더로서 그리고 회사의 대표자로뿐만 아니라 여행상품의 중요한 구성요소로서 그 중요성이 강조되고 있다.

(2) 국외여행인솔자의 기본자질

국외여행인솔자로서 갖추어야 할 능력으로는 업무에 대한 다양한 지식, 어휘실력과 편안한 화법, 건강한 체력, 원만한 성격, 리더쉽과 판단력 등을 들 수 있다. 이와 같은 능력은 관광의 안전확보를 위한 최저한의 필요요소로써 관광 전반을 쾌적하고 가치있고 오래도록 감명과 인상을 남기기 위해서는 초인적인 능력이 필요하다. 이런 의미에서 볼 때, 국외여행 인솔자는 인격과 지식의 향상에 노력해야 하며, 보다 많은 경험의 축적이 요구된다.

2) 국외여행 인솔자의 역할

국외여행 인솔자는 여정에 있는 그대로 관광을 충실하고 안전하며 확실하게 관광자에게 제공해야 한다. 이를 위해서는 출입국수속, 탑승수속, 수하물관리, 숙박과 숙식의 조건, 운송기관과의 계약조건, 관광 전반에 걸친 전문용어나 계약 등에 대해 정확한 지식을 갖고 있지 않으면 안 된다. 국외여행 인솔자의 역할을 구체적으로 살펴보면 다음과 같다.

(1) 여행일정의 관리자의 역할

관광일정과 관광일정관리에 따라 충실히 진행된다. Tour에 참가하는 관광자와 관광계약을 체결한다. 그 내용은 관광일정, 관광조건 및 약관이다. 약관이란 여행사와 관광자와의 일반적인 약속이라고 할 수 있다. 관광일정과 관광조건은 관광의 실체라고 말할 수 있다. 법률적으로 말하자면 관광계약은 쌍무계약인 것이다. 여행사는 관광자에 대하여 정해진 내용의 관광을 제공할 의무가 있으며 관광자는 여행사에 대하여 관광대금을 지불할 의무가 있고 나아가서는 관광 실시상 결정된 일정한 약속사항도 지켜야만 되는 의무까지도 있는 것이다.

Tour Conductor란 결정된 내용의 관광을 관광자에게 제공함에 있어 현장에 있어서의 최종 책임자인 것이다. Tour Conductor 역할의 근본은 바로 여기에 있다. 구체적으로 말하면 무엇보다도 먼저 관광을 예정대로 진행시키지 않으면 안 된다. 한걸음 앞서 교통기관의 예약, 재확인을 해야 하며 단체행동에 대하여 세밀한 계획을 수립하고 관광일정과 같게 원만한 관광을 진행에 가야 한다.

천재, 사고, 태업(Strike) 등 불가항력의 변고로 관광일정을 변경하지 않으면 안 될 때는 원래의 관광일정에 가장 가까운 것을 관광자에게 제공하는 등 상황에 따른 최선책을 강구해 나가야만 한다.

(2) 여행자 보호의 역할

국외여행인솔자는 현지에서의 행사 진행 시 발생할 수 있는 모든 사고에 대비하여야 한다. 발생할 수 있는 사고에 대해 관광객에게 항상 주의를 줘야 한다.

(3) 회사를 대표하는 입장

일단 한국을 출발하면 Tour 참가 계획에 대한 회사 측의 사람은 Tour Conductor 한 사람밖에 없다. 어떠한 불만이나 요구사항이 있을 때는 Tour Conductor에게 말하는 것 이외에는 다른 방도가 없다. Tour 도중의 Tour Conductor는 회사의 전 책임을 짊어지고 있다고 하겠다.

회사 담당자의 잘못이나 현지여행사의 잘못도 모두 자기 잘못으로 받아들이고 관광자에게 충심으로 사과해야 함은 물론 그 현장에서 취할 수 있는 최선의 대책을 강구해서 사태의 해결에 최선의 노력을 하지 않으면 안 된다.

(4) 고객 재창조자 역할

관광자의 신뢰를 얻으려면 회사를 대표하고 있다는 자각을 가지고 Tour의 진행 및 내용과 경비지출을 관리해 가는 것이 Tour Conductor에게 요청되는 최저한도의 직책이라고 할 수 있다. 이것을 완수하지 못하고서는 Tour Conductor의 존재의 의의는 없다. 그래서 훌륭한 Tour Conductor, 즉 관광자들에게 신뢰받을 수 있는Tour Conductor가 되기 위해서는 이것이 기본이며, 출발점이 된다. 여기까지는 누구나가 당연히 할 수가 있겠지만 실무에 임했을 때가 문제가 되는 것이다.

Tour를 예정대로 진행해 가기 위해서는 관광자가 Tour Conductor가 의도하는 대로 움직여 주어야 하는데 아무튼 상대는 비용을 지불하고 Tour에 참가한 손님이며, 또한 분별있는 어른들이다. 명령을 하지 않더라도 관광자 스스로 Tour Conductor의 말을 순순히 들어주고 또 마음속으로부터 따르도록 유도하지 않으면 안 된다. 그러기 위해서는 관광자들로부터 Tour Conductor의 인격과 소양에 대해서 전폭적인 신뢰와 지지를 받을 필요가 있다.

(5) 엔터테이먼트의 역할

국외여행인솔자는 고객의 여행만족도를 위하여 많은 노력을 하여야 한다. 인솔자의 역량에 따라 고객의 참여도와 만족도가 달라질 수 있기 때문에 항상 밝고 고객을 즐겁게 하여야 한다는 사실을 잊어서는 안 된다.

3) 국외여행 인솔자의 업무

(1) Tour 출발 전 준비업무

국외여행인솔자는 단체관광자들을 인솔하고 출발하기에 앞서 관광일정 및 내용을 충분히 숙지하고 각 담당자와 확인 및 충분한 협의를 해야 한다.

❶ 현지 관련정보의 습득

국외여행인솔자가 관광자들로부터 신뢰를 얻기 위해서는 관광국가에 대한 현지정보가 정확해야 한다. 국외관광자가 매년 증가함에 따라 관광자들은 관광국가에 대해 알고 있는 것이 많기 때문에 관광자들의 질문에 정확한 답변을 해 주어야 한다. 따라서 최근의 현지정보를 얻어 관광자들에게 알려 주어야 한다.

- 방문국의 역사 · 지리 · 종교 · 미술 등 가능한 전 분야를 정리해 둔다.
- 방문국과 우리나라 사이의 정치 · 경제상의 관계를 잘 이해해 둔다.
- 방문국의 최근 화제 · 뉴스 등의 최신 정보를 가능한 한 많이 수집해 둔다.
- 이용항공기의 기종, 여중기착지, 실소요시간, 기내식의 유무를 조사해 메모해 둔다.
- 방문국의 지리적 위치, 기후와 시차, 출입국수속시의 특별규칙, 통화, 환전환율 등을 가장 최근 자료를 바탕으로 조사해 둔다.
- 가능하면 시가지도로 숙박예정호텔의 소재지를 확인하고 그 부근의 상황도 조사해 둔다.
- 일정 중 자유시간을 유효하게 보낼 수 있는 몇 가지 방안을 연구해 둔다.

• 방문국의 특수한 풍속 · 습관 및 사회상에 대해 조사해 둔다.
• 방문국의 치안상태 및 주의해야 할 사항들을 조사해 둔다.

❷ 기획 · 판매담당자와의 확인 및 협의사항

국외여행인솔자는 기획 및 판매담당자로부터 단체의 규모 및 성격에 맞게 사전준비를 해야 한다.

• 단체의 성격이 패키지관광 · 인센티브, 어떤 형태의 모임인지를 구별 확인
• 관광자로부터 특별희망사항의 유무 또한 일부고객과 판매담당자 사이의 특별한 약속이 있는지의 유무
• 참가자의 연령 · 직업 · 성격 등을 출발 전에 확인
• 참가자 중 노약자나 몸이 불편한 자가 있는지를 확인
• 설명회 개최시 반드시 출석하여 인사를 나눈다.
• 참가자 중 특별히 신경을 써야 할 중요한 고객은 없는지를 확인
• 인솔경험이 있는 사원으로부터 주의해야 할 점 등 정보를 얻는다.

❸ 수배담당자와의 확인 및 협의사항

국외여행인솔자는 수배담당자로부터 바우처(voucher), 티켓(ticket), 관광비용 등 그 밖에 필요한 서류를 수령한 후 전반적인 수배에 대해 세밀한 검토 및 확인을 한 후 의문점에 대한 질문을 해서 실제 관광 중에 곤란한 문제가 없도록 해야 한다.

• 최종여정의 확인
• 바우처의 수령 및 확인
• 호텔의 확인
• 지불방법에 대한 확인
• 여행경비의 내용확인
• 미수배 및 미확인사항의 확인

❹ 발권담당자와의 확인 및 협의사항

항공권은 일반적으로 발권담당자 혹은 수배담당자로부터 받게 되는데, 수령 즉시 다음의 사항을 확인한다.

• 항공권의 매수, 관광자명, 비행구간, 구간별 탑승쿠폰, 예약상황, 출발일, 편명, 등을 확인

• 최저인원, 일수, 도중기착횟수 등을 확인

• 항공운임의 규칙숙지

❺ 출발 전 준비물 점검

출발 전에 국외여행인솔자가 목적지에서의 원활한 관광진행을 위해 회사에서 수령하거나 준비할 내용물을 열거하면 다음과 같다.

• 고객명부

• 객실배정 명부

• 항공권을 포함한 각종 승차권류

• 현지 수배확정서

• 예산서에 따른 관광비용

• 회사 소정의 양식(보고서, 서류 및 편지봉투)

• 항공권 예약기록(PNR)

• E/D카드(목적국)

• 현지여행사, 투숙예정호텔 연락처 및 현지 긴급연락처 목록

• 일정표, 시간표

• 안내기(유도깃발)

• 수하물과 손가방에 부착할 여행사 소정의 이름표 및 착색 Tag

• 구급약품

• 기타 필요한 소지품 및 사무용품

(2) 출국에서 목적지 도착까지의 업무

국외여행인솔자는 고객들의 집합시간보다 최소한 30분 내지 1시간 일찍 공항에 도착해야 한다. 통상 회사에서 다른 직원들이 출발을 돕기 위해 공항에 파견되므로 이 직원과 업무분담을 정하고 다음 순서를 참조하여 업무를 진행한다.

❶ 출국 당일업무

- 인솔자는 단체관광자의 집합시간 최소 30분 전까지 집합장소에 도착하여 대기한다.
- 여행사의 팻말 및 안내판을 설치하고 관광자들에게 나누어 줄 물품들을 점검한다.
- 이용할 항공사 카운터에서 좌석을 사전 배정한다.
- 인원확인 및 환전안내를 한다.
- 출입국신고서와 수하물꼬리표를 배포하고, 여권회수 및 위탁수하물을 수거한 후 항공사의 창구로 이동한다.
- 항공탑승수속을 한다.
- 인솔할 단체관광자들을 모아 놓고 관광서류를 배포하고 나서 자기소개를 하고, 출국방법 등을 간략하게 설명한다.

❷ 기내 수행업무

- 단체일행의 착석여부를 확인하고, 일행의 좌석이 떨어져 있을 경우 좌석을 재배치 한다.
- 항공기 이용에 따른 제반 안내사항을 알려 주고, 입국신고서 작성도 단체인원수만큼 미리 준비해 작성해 둔다.
- 관광자에게 현지 도착 후의 행동 등을 미리 알려 준다.

(3) 현지 수행업무

❶ 공항입국업무

- 항공기가 착륙하면 항공기 출구 앞에 집합시켜 인원파악을 한다.
- 입국수속서류를 나누어주고, 관광자들의 입국수속 진행과정을 도와 준다.
- 현지가이드와 미팅한다. 이후 관광자들에게 가이드 인사를 시키고, 차량이 있는 곳으로 이동시켜 버스에 탑승한다.

❷ 호텔투숙업무

- 현지가이드와 함께 프런트 데스크에 가서 객실담당직원에게 단체명 및 인원 등을 알려 준다.

- 객실배정표에 의하여 객실배정을 한다.
- 객실담당으로부터 객실열쇠와 식사권 등을 인수받는다.
- 호텔 내에 호텔명함 및 호텔안내서 등이 비치되어 있으면 단체인원수만큼 반드시 확보해 관광자들에게 나누어 준다.
- 객실열쇠의 사용방법과 객실 이용방법을 안내한다.
- 호텔전화 사용방법 및 호텔시설에 대해 안내한다.
- 시간을 현지시간으로 맞춰 재확인시킨다.
- 모닝콜(morning call)의 시간과 식사시간 및 장소, 집합시간 및 장소 등에 대해 안내한다.
- 내일의 일정에 대하여 간략히 설명하고, 준비물 등을 말해 준다.
- 귀중품의 도난 · 분실에 주위를 상기시키고, 안전함(safety box)의 보관 · 사용을 안내한다.
- 개인행동 시는 반드시 인솔자에게 알려줄 것을 요청한다.

(4) 투어 진행업무

❶ 출발 전 준비과정

- 투어가 시작되기 전에 현지가이드와 함께 관광일정에 대해 협의한다.
- 아침식사의 장소를 미리 알아두고, 고객보다 먼저 나와 대기하도록 한다.
- 고객들이 식사 후 집결장소에 모이면 인원 및 수하물을 파악하고, 객실에 두고 나온 물건이 없는지 확인시키고 호텔을 출발한다.

❷ 관광지에서의 수행업무

- 현지 관광안내 시 현지가이드가 주가 되고, 인솔자는 도와주는 역할을 한다.
- 관광자들에게 집결하는 장소 및 시간을 강조하여 반복적으로 알려준다.
- 관광자들을 관광지에서 인솔할 때는 일행들의 맨 뒤에 서서 안내한다.

❸ 식당에서의 수행업무

- 식사의 종류 및 식사의 범위를 관광자들에게 명확히 설명한다.

• 식사가 끝나기 전에 계산서를 미리 받아서, 개인적으로 주문한 것은 해당관광자가 내도록 설명한다. 또한 관광자들로 하여금 식사 후에 적당한 액수의 팁을 놓고 가도록 안내한다.

❹ Tour 종료 후의 정리업무

• Tour 종료 후 회사에 제출할 보고서의 작성 및 관련자료의 정리를 한다.

• Tour 종료 후 Tour의 전반적인 사항에 대해 종합적인 평가를 가진다.

(5) 현지 출국업무

❶ 출발 전 준비사항

• 항공예약을 재확인한다.

• 수하물 정리, 항공편 출발 및 도착내용 통지, 기타 관광자들에게 출국날의 일정에 대해 간략히 설명한다.

❷ 호텔 퇴실업무

• 수하물을 로비의 지정된 곳에 보관해 두고, 호텔의 프런트 데스크에서 체크아웃 수속을 진행시킨다.

• 호텔 체크아웃이 끝나면 인솔자는 최종 인원파악과 수하물의 개수를 확인하고 관광자들로부터 하여금 각자의 수하물들을 확인시키고, 마지막으로 버스가 출발하기 전에 관광자들의 호텔 객실 내에 귀중품을 놓고 나왔는지 다시 한 번 강조한다.

(6) 귀국보고 및 사후 고객관리업무

❶ 귀국보고업무

• 관광을 마치고 귀국하면 우선 인솔자는 공항에서 전화상으로 회사에 귀국사실을 알린다.

• 인솔자가 관광 중의 호텔 · 식사 · 가이드 · 차량 · 관광지 · 관광자 등에 대한 전반적인 사항에 대한 평가보고서(출장안내보고서)를 작성하여 제출한다.

• 관광 중 발생한 수입 및 지출에 대한 내역으로 크게 항공권 정산, Optional Tour

정산, 쇼핑 정산 등으로 나누며, 행사계획서를 참조하여 예비정산을 작성하여 제출한다.

- 인솔자는 업무일지를 작성하여 회사에 제출한다.

❷ 사후 고객관리업무

- 인솔자는 귀국 후 자신이 인솔했던 고객들에게 관광 중의 협조와 이해에 대하여 감사의 전화 및 SNS 안부인사를 한다.
- 인솔자는 인솔했던 관광자와 업무적 관계로 맺었던 인연을 인간적인 유대관계를 맺도록 노력해야 한다. 또한 고객과의 진실된 만남을 계속 유지하면 본인 개인적으로도 많은 도움이 될 것이다.

3. 외래관광자 안내업무

외국인 관광자들의 관광을 안내하는 관광통역안내사는 현행법상 영어, 일본어, 독일어, 불어, 중국어, 서반아어, 러시아어 통역안내원으로 나뉘어져 있다. 관광통역안내사의 역할은 기본적인 관광안내에 국한되지 않고 국가를 대표하는 사람으로서 한국을 방문하는 외래관광자에게 한국의 역사, 문화, 사회, 정치, 경제를 소개하는 중요한 역할을 수행하고 있다.

1) 관광통역안내사의 기본자세

(1) 국민의 대표자로서의 긍지

외래관광자의 짧은 한국 관광 중 그들이 접촉할 수 있는 우리나라 사람은 극히 제한된 수에 지나지 않다. 그 중에서도 관광통역안내사는 관광자의 입국에서 출국까지 줄곧 그들을 안내하는 책무를 가지고 있는 말하자면 가장 오래 접촉하는 사람 중의 한 사람이다. 따라서 외래관광자는 관광통역안내사를 통해서 우리나라 국민의 모든 것을 평가하려 한다. 관광통역안내사의 자세 여하에 따라 외래관광자들이 한국 및 한국 사람들에 대하여 갖는 의식이 좌우되므로 관광통역안내사는 항시 국민을 대표하는 입장에 있다는 긍지를 잊지 말고 민간외교의 제1선에 있는 한국인으로서의 확고한 좌표를 설정해서 안내에 임해야 할 것이며, 나아가서는 참되고 올바른 한국을 소개함으로써 국제간의 상호이해와 친선의 도모에 일익을 담당하고 있다는 자부심을 가지고 있어야 한다.

(2) 성실하고 성의있는 태도

업무에 관한 지식이 아무리 풍부하고, 또 아무리 어학에 능통하고 접객에 능하다 할지라도 정신자세에 성실성이 없으면 외래관광자로부터 신뢰를 받을 수 없다. 외래관광자의 신뢰를 받을 때 그 행사가 원만히 진행됨은 물론 다소의 불편한 점이 있어도 그것을 이해하고 협조적이 될 수 있는 것이다. 만약에 안내원이 신뢰를 받지 못할 때에 관광자는 사소한 일에도 Complain을 하는 수가 있다. 결국 관광통역안내사가 외래관광자로부터 신뢰를 받는 최상의 지름길은 자신의 성의를 다한 성실한 태도뿐이라는 것을 인식해야 한다.

(3) 세심하고 치밀한 안내

관광통역안내사가 안내를 함에 있어서 세심하고 치밀하다는 것은 그것이 아무리 지나쳐도 잘못이 아니다. Hospitality 산업에서 좋은 서비스라는 평은 사소한 것이라고 생각되는 요소들의 누적이라고 말할 수 있다. 또한 관광상품이 숙박, 교통, 식사, 관광 등 여러 가지 복합된 상품임에 비추어, 각 부문을 얼마나 세밀하게 조화시켜 나가느냐에 따라 상품의 가치가 달라지며, 그 회의 성패는 관광통역안내사가 얼마나 세심하고 치밀한가에 달려 있는 것이다.

(4) 친절한 마음가짐

관광통역안내사는 자기 취미로 하는 것이 아니라 관광자에게 대가를 받고, 안내라는 서비스를 제공하고 있는 점을 잊어서는 안 된다. 자기 개인적인 사정으로 아무리 불쾌한 일이 있다고 하더라도 그것을 밖으로 나타내지 않는 평소의 노력과 수양이 절실히 요구된다. 선천적으로 친절성을 타고난 사람은 더욱더 그 성격을 갈고 닦아야 할 것이며, 그렇지 못하다고 생각되는 사람은 평소에 자기의 표정이나 행동 등에 관해서 인위적으로라도 명랑함과 친절한 분위기가 우러나올 수 있도록 노력을 해야 할 것이다. 친절성은 관광자들에게 불안감을 해소시켜 주고 호감을 자아내게 할뿐 아니라 성실과도 상통한다는 것을 잊어서는 안 된다. 여기서 주의할 점은 친절성에 세련미가 없다든지 또는 절도가 없어서 졸렬하거나 경박하다는 인상이 있어서는 안 된다는 점이다.

2) 관광통역안내사의 복장 및 태도

(1) 몸단장 및 복장

관광통역안내사는 복장과 자신의 몸에 대해 각별히 주의하고 가꾸어야 한다. 유니폼이 있을 시에는 항상 착용하도록 한다. 세부적인 항목은 다음과 같다.

(2) 언행 및 태도

관광통역안내사의 언행 및 태도는 그 자신의 인격을 나타낸다. 세련된 언행과 태도로서 관광자에게 좋은 인상을 주었을 때 관광자는 관광통역안내사에 대한 신뢰가 절대적인 것이며 변하지 않는 단골이 된다. 호주머니에 손을 넣은 채로 관광자를 응대한다거나, 친절이 지나쳐서 관광자를 친구같이 대해서는 안 된다.

3) 관광통역안내사의 안내방법

관광통역안내사의 생명은 안내 기술에 있다. 다시 말해서, 짜임새 있고 조리 있는 안내법을 체득해서 언제나 자신을 가지고 안내에 임할 수 있어야 한다. 관광자를 안내함에 있어서 가장 조심해야 할 것은 사람마다 각자의 개성이 있기 때문에 자기 나름대로의 독특한 안내 스타일이 있다고 하겠으나 자기의 개성만을 생각해서 개인적인 판단이나 주관이 지나쳐서는 안 된다는 것이다. 즉, 개인적인 주관이 지나치게 되면 안내의 내용이 즉흥적인 것으로 되기 쉽다는 점이다.

4) 관광통역안내사 업무의 수행요령

(1) 관광통역안내사 업무의 사전준비

안내업무는 안내사가 단체행사 취급의 배정(주로 판매부서에서 배정함)을 받는 순간부터 시작된다. 이때 배정받은 단체행사에 대해서 얼마만큼 사전준비를 철저히 하느냐에 따라 행사에 대한 성패가 판가름 난다.

단체조건 확정통보서와 행사지시서 만을 참고로 해서 행사진행을 하면 그만이라는 안이한 사고방식은 금물이다. 배정을 받고 난 뒤의 사전준비는 각별한 신경을 써야 한다.

제3절 카운터 업무

1. Counter 요원의 업무

Counter란 여행업의 얼굴이며, Counter 요원은 찾아온 손님(walking passenger)을 상품화하는 업무와 전화로 문의해 온 고객을 상담하는 업무와 전화로 문의해 온 고객을 상담하는 업무요원으로 ① 정확한 관광관련 지식, ② 외모와 마음씨, ③ 서비스 정신에 충만한 자로서 풍부한 경험을 가진 관광업계의 원로들이 참여하여 관광상담자로서의 역할을 담당하는 것도 바람직하다.

Counter 요원은 정확한 관광정보자로서 여행업에서 진행되고 있는 모든 단체의 이동이나 관광수속 등과 국내 · 외의 교통기관(항공편 · 철도 · 고속버스 · 국제여객선 · Ferry · 유람선 등), 호텔, 관광자원, 관광지리, 각종 Package Tour(국내 · 외래 · 국외관광), 기타 관광상품 등에 대한 제반 자료를 비치해 알고 있음으로서 찾아온 고객(walking passenger)과 전화 상담을 원활하고 호감이 가도록 해야 한다.

2. 항공권 예약의 기초

1) 항공권 예약업무의 개념

항공예약업무란 항공운송사업의 기본적 업무로 좌석예약, 관련 부대서비스 제공, 관광정보제공 등 관광자에게 서비스를 제공함과 동시에 제한된 항공좌석의 범위 내에서 항공좌석의 이용률을 극대화하는 제반업무를 말한다. 항공예약은 항공사에서 항공좌석의 정확한 운용관리와 판매의 효율성을 위해 시행하며, 이용률을 가장 최상으로 가동하고자 하는 목적이 전제가 된다. 결국 이러한 예약의 목적은 항공사의 수입의 제고와 극대화를 위한 일환이다.

따라서 여행사 Counter 요원은 아래와 같은 사항에 유의하여 관광자에게 항공예약과 관련된 제반서비스를 제공하여야 한다.

① 관광자가 원하는 목적지, 날짜, 시간, 원하는 항공사 및 요금을 토대로 좌석을 예약해 준다. 예약 시에는 여권에 기재된 영문이름으로 꼭 예약을 하여야 한다.

② 정확한 항공요금, 예약된 항공사의 편명 및 시간, 현지공항세, 출입국정보 및 탑승수속에 관련된 정보를 제공한다. 항공예약 시에는 요청하는 항공좌석 등급으로 하여야 한다. 개인관광자일 경우 전화번호와 단체그룹일 경우 현지에서의 연락처가 필요하다.

③ 목적지인 국가가 비자면제협정이 체결되지 않았다면 비자발급에 관한 정보를 제공하여야 한다.

④ 항공권을 예약한 관광자가 현지도착지의 호텔과 Rent a Car 등의 서비스를 원할 경우 예약대행을 해준다.

⑤ 예약관광자 중 신체가 불편한 노약자나 장애자가 있는 경우 특별히 좌석의 배려차원에서 필요한 좌석을 특별 요청 한다. 아울러 비동반소아(UM)일 경우 공항에서의 안내요청을 사전에 하여 서비스 혜택을 받도록 해야 할 것이다.

⑥ 기내식의 특별주문이 필요한 관광자가 있다면 특별한 기내식 요청으로 배려하여야 한다. 종교상의 이유나 건강상의 문제로 기내식의 특별한 메뉴가 필요한 경우가 있기 때문이다.

⑦ 항공권을 발권하기로 약속된 시기까지 발권이 이루어지지 않을 경우 예약이 취소될 수 있으며 항공권의 발권시한은 각 항공사마다 별도의 규정이 있으므로 유의하여야 한다.

⑧ 관광일정의 도착지점과 다음 관광일정의 출발지점은 일치되어야 한다. 항공편 이외의 운송수단(버스, 기차, 선박 등)이 관광자의 관광일정에 포함되어 항공관광일정이 연속성을 유지하지 못하는 경우 불연속관광일정에 대한 출발 및 도착정보를 반드시 다음 여정의 해당 항공사에 제공하여야 한다.

⑨ 관광 도중 특정지점에서 72시간 이상 체류하고자 하는 경우에는 최소한 항공기 출발 72시간 전까지 다음의 연결항공편에 대한 예약을 재확인하여야 한다. 그렇지 않을 경우 예약이 취소될 수 있다.

2) 항공요금의 종류

국제선 항공요금은 관광자의 연령, 직업, 신분, 관광기간, 관광조건 등에 따라서 정상요금(Normal Fare), 할인요금(Discount Fare), 특별요금(Special Fare), 판촉요금(Promotional Fare)의 4가지로 구분된다.

(1) 정상요금

정상요금은 첫 구간은 발행일로부터 1년 안에 사용하여야 하며, 나머지 구간은 관광개시일로부터 1년이다. 도중체류 횟수의 제한이 없으며, 예약 변경, 여정 변경, 항공사 변경 등에 원칙적으로 제한이 없다.

(2) 할인요금

할인요금은 승객의 나이나 신분에 따라 할인이 제공되는 운임으로 승객의 관광조건에 따라 그 기준운임은 정상운임 또는 특별운임이 될 수 있다. 특별한 규정이 없는 한, 유효기간, 도중 체류 횟수 등은 기준운임의 규정에 따라 적용된다.

❶ **유아요금**(Infant Fare : IN)

유아에게 적용되는 요금으로 최초 관광일을 기준으로 만 14일 이상 만 2세 미만의 좌석이 배정되지 않는 유아로서 전 일정에 성인보호자가 동반하는 것을 원칙으로 한다. 성인 동반자 1명에 유아 1명만 할인 가능하며, 유아가 2명 이상인 경우에는 나머지는 1명의 유아에게 Child 요금을 적용한다. 적용요금은 성인요금의 10%이며, Ticket 상에 생년월일과 동반보호자의 항공권번호를 기재하여야 한다.

❷ **소아요금**(Child Fare : CH)

어린이에게 적용되는 항공요금으로서 최초 관광일을 기준으로 만 2세 이상 만 12세 미만으로 성인보호자가 동반하는 승객이다. 적용요금은 지역별로 약간의 차이가 있으나, 대체로 성인 운임의 67~75% 수준이며, Ticket 상에 생년월일과 동반보호자의 항공권번호를 기재하여야 한다.

❸ 비동반 소아요금(Unaccompanied Minor : UM)

성인을 동반하지 않은 소아에게 적용되는 항공요금으로 최초 관광일을 기준으로 만 3개월 이상 만 12세 미만의 승객이다. 적용요금은 만 3개월 이상 만 5세 미만의 경우에는 성인요금의 100%를 지불해야 하고, 만 5세 이상 만 12세 미만의 경우에는 Child 요금의 100%를 적용하며, Ticket 상에 나이와 생년월일을 기재하여야 한다.

❹ 학생요금(Student Fare : SD)

최초 관광일을 기준으로 만 12세 이상 만 25세 이하로 정규교육기관의 6개월 이상 교육과정에 등록된 학생으로서, 학업시작 6개월 전부터 학업종료 후 3개월까지가 적용기간이며, 적용요금은 성인 정상요금의 75%이다. 도중체류는 불가능하며, 학생요금을 적용받기 위해서는 입학허가서 사본, 재학증명서(원본), 학생증 사본 등이 필요하다.

❺ 선원요금(Ship' s Crew Discount Fare : SC)

선원에게 적용되는 항공요금으로써, 개인선원요금과 단체선원요금이 있다. 개인선원요금 적용 시에는 선원이 승선하는 선박의 국적에 따른 특별 규정을 우선 참조하고, 해당사항이 없을 때에는 일반규정을 적용한다.

개인선원요금(일반규정)은 조업과 관련해 항공기를 이용하는 선원의 편도 여정이며, 적용요금은 성인 정상요금의 75%(관련선박회사에서 지불)이다. 도중체류는 불가능하며, 선원요금을 적용받기 위해서는 Seaman Certificate, Seaman Book, 선원고용계약서 등을 제출해야 한다.

❻ 단체인솔자 할인요금(Tour Conductor : CG)

여행사의 Tour Conductor에게 적용되는 항공요금으로서 적용대산은 10명 이상의 단체관광자들을 인솔하는 자로서 할인수혜인원 및 할인율은 단체구성원의 수에 의해

❼ 대리점직원 할인요금(Agent Discount : AD)

항공사와 대리점 계약을 체결한 대리점의 직원 및 그 배우자로서 항공사의 승인을

받아야 한다. 요금의 적용은 본인의 경우에 정상요금의 25%, 배우자의 경우에는 50%를 적용한다. 항공권의 유효기간은 발행일로부터 3개월이며, 첫 번째 Flight Coupon은 해당 연말까지 사용하여야 한다. 대리점직원 할인요금을 적용받기 위해서는 대리점 신청서, 항공사 승인서가 필요하며, 타 항공사가 개입되었을 경우에는 해당 항공사의 동의서가 필요하다.

❽ 이민할인요금(Emigrant Fare : EM)

이민 VISA를 소지하고 AREA 3에서 미국 및 캐나다로 가는 항공편을 이용하는 관광자에게 제공되는 것으로, 도중체류 불가, 일등요금에 준하는 무료수하물 허용, 미국/캐나다 내의 ADD-ON, 국내선요금, AREA 1내의 요금과 결합이 가능하고, 일반적으로 Y Class 요금의 25%를 할인한다. 단, 소아 67%, 유아 10%를 지불한다.

❾ 군인할인요금(Military Personnel Fare : YM)

미국 및 군소속의 자비지불 관광자에게 적용되는 항공요금으로, 항공권 발권전 예약이 불가능하며, 미국 및 캐나다 국내의 ADD-ON, 국내선 요금과 결합이 가능하고, 일반적으로 Y Class 요금의 50% 수준으로 할인한다.

❿ 항공사직원 할인요금(Air Industry Discount Fare : ID)

항공사의 직원 및 가족 또는 항공 산업 관련자에게 적용되는 항공요금으로, 직원에게는 100% 할인율, 가족에게는 50%의 할인혜택을 주며, 발행된 항공권의 유효기간은 3개월이다.

(3) 특별요금(판촉요금)

승객의 다양한 관광형태에 부합하여 개발된 운임으로 승객의 관광기간, 관광조건, 도중체류의 횟수, 경유지의 횟수, 관광의 형태 등에 일정한 제한을 가하여 개발한 각종 요금을 말한다. 여러 종류의 특별요금이 각 구간별로 공시되어 있으며, 판매되는 대부분의 항공권에 특별요금이 적용되고 있다. 정상요금의 항공권에 비해 관광기간 및 관광조건 등에 일정한 제한이 많은 대신에 가격은 가장 저렴하다.

특별요금은 Economy Class에만 적용되는데, 주로 항공사가 지정한 여행업과 호텔에서 판매하고 있다. 여행업에서 모집하는 단체관광이 가격이 싼 이유는 이런 할인요금이 적용되기 때문이다. 특별요금 항공권은 구입조건, 요금반환과 환불, 분실 시 재발급, 사고보상금 한도, 귀국편 예약 등이 금지되거나 여러 가지 조건이 덧붙여져 까다로워지므로 구입 전에 반드시 제한 사항을 체크해 관광일정과 조건에 맞는지 확인해야 한다.

3. 항공권 발권의 기초

1) 항공운송증표의 종류

항공운송증표는 관광자와 항공사간에 설립된 계약의 내용을 표시하고, 항공사의 운송약관과 기타 약정에 의하여 관광자운송이 이루어짐을 표시하는 증서이다. 일부의 운송증표는 항공사간에 정산이 가능하도록 IATA에서 정한 표준양식을 사용한다.

(1) 여객항공권과 수하물(Passenger Ticket and Baggage Check)

발행된 각각의 구간에 관련하여 관광자의 운송 및 관광자의 위탁수화물의 수송에 대한 증표로서 일반적으로 비행기표라고 한다.

(2) 지불증(Miscellaneous Charge Order : MCO)

항공권과 달리 지불증이라고 표현되며, 추후 발행될 항공권의 요금 또는 해당 관광자의 항공관광 도중에 부대 Service Charge를 징수할 경우 등에 발행되는 지불증표를 말한다. 즉 사전에 일정금액을 항공사에 지불하고 항공사로부터 발행을 받는 증표이다.

(3) 초과수하물표(Excess Baggage Ticket)

관광자로부터 징수된 초과수화물운임에 대하여 발행되는 영수증표이다.

(4) 여객과 수하물 단체항공권(Collective Ticket for Passenger and Baggage)

항공사가 운송하는 Charter Flight 관광자와 항공사의 운송계약에 관련하여 발행되는 운송증표를 말한다.

(5) 무임항공권과 수하물표(Trip Pass and Baggage Check)

무임항공권 또는 100% 할인 항공권이라고도 한다.

(6) 기타 항공운송증표

GEBAT(Government Excess Baggage Authorization Ticket)와 항공기 내에서 Up-grade 시에 사용되는 "In Flight Up-grade Flight Coupon" 등이 있으며, 기타 항공사에서 인쇄관리하지 않는 BSP(Bank Settlement Plan) Ticket과 ATC(Air Traffic Conference) Ticket가 있다. 화물운송장에는 Revenue Air Waybills와 Non-revenue Air Waybills가 있으며, 국내관광자를 위한 정액권, 부정액권, 왕복할인항공권, Blank Ticket, Free Ticket, Excess Baggage Ticket 등이 있다.

제4절 관광자와 관광관련사업자의 상호알선 업무

관광관련사업자라고 하면 여행업을 포함한 나머지의 관광사업자를 말한다. 즉 호텔업, 항공업, 음식점업, 오락시설업, 전세버스업 선박업, 철도업 등 교통시설을 말한다. 관광자는 물론 이들 관광관련사업자가 이익창출을 위하여 제공하고자 하는 상품을 구매하는 자를 말한다. 이들 간에 상호알선 업무라고 하는 것은 관광자가 여행업에 특정 관광관련사업자가 제공하고자 하는 상품을 이용하고자 한다는 의사를 표시하고 관광관련사업자가 자사상품을 이용하고자 하는 자에게 여행업을 통해 판매할 의사가 있을 때 알선업무가 성사된다.

이러한 알선업무는 크게 네 가지 형태로 행해진다. 첫 번째는 잠재관광자에게 상품판매 의뢰가 들어온 관광관련사업자를 소개해 주는 형태이고, 두 번째는 관광자로부터 상품구매 의뢰가 들어온 후 관광관련사업자를 섭외하는 형태이고, 세 번째는 관광자나 관광관련사업자 모두가 상품구매와 상품판매의 의뢰가 요청하지 않은 상태에서 둘 간을 연결시켜 주는 무에서 유를 창출해 내는 형태이고, 마지막으로 네 번째는 상품구매 의사와 상품판매 의사가 모두 있다고 판단한 후에 알선해 주는 형태 등이 있다.

1. 관광자와 숙박업자 간의 알선

관광자의 숙박대상지로는 주로 콘도미니엄, 특급호텔, 일반호텔, 장급여관, 게스트하우스, 민박 등이 그 대상이 되고 있다. 여행업에서는 숙박지에 대한 예약을 대행하여 줌으로써 수익을 얻고 있는 것이다. 따라서 알선의 업무를 위해서 여행업은 숙박지에 대한 상세한 정보를 가지고 있어야 한다. 객실의 크기, 식당의 유 · 무, 부대시설의 여부 등과 객실의 현황도를 가지고 있는 것이 좋다. 특히 예약의 업무 시에는 사용객실의 수와 사용인원, 식사의 포함여부, 투숙일자, 기타 부대서비스의 유 · 무에 대해 정확히 조사하여 예약을 해야 한다. 또한 알선이 성립되었을 때는 출발 2일 전에 단 1개의 객실을 예약했다 하더라도 확인을 해야 한다. 항상 공존하는 관계인만큼 수수료의 유무에 상관하지 않고 서로 상호협력 해야 한다.

2. 관광자와 전세버스사업자 간의 알선

여행업에서 직접 전세버스를 운영하는 경우도 있지만 대부분의 전세버스와 관광업무를 분리하여 운영하고 있다. 전세버스를 보유한 여행업은 비교적 자사의 원칙에 의해 융통성 있게 운영을 하지만 전세버스를 보유하지 않은 여행업은 고객의 문의가 들어왔을 때 상당히 주저하고 있는 것이 사실이다.

여행업에서는 국내의 관광자들 대부분이 전세버스업 회사에 흡수되었다고 여기고 있기 때문이다. 하지만 현실은 그렇지 않다. 전세버스업에 의뢰하는 것이 당연하다고 여기는 관광자들이 많으며 여행업에서도 이러한 관광자들에 대한 적극적인 판매활동을 수행하는 쪽으로 업무를 전환하고 있다.

특히 전세버스업체와 상호계약을 통해 알선수수료를 일정률 확보 받을 수 있도록 하며, 관광자들에게 여행사가 관광과 관련된 제반 업무를 항상 제공하고 있음을 인식시키도록 해야 한다. 다음은 전세버스업의 알선에서 유의해야 할 사항이다.

① 정확한 사용일자 ② 배차시간
③ 배차의 장소 ④ 목적지
⑤ 기사의 비상연락처 ⑥ 보험의 가입 여부

3. 관광자와 음식점업자 간의 알선

음식점업에 대한 알선은 국내관광에서 특수한 경우를 제외하고는 출발 1일 전이나 당일에 예약을 통해 실시하고 있다. 문제가 발생할 수 있는 여건은 급작스런 알선으로 인해 음식점업 측의 준비 미흡이나 대기시간의 지체, 서비스의 부재 등에서 나타난다. 음식점업과 여행업의 관계도 이제는 체계화되어야 하며 음식점업에 대한 수수료의 부분도 양성화되어야 한다.

4. 관광자와 항공업 간의 알선

여행업과 항공업의 상호알선은 여행업의 항공예약과 발권을 통해 발생한다. 항공권의 예약을 원하는 고객에 대해 예약의 업무를 대신하거나 항공업에 요청하여 좌석예약을 인가받을 수 있는 업무를 수행하며 발권을 통해 수수료를 받는 것이 상호업무인 것이다. 항공업은 여행업의 좌석요청에 대해 가급적인 한도 내에서 최대한 협조를 해주며 자사의 좌석점유율을 높이고자 한다. 이러한 상호 간의 협조를 바탕으로 고객에 대해 좌석을 예약 판매하여 일정율의 수수료를 주는 것이 상호알선 업무이다.

5. 관광자와 기타 관광사업자 간의 업무

관광과 관련된 관광사업은 위의 업무 이외에도 보험회사와의 관광보험에 관한 알선, 철도의 승차권 발매를 통한 알선, 선박의 승선권 예약과 발매를 통한 알선, 쇼핑센터의 알선, Optional Tour 사업자와 관광자와의 알선 등 많은 것이 있다. 관광사업자는 여행업을 통해 그들의 판매기능을 강화해 나가며, 여행업은 관광자의 알선 의뢰에 대한 업무를 수행하면서 이와 관련된 수수료 수익을 얻는 것이다. 단순히 수수료 수입에 관심을 두는 알선은 지양하고 관광자의 편의에 우선을 두고서 정확한 수배와 알선이 되도록 꾸준한 관리가 필요한 것이 알선업무이다.

제5장 여행업의 경영조직과 수익원

제1절 여행업 경영의 특성

1. 여행업 경영의 특성

여행업은 여행상품을 관광자에게 판매함으로써 수익을 올리며, 고객에게 양질의 서비스를 지속적으로 제공하기 위해서 관광관련업체에 의존해야 하는 매개적 기능을 가진 기업이다. 특히 여행상품은 제조상품과 달라 고객과의 직접적인 접촉을 요구하고, 대량생산보다는 다품종 소량생산 방식에 의해 고객에게 접근을 하기 때문에 매개적 성격은 더욱 강할 수밖에 없다.

토마스 쿡(Thomas Cook)은 여행업 경영의 특성은 다양한 측면에서 고려되고 있는데, 먼저 여행업을 경영하는데 있어서의 몇 가지 경영원칙을 제시하였다.

① 여행업을 봉사의 기관이라고 생각하고 저가격을 실현하여 저소득층도 관광에 참여할 수 있도록 하였으며, ② 관광은 수요에 대한 탄력성이 매우 크기 때문에 요금을 내리면 수요는 증가하지만, 운송 · 숙박시설은 많은 시설투자비가 필요하게 되어 고정비용이 높아지기 때문에 이용자를 늘리면 1인당 요금이 내려가고 수입은 증대하게 되며, ③ 이러한 것을 실현하기 위해서는 단체할인제도를 도입하여야 하고, ④ 여행상품은 무

형의 서비스 상품이라는 인식 하에 끊임없이 아이디어 개발에 전념하며, ⑤ 관광에 대한 활발한 선전활동을 전개해야 한다는 것이다.

매킨토시(McIntosh, R. W)는 여행사 경영의 특성을 미시적 관점에서 고려하여서 ① 회사설립의 용이성, ② 낮은 영업이익률, ③ 자기자본이익률이 높은 기업으로 보고 있다.

도쿠다(德田賢二)는 ① 위험부담이 적고, ② 노동집약적이며, ③ 미지불된 자금을 운용한 영업외수익에 의존하는 기업이라고 보고 있다.

2. 여행업의 경영방법

새로운 성장산업으로서 여행업은 젊은 사람들 사이에서 인기가 있으며, 이미 산업규모가 많이 성장했다.

1982년 기존의 여행업 등록제도가 허가제에서 등록제로 변경된 이후, 수적 급증으로 인하여 치열한 경쟁 속에서 어떠한 경영을 하여야 발전할 수 있는지, 아울러 국제적인 기업으로 성장할 수 있도록 할 수 있는지, 이를 위한 여행업의 경영노력은 매우 중요한 요소이다. 기본적인 여행업의 특성을 중심으로 여행사의 경영방법을 살펴보면 다음과 같다.

1) 인간 위주의 경영

여행업의 성패는 사람에 달려 있다. 인적요소의 중요성은 여행업에서 여행상품을 제조 · 판매 · 운용하는 주체가 사람이라는 것과 여행업의 제반 제도나 기법을 운영하는 주체 또한 사람이라는 점에서 이의 중요성이 뒷받침되고 있다.

여행업의 운영주체는 인간이다. 여행업의 구성 요소는 최소한으로 필요한 사무실과 통신기기를 구입할 정도의 자본과 인간으로 되어 있으며, 주 생산품은 인간에 의한 서비스와 여행상품이다.

여행업의 인간 위주의 경영에 대한 구체적 내용은 다음과 같다.

첫째로, 여행업 구성원의 자질과 능력을 배양하고 보람과 만족감을 가지고 의욕적으로 일할 수 있는 터전을 마련해 주는 것이다. 그러기 위해서는 일정 수준의 인재를 선발하여 교육훈련을 통하여 능력을 개발하고 개발된 능력을 최대한으로 활용하며 사람과의 커뮤니케이션을 긍정적으로 대하여야 한다.

둘째로, 여행업의 구성원이 생활안정을 얻을 수 있는 터전을 마련해 주는 것이다. 그러기 위해서는 기업운영의 성과가 일차적으로 여행업을 운영한 주체인 구성원에게 환원되도록 종업원의 복지증진을 추구하여야 한다.

셋째로, 여행업 직원에게 관광에 참여할 수 있는 기회를 주어야 한다. 여행업에 종사하는 사람은 일정하게 일을 하여 대가를 받는 것으로 만족하는 것이 아니고, 고객들이 행하고 있는 관광에 참여하고 싶은 의욕이 강렬하며, 이는 종사원의 자질향상에도 도움을 주고 상품판매에도 효율적인 요소가 되는 것이다.

2) 현실을 인식한 경영

여행업은 원래 서양 선진 국가들의 경제적 안정과 여가를 활용하는 자연발생의 상황에서 경영되어 왔으나, 우리나라에서는 외화획득이라는 경제적 요소의 강한 필요성에서 시작되었으며 국가의 전략산업인 관광산업의 후광으로 여행업의 경영이 시작되었다.

3) 조직 내의 협동과 조정의 관리

협동은 일정한 목표달성을 위하여 동질적인 힘을 합하는 것으로 각 부서 내에서 각자의 맡은 일을 충실히 수행하는 것이며, 이는 주로 부서 내의 상 · 하 간 힘을 수평적 상호관계를 합하는 것을 말한다.

조정(coordination)은 일정한 목표달성을 위하여 이질적인 힘을 통합하는 것이며 이는 전체 또는 부서의 목표달성을 위하여 맡은 일은 물론 연관된 일도 잘 수행되도록 하는 것이다. 이는 주로 기능이 다른 부서 간 또는 구성원 간에 힘을 합하는 것이다.

제2절 여행업의 경영조직

여행업을 경영하기 위해서 어떠한 인적구성과 기구로 전체를 운영할 것인가는 매우 중요한 것이다. 현재 우리나라에는 일반여행업, 국외여행업, 국내여행업이 있지만 경제발전이나 국경이 같은 대륙으로 되어 있는 유럽과 같이 철도나 도로를 함께 사용하고 있는 외국에서는 국내나 국제의 개념이 사실상 애매하다.

일반적으로 여행업의 조직은 여행업 직원들의 수에 의해 소규모, 중규모, 대규모 혹은 초대형규모 여행사로 구분한다.

1. 국내여행업 조직과 업무

국민의 소득이 증가하고 대다수 국민의 국내관광 빈도가 잦아지면서 국내관광의 업무는 패키지관광이나 주문관광, 항공권 · 철도승차권의 발매 및 전세버스 업무가 주된 업무가 되고 있는 실정이다. 국내관광 업무조직은 여행사에 따라 차이가 있지만 일반적으로 판매부, 수배부, 안내부, 차량부, 기획개발부, 관리부서 등으로 나눌 수 있다.

그림 5-1 국내여행업의 단순조직

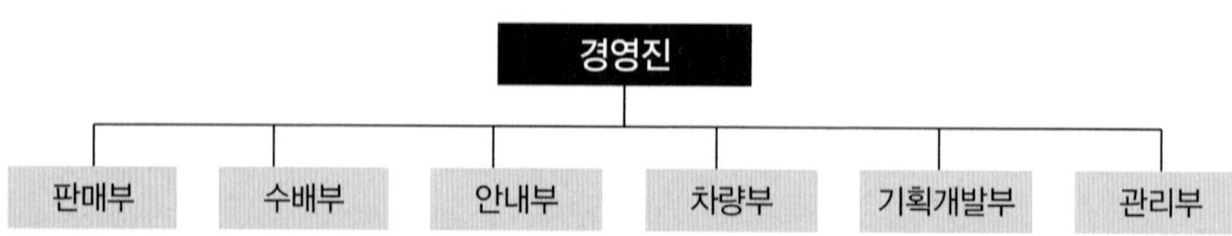

1) 판매부서

국내여행상품을 판매하는 부서로 도매업자(Wholesaler)의 경우 전국의 대리점인 소매업자(retailer)를 대상으로 여행상품을 판매하며, 특히 관광자를 대상으로 여행상품을 판매하는 부서이다. 관광자의 요구상황에 따라 상품일정표를 작성하고, 원가산출 및 관광일정 등을 조정하는 역할도 수행한다.

2) 수배부서

국내여행상품의 구성요소인 교통 · 숙박 · 식사 등과 같은 각 요소에 대해 여행상품을 판매하기 전에 예약 · 수배업무를 전담하는 부서이다.

3) 안내부서

국내여행상품의 안내는 국내여행안내사 자격증 소지자에 의해 관광자가 국내의 타 지역을 여행할 경우, 출발에서부터 모든 관광일정을 마치고 다시 거주지로 돌아올 때까지의 전반적인 제반업무를 담당하고 관광자를 안내하는 부서이다.

4) 차량부서

국내관광에 있어서 출발지와 관광지, 관광지와 관광지간의 이동수단 역할을 담당하는 차량의 수배 · 배차 · 관리 등의 업무를 담당하는 부서이다.

5) 기획개발부서

자사의 국내여행상품을 기획 · 개발하는 부서로 계절별 · 자연조건별 · 연령별 · 취미별로 자사의 대표적인 기획여행상품(패키지 상품)을 제작하고, 관광자나 소매업자의 주문에 의해 주문형 상품을 제작하는 역할을 담당한다.

6) 관리부서

교통기관, 숙박시설, 관광지의 지상수배업자와 그 밖에 국내여행안내사의 관광 중에 행한 금전의 지불 · 수납과 관광경비의 정산을 담당하는 부서이다. 따라서 관리부서는 회사운영에 필요한 인사관리 · 수입관리 · 회계관리와 제반비품의 적기조달 등을 맡게 되고, 감독관청에 대한 보고, 지시사항을 이행하는 업무를 담당한다.

2. 국외여행업 조직과 업무

국외여행업의 업무란 내국인의 국외여행을 담당하는 업무로서 1989년 해외여행자유화 조치 이후 급격히 그 업무가 분화되고 있는 실정으로 점차 그 조직과 업무영역이 구분되고 있는 실정이다.

일반적으로 국외관광부서에는 개인 및 단체를 위한 항공권판매, 국외주문관광, 국외패키지관광, 국외호텔객실판매 등이 주요 영업활동이라 할 수 있다. 또한 이러한 영업활동을 수행하기 위하여 수속업무, 발권업무, 상품기획업무, 광고, 홍보업무, 수배업무 등이 뒷받침되어야 하는데, 국외관광 업무조직을 분류하면 일반적으로 판매부, 수속부, 발권부(카운터부), 안내부, 기획개발부, 관리부서 등으로 나눌 수 있다.

국외여행업은 각 부서를 일본관광부, 동남아 관광부, 미주관광부, 유럽관광부로 더욱 세분화로 구분하고 판매과, 수배과, 정산과를 운영하기도 한다. 국외여행업의 조직은 회사의 규모와 주요 상품 판매 대상국에 따라 다른 조직 형태를 구성하고 있지만, 일반적으로 판매부서, 수배부서, 안내부서, 기획개발부서, 나라별관리부서 · 정산부서 등으로 나눌 수 있다.

그림 5-2 국외여행업의 단순조직

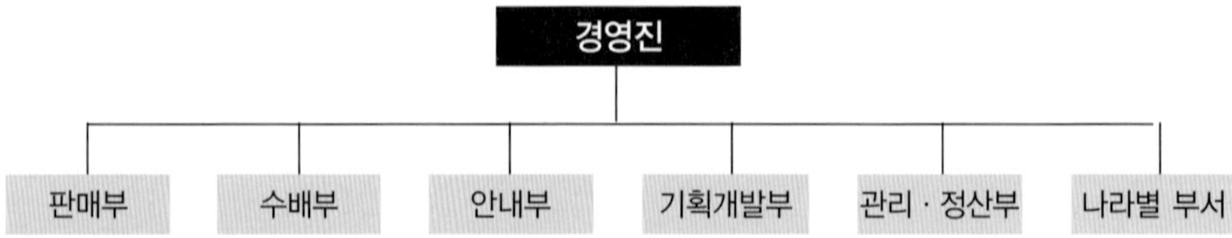

1) 판매부서

여행업의 최일선에 있는 판매부서는 모든 관광의 기획에서부터 자료의 수집, 판촉활동, 홍보물의 발간 및 우송, 관광조건의 협의, 관광일정표의 작성, 관광요금의 결정과 계약 등까지 제반업무를 수행하고 있다.

2) 수배부서

수배부서는 판매부서로부터 수배의뢰서를 접수하는 순간부터 업무가 시작된다. 수배부서는 판매부서에서 의뢰받은 일정에 대한 교통 · 숙박 · 식사 등과 같은 각 요소에 대한 예약 · 수배업무를 전담하는 부서이기 때문에, 수배부서는 판매부서로부터 수배의뢰가 접수되면 의뢰한 모든 내용을 신속하고 정확하게 수배하여 이를 판매부서에 통보하는 것이 중요하다.

3) 안내부서

안내부서는 관광자가 출국해서 입국할 때까지 인솔하는 국외여행인솔자 자격증 소지(Tour Conductor)가 제반업무를 담당하고 관광자를 안내하는 업무를 담당하는 부서이다. 국외관광 업무에 있어서 단체 관광자가 행사를 할 경우 국외여행인솔자가 동행하여야 한다. 판매부서에서 단체의 확정통보를 받게 되면, 관련된 서류를 넘겨받아 판매부서에서 최종 확정된 확정통보서 혹은 안내지시서에 의해 국외여행인솔자를 배정하고, 출국에서 입국까지 단체를 관리하며, 해당단체의 안내원들을 지휘 · 감독한다.

즉, 담당국가 또는 지역의 입국 · 관광진행 · 출국하는 단체의 예약 및 수배의 재확인, 변경 · 추가사항의 처리, 관광자 불만사항의 처리 등을 관리하는 업무이다.

4) 기획개발부서

자사의 외래여행상품을 기획 · 개발하는 부서로서 지역별 · 계절별 · 자연조건별 · 연령별 · 취미별로 자사의 대표적인 기획여행상품(패키지 상품)을 제작하고, 관광자나 소매업자의 주문에 의해 주문형 상품을 제작하는 역할을 담당한다.

5) 관리 · 정산부서

관리 · 정산부서는 사전에 계약된 관광조건에 따라 입국한 단체 또는 개인이 관광의 조건에 합당하게 관광이 제대로 진행되었는지, 첨가된 사항과 누락된 사항은 없는지, 예정대로 관광비의 수입 · 지출이 되었으며 그 단체로 인한 수익은 얼마나 되었는지를 총괄적으로 점검하는 업무를 담당한다. 즉 교통기관, 숙박시설, 관광지의 지상수배업자와 그 밖에 관광안내원이 관광 중에 행한 금전의 지불 · 수납과 관광경비의 정산을 담당하는 부서이다.

6) 나라별 부서

위에서 언급한 부서를 세분화, 전문성을 고려한 나라별 수배, 기획, 배정, 관리등의 업무를 담당하는 부서이다.

3. 일반여행업의 조직과 업무

일반여행업은 일반여행업이 추구하는 상품 혹은 표적시장에 따라 조직의 구성 및 직무의 내용이 상이할 수 있다. 일반여행업은 위에서 언급한 국내여행업, 국외여행업을 동시에 업무를 할 수 있으며, 중요한 업무는 외국인의 국내관광을 담당하는 업무이다. 외국인 관광자가 우리나라에 입국하여 관광을 하고 출국할 때까지의 모든 관광일정과 관련된 관광요소를 수배하고 안내하는 업무이다. 우리나라에서 국외여행업의 업무는 관광법규의 효시라고 할 수 있는 1961년 관광사업진흥법 제정 이후 외화획득을 목적으로 한 관광사업으로 인정되어 다른 관광업무에 비해 일찍이 발전해 왔으며, 조직과 업무영역도 비교적 뚜렷이 구분되어 있다.

기획개발부는 상품기획 업무와 홍보 및 판매를 전문적으로 담당하는 「상품생산부서」와 「홍보부서」로 구성되어야 하며, 생산과 판매에 대한 각 부서에서는 Domestic Tour 전문부서, Inbound Tour 전문부서, Outbound Tour 전문부서가 필요하다.

국외지사는 Inbound Tour의 판매를 전담하여 외래관광자를 유치할 수 있는 외국의 여행사와 외국주재 한국대사관이나 외국의 각종 기구와 관계를 잘 유지할 수 있는 전문요원이 필요하다.

그림 5-3 일반여행업의 경영조직의 일반적 형태

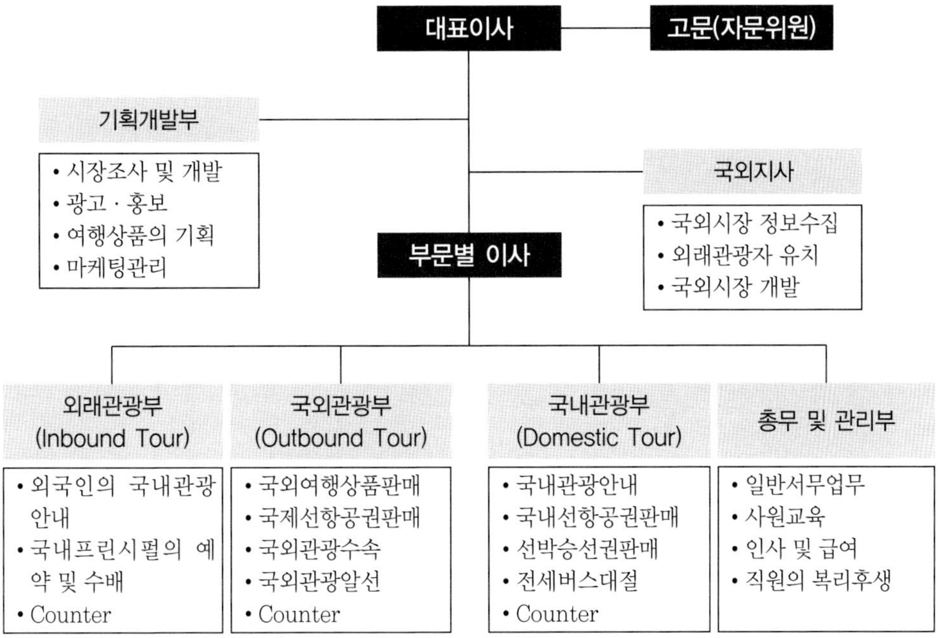

1) 판매부서

판매부서는 자사가 생산한 상품을 시장에 홍보하거나 판매를 담당하는 부서로, 개인이나 법인을 대상으로 한 인적판매와 여행소매업 대리점을 대상으로 한 대리점판매로 구분한다.

일반적으로 인적판매는 개인이나 법인을 대상으로 광고와 같은 대중매체를 이용하여 여행상품을 판매하거나 인터넷등 TV 홈쇼핑을 통하여 판매하는 형태이고, 대리점판매는 여행상품을 생산한 본사가 직접 고객을 모객하는 대신에 여행소매업자를 대상으로 여행상품을 판매하는 것을 말한다.

2) 수속부서

여권(passport)과 사증(visa)은 국외관광에 반드시 필요한 서류이다. 특히 여권은 국외를 관광하고자 하는 모든 내국인들이 반드시 소지해야만 국외를 관광할 수 있다. 또한 특정국을 관광하려는 내국인은 해당국에서 허가해 주는 사증을 소지하여야 상대국에 입국할 수 있다. 수속부서는 이와 같이 관광자가 국외를 관광하는 데 필요한 여권확인하고 나라별 비자(사증)가 필요한 나라에는 관광자를 대신하여 수속해 주는 부서이다.

3) 발권부서

국외여행 시 필요한 항공권의 발권을 주요업무로 하는 부서이다. 발권부서는 항공사와의 관계와 항공운임의 계산 및 항공권의 예약 등을 담당하는 부서로서 점차 전문화되고 있는 것이 특징이다.

4) 안내부서

안내부서는 내국인의 국외관광을 위하여 출국에서부터 현지의 도착 · 관광 · 쇼핑 · 입국까지 전 과정을 원활하게 진행하는 부서로 이미 확정된 관광조건을 명확히 숙지하여 현지 안내원의 활동을 지휘 · 감독하는 업무를 수행한다.

일반적으로 내국인의 국외관광에 있어서 국외여행인솔자(Tour Conductor : TC)가 동행하여 행사실시를 위해 필요한 모든 제반사항의 준비 및 시작부터 끝까지 해당단체의 총괄책임을 담당한다.

TC는 자신에게 할당된 관광단체의 진행을 맡은 업무이기 때문에 행사의 원활한 진행을 위해 행사 전에 반드시 해당단체의 성격, 관광대상지에 대한 기본지식, 관광일정과 이와 관련된 수배사항, 관광실시에 따른 제반필요서류 등에 대해 숙지해야 하며, 행사가 끝난 후에는 단체행사보고서와 국외여행 정산서를 작성하여 행사에 진행되었던 모든 사항을 구체적으로 작성한 후 본사에 제출하여야 한다.

5) 기획개발부서

자사의 국외여행상품을 기획 · 개발하는 부서로서 지역별 · 계절별 · 자연조건별 · 연령별 · 취미별로 자사의 대표적인 기획여행상품(패키지 상품)을 제작하고, 관광자나 소매업자의 주문에 의해 주문형 상품을 제작하는 역할을 담당한다.

6) 관리부서

관리부서는 사전에 계약된 관광조건에 따라 관광이 제대로 진행되었는지, 혹시 추가된 사항과 빠진 사항이 없는지에 대해 총괄적으로 점검하는 업무를 담당한다. 즉 교통기관, 숙박시설, 관광지의 지상수배업자와 그 밖에 관광안내원이 관광 중에 행한 금전의 지불·수납과 관광경비의 정산을 담당하는 부서이다.

또한 회사운영에 필요한 인사관리·수입관리·회계관리와 제반비품의 적기조달 등을 맡게 되고, 감독관청에 대한 보고, 지시사항을 이행하는 업무를 담당한다.

표 5-1 연도별 관광통역안내사 국가자격증 취득자 현황

(단위 : 명, %)

구분	영어		일어		중국어		프랑스어	독일어	스페인어	러시아어	기타 언어	계
	배출인원	증가율	배출인원	증가율	배출인원	증가율						
1999 이전	2,866	–	5,334	–	1,204	–	125	73	60	46	–	9,708
2000	445	–	480	–	260	–	11	4	7	4	–	1,211
2001	270	-39.33	628	30.83	463	78.08	6	7	5	11	–	1,390
2002	85	-68.52	586	-6.69	391	-15.55	4	10	10	14	–	1,100
2003	329	287.06	432	-26.28	129	-67.01	6	5	–	3	–	904
2004	107	-67.48	273	-36.81	62	-51.94	2	–	1	5	–	450
2005	127	18.69	263	-3.66	49	-20.97	2	–	2	3	–	446
2006	107	-15.75	198	-24.71	61	24.49	–	–	–	1	–	367
2007	113	5.61	136	-31.31	51	-16.39	2	1	1	2	–	306
2008	100	-11.50	146	7.35	49	-3.92	1	–	–	1	–	297
2009	116	16.0	165	13.01	51	4.08	1	1	2	1	–	337
2010	211	81.90	407	146.67	184	260.78	1	1	1	2	4	811
2011	156	-26.07	357	-12.29	370	101.09	2	2	1	5	6	899
2012	166	6.41	278	-22.13	698	88.65	2	3	2	3	12	1,164
2013	238	43.37	244	-12.23	1,160	66.19	3	4	3	4	18	1,674
2014	379	59.24	266	9.02	2,468	112.76	3	1	4	6	71	3,198
계	5,815	–	10,193	–	7,650	–	171	112	99	111	111	24,262

자료 : 한국관광공사, 2014년 말 기준

제3절 여행업의 법적 의무

1. 여행업의 법적 의무

우리나라의 관광진흥법에서는 여행업의 금지행위를 다음과 같이 정하고 금지행위를 했을 경우에 등록관청은 등록을 취소하거나 영업정지를 명할 수 있도록 하고 있다.

① 관광자를 유치, 안내함에 허위 또는 부정한 방법을 사용하는 행위
② 업자 상호 간의 과당경쟁을 하거나 신고한 관광요금을 초과 또는 미달하게 받는 행위
③ 관광자로부터 부당한 요금이나 관광업무와 관련하여 금품을 수수하는 행위
④ 운송, 숙박 기타 관광에 부수되는 시설을 경영하는 자로부터 관광과 관련하여 부당한 금품을 수수하는 행위
⑤ 관광자에게 부실한 안내를 하거나 약관을 위반하는 행위
⑥ 관광과 관계되는 계약을 이행하지 아니하거나 그 약관을 부당하게 지연시키는 행위
⑦ 관광에 관한 과대광고 행위
⑧ 기타 관광사업에 건전한 발전을 저해하는 행위

1) 여행업표준약관과 표준계약서

여행업은 문화관광부령이 정하는 바에 의해 관광약관을 정하여 그 실시 전에 문화관광부장관에게 신고하도록 하였으나, 여행업표준약관은 여행업체와 소비자와의 관계를 규정짓는 것으로, 공정거래위원회에서는 여행업표준약관(국내여행표준약관, 국외여행표준약관 표준약관 제10021호)을 2014년 12월 19일 개정하였다.

(1) 여행업표준계약서

여행사와 관광자 상호 간에 문제가 발생할 것에 대비하여 상호간에 여행계약서를 작성하고 교부하여야 한다. 여행계약은 고객이 여행사에 여행경비 중 통상 10%의 계약금을 납부하면, 이후 여행계약서 2부를 작성하여 각각 보관하게 된다. 여행계약서의 주요

내용은 관광자가 이용하게 될 운송수단의 종류와 등급, 숙박시설의 수준, 국외여행인솔자의 유무, 여행경비 포함내역 등 전반적인 사항이 된다.

제4절 여행업의 경영수익

1. 일본 여행사의 수익원

일본의 여행사는 국외관광과 국내관광의 주최를 담당할 수 있는 「1종 여행업」과 국내관광의 주최를 담당할 수 있는 「2종 여행업」, 1종이나 2종의 여행사가 만든 주최상품을 판매하는 것이 가능한 「3종 여행업」, 그리고 「여행업자 대리업」으로 구분된다.

일본의 여행사도 우리나라와 마찬가지로 관광관련사업자의 상품을 관광자에게 제공하고 그에 대한 대가를 받는 것이 일반적인 여행사 수익의 원천이다. 그러나 우리나라의 여행사와는 달리 여러 분야에서 여행사의 수익원을 창출하고 있다.

아직 우리나라에 도입되지 않았지만, 여행상담을 통해 관광자의 관광계획 · 관광일정표 · 관광비용견적서 등을 작성하거나, 관광지의 운송 · 숙박기관에 대한 정보를 제공해 주고 일정 금액의 상담수수료를 받는다. 또한 고객을 대신하여 환전대리업무를 담당하고 수수료를 받기도 한다.

2. 우리나라 여행사의 수익원

우리나라 여행업은 일반적으로 관광관련사업자의 상품을 고객에게 제공하고 그에 대한 대가를 받는 것이 일반적인 수익의 원천이 되고 있다. 반면에 여행업 운영을 위한 경비는 직원의 수가 많은 여행업의 경우에는 높은 인건비 비율로 인하여 고정비용의 지출이 많기 때문에 경영에 따른 위험요인으로 인식되고 있다.

따라서 여행업을 경영하려면 어떤 부분이 여행업의 수익원이 되는지를 파악하고 수익의 극대화를 추구하기 위하여 어떻게 할 것인가에 대한 구체적 계획이 필요하다. 이를 위해 여행업의 고전적인 수입원 이외에도, 새롭게 떠오르는 환전대리업무, 전문 호텔예약대리업무, 관광보험업무, 관광관련용품 판매 및 대여업무, 여행상담업무 등의 분야를 중심으로 여행업의 새로운 수익원을 개발하고 경영수익의 향상방안을 강구해야 한다.

제6장

여행관련 사업

제1절 교통업

1. 항공업

1) 항공운송사업의 개념

20세기에 들어오면서 산업혁명의 발달로 인한 교통수단 중의 하나인 항공기의 발달과 항공사의 등장은 전 세계가 하루생활권으로 급격한 변화를 가져왔다.

항공산업의 발전과 더불어 항공운송산업도 급격히 발전하여 전 세계를 하나의 네트워크로 형성시켜 놓았다. 전 세계가 점차 좁아져 지구촌 시대라 불리는 지금, 항공운송산업의 발전 정도는 그 나라 국력의 척도로 인식되고 있다.

항공기의 발달과 함께 여가문명의 발달에 힘입어 현대인의 여가의식의 목적으로 각종 관광자의 이동에 항공기를 이용하게 되었다.

항공산업은 국제수지의 개선, 외국과의 경제적 · 정치적 긴밀화, 그리고 국위선양이라는 관점에서 대부분의 국가들이 그 나라의 항공사에 지원 · 육성하고 있으며 항공사는 관광자의 안전성, 정시성, 쾌적성, 최양질의 서비스 제공, 대형화, 고속화, 가격인하 노력 등으로 항공이용자에게 편의제공을 위해 노력하고 있다.

항공운송사업이란 넓은 의미의 항공산업 중 공항관리사업 업무부문, 항공기제조산업을 제외한 사업부문으로, Chicago 협약 제22장 제96조 (a)항에 의하면, 항공업무란, 여객, 우편물 또는 화물의 일반운송을 위하여 항공기로서 행하는 정기항공업무라 규정하였다. 또한 항공법 제2조의 규정에 따르면 항공운송이란 항공기를 사용하여 타인의 수용에 응해서 유상으로 여객과 화물 및 우편물을 싣고 항로를 이용하여 국내 · 외 공항에서 다음 공항까지 운항하는 운송사업을 말한다. 이와 같은 항공운송사업은 항공수송이 갖는 기술적 · 경제적인 특성으로 인하여 가장 체계화된 교통시스템과 정보조직망을 활용하여 인적 · 물적 운수체계가 완벽하게 구축된 운송서비스라고 할 수 있다.

결국 항공운송사업은 항공사가 항공기를 이용하여 국내 및 국외를 유상으로 여객 또는 화물 및 우편물을 운송하는 서비스를 제공하는 사업을 말한다.

2) 항공운송사업의 특성

전 세계 여행자들의 가장 일반적인 교통수단인 항공운송사업은 여러 가지 면에서 다른 교통수단과 차이점이 있다. 항공운송사업의 특성을 살펴보면 다음과 같다.

(1) 안전성

항공운송사업은 자동차 · 기차 · 선박 등의 타 교통사업에 비하여 안전성이 매우 높은 사업이다. 특히 항공기의 발달, 운항의 합리화 및 항공기 정비기술의 발달은 항공운송사업의 안전성에 기여하고 있다.

(2) 고속성

제트기, 초음속 여객기의 출현으로 항공기의 속도는 비약적으로 빨라졌다. 그 결과 전 세계의 주요도시를 연결하는 항공노선망이 구축되어 빠르고 편리한 여행이 가능해졌다. 또한 항공운송사업의 고속성은 비싼 운임에도 불구하고 이용객의 계속적인 증가를 가져오는 원인이 되었다.

(3) 신뢰성 · 정시성

때로는 항공기 정비의 어려움, 기상조건의 영향, 공항의 이용상태에 따라 정시운항이 불가피하게 제약을 받는 경우도 있다. 그러나 다른 교통수단에 비해 비교적 정시에 운항되는 특성을 가지고 있다.

(4) 쾌적성

항공운송사업의 중요한 요소로 기내의 시설과 서비스, 디자인, 인테리어, 운항기술 등이 그 구성요소이다. 최근에는 각 항공사마다 동일한 항공기 기종을 보유하여 항공기 자체만으로는 항공수송사업의 상품차별화가 어렵게 되었다. 따라서 항공사들은 기내 설비의 쾌적성을 향상시켜 서비스경쟁에서 우위를 점하려는 노력의 일환으로 항공기의 쾌적성이 강조되고 있다.

(5) 간이성

항공노선개설의 용이성을 의미한다. 육상교통기관의 경우 새로운 노선을 개설하는 데는 도로나 궤도의 건설이 선행되어야 한다. 반면에 항공노선의 개설을 특별한 비용이나 노력이 필요 없기 때문에 개설이 비교적 쉽다.

(6) 시간의 단축성

현대인은 시간의 가치를 매우 중요시하고 있다. 항공수송사업은 항공기의 고속운항으로 인하여 장거리 이동에 소요되는 이동시간을 획기적으로 단축시키고 있다. 따라서 단축된 시간에 다른 일을 하게 되면 오히려 운임이 낮은 교통수단을 이용하여 많은 시간을 소비하는 것보다 더 높은 경제적인 가치를 얻을 수 있다.

(7) 국제성

항공운송의 영업활동과 항공기의 운항관련규정, 여객 및 화물의 이동범위가 특정국가에 한정되기보다는 세계 다수의 국가와 관련되어 있는 국제성을 띠고 있다.

3) 항공운송사업의 종류

항공운송사업은 관점에 따라 여러 가지로 구분될 수 있지만 일반적으로 사업의 형태, 운송객체 및 운송지역을 다음과 같이 구분할 수 있다.

(1) 사업형태에 의한 분류

운항의 정기성을 기준으로 하여 정기항공운송과 부정기항공운송사업으로 분류할 수 있다. 정기항공운송사업(scheduled airline)은 지점과 지점 사이에 노선을 정하여, 일정 시일에 여행하는 항공기에 의하여 행하는 운송사업을 말한다. 국제민간항공기구는 국내정기항공을 공표한 시간표를 그 첫째 조건으로 하고 있다. 대부분의 정기항공사들은 자사의 운항시간표를 별도로 인쇄하여 일반대중에게 배포하며, 국제적으로는 OAG (Official Airline Guide)에 수록하여 자사의 운송시간표를 알린다.

정기항공사의 또 하나의 조건은 IATA(국제항공운송협회)로부터 항공사코드(Airline Code)를 부여받아야 하며, 운항하는 두 지점도 IATA로부터 도시코드(City Code)를 부여받아야 한다.

특히 전세운항은 항공기의 운송력을 최대한으로 활용, 저운임에 의한 대량운송을 실현할 수 있기 때문에 최근 급속한 성장을 보이고 있다.

표 6-1 정기항공운송과 부정기항공운송의 비교

구분	정기항공운송	부정기항공운송
운항의 정시성	엄격히 요구된다.	정시성이 희박하다.
수송의 공개성	이용자 차별 금지조항에 의하여 일반대중에 공개적이다.	폐쇄적이며 특정조직의 회원 등에 한하는 경우가 많다.
좌석이용률	낮다(60~65%)	높다(80~90%)
1인당 운임	비교적 높다.	비교적 저렴하다.
기타 사항	쾌적성, 기내서비스 및 편리한 운항시간이 중요한 요소이다.	관광단체, 스포츠팀 등에 많이 이용되며, 저렴한 운임 등 경제성이 중요한 요소이다.

자료 : 이선희, 1996 : 386.

(2) 운송객체에 의한 분류

항공운송은 타인의 수요에 응하여 여객이나 화물을 운송하는 업체이므로, 운송객체에 따라서 항공운송을 여객운송, 화물운송 및 우편물운송으로 분류할 수 있다.

첫째, 여객운송은 주로 승객운송을 주목적으로 하는 항공운송을 의미하며, 대부분의 국내 · 국제항공운송이 여객운송을 주로 하고 있다.

둘째, 항공화물운송은 ① 화물의 편도 운송성, ② 야행성, ③ 반복운송, ④ 지상조업(ground handling) 시설의 필요성 등 네 가지 점에서 여객운송과의 차이를 볼 수 있다. 종래에는 항공운송이라 하면 여객운송이 중심이었고, 화물운송은 여객운송의 부차적 산물로 취급되어 왔으나 항공기의 발달 및 대형화와 항공운송의 경제성의 향상에 의해 화물운송도 점차 독립운송의 대상이 되었다. 항공화물의 품목은 항공기의 운송력과 운임의 두 가지 요소에 의하여 한정되지만, 항공기의 경우 1회 운항의 수송력, 즉 탑재력이 다른 교통기관에 비하여 적기 때문에 일시에 대량의 화물을 운송하는 것은 곤란하며, 항공기의 구조, 기내 환경의 제약 등에 의하여 항공운송에 부적합한 화물의 종류가 있게 마련이다.

또한 실질적인 문제로 항공화물운송에 더욱 제약을 가하는 요소는 경제성, 즉 운임의 문제다. 항공화물운임은 다른 교통기관에 비하여 고율이기 때문에 부피가 적으며, 고가의 상품(전자부품, 의료부품, 의약품, 반도체 등), 높은 회전율이 필요한 상품(활어, 생성, 꽃) 등이 주로 항공운송을 용이하게 된다.

셋째, 우편화물은 여객이나 화물과 함께 항공운송사업의 중요한 객체이다. 우편송달의 주된 목적은 안전성, 정확성, 신속성에 있으므로 최고속도의 교통기관인 항공운송이 이용되는 것은 당연한 일이라 하겠다. 항공우편운송의 요건은 통신비밀의 준수, 최우선 운송의 의무, 정기성의 확보 등이 될 수 있다.

(3) 운송지역에 의한 분류

항공운송은 그 운송지역을 기준으로 국내항공운송과 국제항공운송으로 분류된다. 국내항공운송은 자국의 항공법에 의하여 규제되고 있으며, 국제항공운송보다 공공적 성격이 강하므로 운송노선, 정기성, 정시성, 운임의 저렴성 등에서 국가의 강력한 규제를 받고 있는 것이 일반적이다.

국제항공운송은 항공기의 기술혁신에 의한 대형화, 고속화, 안전성의 확보와 세계경제의 고도성장에 의하여 눈부시게 발전하였으나, 관계국가 간의 항공운송권의 교환을 전제로 정부의 협정에 따라 항공사의 운항이 이루어질 수 있고, 自國機에 대한 보호주의적 입장을 취하고 있으므로 상당한 제약조건이 가해지고 있다.

4) 항공운송산업의 동향

(1) 세계 항공운송산업의 동향

국제항공운송의 동향은 미국의 항공자유화 정책과 이에 대한 유럽과 아시아 국가의 대응 및 발전으로 설명할 수 있다.

미국은 '78년 규제완화정책발표 이후 항공운송산업에의 진입, 운임 및 공급 등을 항공사가 자유로이 결정하도록 하였고 규제기구였던 민간항공위원회(Civil Aeronautics Board)도 '84년말 해체됨에 따라 수많은 항공사가 신설되었으며, 인수 및 합병의 과정을 거쳐 현재는 소수의 대형항공사(Major Carrier)와 다수의 지역항공사(Regional Carrier) 체제로 정착되었다.

이들 대형항공사들은 시장을 유지하고 경쟁력을 제고하기 위하여 주요공항을 기점으로 하는 Hub&Spoke System을 구축하고, 컴퓨터예약제도(Computer Reservation System : CRS), 단골여행자 보너스제도(Frequent Flyer Programme), 수익관리기법(Yield Management) 등 획기적인 경영기법을 도입하였으며 이후 세계항공운송 시장을 주도하게 되었다.

이후 미국은 이러한 규제완화 및 항공자유화를 통해 배양된 경쟁력을 바탕으로 국제관계에도 규제완화를 적용한다는 정책 하에 기존의 규제적인 항공협정을 자유로운 운송을 보장하는 내용의 항공자유화 항공협정으로 대체 추진 중에 있다. 2000년 4월까지 미국은 세계 40여 개 국가와 항공 자유화협정을 체결하였다(우리나라와는 1998년 4월 30번째로 체결).

또한 유럽연합(EU)은 미국의 규제완화 및 항공자유화 정책 등 세계항공 여건 변화에 대응하여 소위 역내자유화 및 역외 공동대처의 정책을 시행하여 왔는 바, 1988년 이후 3차례의 공동정책(Package)에 의한 규제완화 정책을 통하여 1997년 4월 이후부터는 역내 완전자유화를 실현하였다.

이에 따라 EU회원국내에서는 자유로운 항공사의 설립, 운임 및 운항회수의 설정이 가능해지고 7자유 및 회원국 내의 국내운송(8자유) 등도 허용되었으며 역외 국가와의 항공협력에 대하여도 EU를 통한 공동보조를 취하는 정책을 모색하고 있다.

한편 아시아 · 태평양 지역에서는 항공운송의 높은 경제성장률을 바탕으로 일본은 1986년 신항공정책을 통하여 기존의 JAL 이외에 NAN, JAS에게 국제선 취항을 허용하였고, 우리나라도 1988년 제2민항인 아시아나항공을 설립하였으며, 대만도 CAL 이외에 EVA 등의 항공사가 설립되는 등 전 세계적으로 경쟁촉진 정책이 확대되고 있다. 이러한 범세계적인 규제완화 및 항공자유화 추세와 더불어 세계 항공업계는 초국적화, 민영화 및 항공사간 제휴, 세계화와 지역주의화 등의 복잡한 경향을 보이고 있다.

(2) 우리나라 항공운송산업의 동향

2016년 4월까지 우리나라와 항공협정을 맺고 있는 나라의 수는 93개국이며, 이 중 82개 국가에 정기노선을 운항하고 있다.

우리나라의 항공기는 크게 정기운행용 항공기와 소형항공기로 나누어 살펴볼 수 있는데, 앞으로의 추세는 저가항공사가 많은 부분을 차지할 것으로 보인다.

항공시장의 경쟁이 저가항공의 취항으로 인해 항공권 시장은 포털에서까지 치열한 경쟁이다. 항공권 비교사이트 포털로 인한 본격적 경쟁으로 비교와 땡처리 등 많은 시스템이 도입되어 더욱 치열한 항공권 시장이 될 것이다.

(3) 국내취항 외국항공사

1946년 9월 1일 외국항공으로는 최초로 Northwest Orient Airlines의 취항 이후, 2016년 2월 현재 82개의 외국항공사와 대한항공, 아시아나항공이 우리나라에서 국제관광자 운송시장에서 경쟁하고 있다. 저가항공사가 등장하면서부터 7개의 국내 저가항공사가 취항 중이다.

Tip 2017년 세계에서 가장 안전한 항공사 TOP 20

항공사의 안정성과 품질을 평가하는 사이트, 에어라인레이팅스에서 2017년 세계에서 가장 안전한 항공사 20곳을 선정했다. 그 주인공들을 스카이스캐너에서 소개한다.

※ 1위 항공사를 제외한 나머지 19개 항공사는 알파벳 순으로 나열되어 있으며, 기사 속 이미지는 해당 항공사와 무관함을 알린다.

1위 콴타스 항공

세계에서 가장 안전한 항공사 1위는 작년에 이어 4년 동안 콴타스 항공이 차지했다. 1920년 처음 운항을 시작한 이후 한 건의 사망 사고가 일어나지 않은 안정성을 인정받은 셈. 콴타스 항공은 엔터테인먼트 서비스를 위해 아이패드를 설치(일부 기종)한 것이 특징이다.

델타항공

미국 국적의 델타항공은 1924년 처음 비행을 시작한 유서 깊은 항공사이다. 스카이팀을 창설하여 대한항공, 에어프랑스 등과 협약을 맺기도 한 곳으로 740대가 넘는 항공기를 보유해 전 세계를 누비고 있다. 특히 국제 장거리 노선에서는 다양한 엔터테인먼트 서비스를 제공하는 것이 특징이다.

루프트한자

독일의 루프트한자는 작년에 이어 올해도 안전한 항공사로 뽑혔다. 일부 기종에서 스낵바를 운영하고 있으니 배고플 틈이 없으니 장거리 노선에서 편리하다. 게다가, 자고 있어도 깨워서 기내식을 권하고, 수시로 간식을 제공하는 친절함에 반한 여행객의 후기를 많이 접할 수 있는 항공사이다.

버진아틀란틱

영국의 버진아틀란틱 역시 2년 연속 명단에 이름을 올린 항공사이다. 대형항공기만 운용하는 몇 안 되는 항공사 중 한 곳으로, 장거리 노선만 운항하는 것이 특징. 새벽 비행 노선이 많아 출장을 떠나는 여행객에게 적합하다.

버진오스트레일리아

호주의 버진오스트레일리아도 작년과 나란히 명단에 이름을 올렸다. 30곳이 넘는 호주 도시를 취항하고 있으며 국내 및 국제선 모두 합쳐 일주일에 약 3,000개 정도의 운항 스케줄을 운영하고 있어 이동에 편리하다. 합리적인 가격으로 양질의 서비스를 제공하는 것도 큰 장점.

스위스항공

스위스항공 역시 2년 연속 가장 안전한 항공사로 선정된 곳으로, 가장 처음으로 '알러지 프렌들리' 항공사로 인증받기도 하였다. 기내식과 라운지 음식은 물론 베개와 담요까지 알레르기 걱정이 없으니 알레르기 반응에 예민한 여행객도 마음 편히 이용할 수 있다.

스칸디나비아항공

덴마크의 스칸디나비아항공도 연속으로 안전한 항공사로 뽑혔다. 북유럽의 다양한 도시를 취항하고 있다는 것이 가장 큰 장점으로, 유럽 여행 중 이동이 편리하다. 하지만, 인천공항에서 탈 수 있는 노선이 없는 것이 아쉽다.

싱가포르항공

작년에 이어 올해에도 항공기 안전성을 인정받은 싱가포르 항공은 대형항공기만 운용하고 있으며, 서비스가 뛰어난 것이 특징. 아시아는 물론 싱가포르에서 출발하는 미주, 유럽 직항 노선이 다양해 편리하다. 기내에서 제공하는 싱가포르 슬링도 꼭 마셔보길 권한다.

알래스카항공

알래스카항공은 연착을 거의 하지 않고 정시에 출발, 도착하는 것으로 유명한 곳이다. 물론, 안전성도 뛰어나다. 또한, 대부분 기종에서 기내 무료 와이파이 서비스를 제공해 심심할 틈도 없으니, 북미로 떠난다면 스카이스캐너 필터에서 알래스카항공을 선택해보자.

에바항공

대만의 에바항공도 2016년에 이어 올해도 가장 안전한 항공사로 선정되었다. 1991년 비행을 시작한 이래로 한 건에 사망사고가 없는 것이 특징. 키티 캐릭터로 비행기와 어메니티, 기내식 등을 꾸며 여행의 즐거움을 배로 높여주고 있다.

에어뉴질랜드

에어뉴질랜드는 재미있는 기내안전 비디오를 선보이는 것으로 유명한 곳으로 안전성까지 인정받은 곳이다. 단 · 장거리 노선 모두 다양한 서비스를 선보이고 있으며 상해 푸동, 홍콩 등에서 경유해 스탑오버를 즐기기에도 좋다.

에티하드항공

에티하드항공은 안전함은 물론, 중동국가의 '오일머니'를 뽐내며 훌륭한 기내 물품 서비스를 제공하는 것으로 유명하다. 이코노미클래스라도 수면키트를 제공하며, 퍼스트 클래스는 샤워실(A380 기종)까지 이용할 수 있을 정도이다.

영국항공

국적기를 제외하면 유일하게 인천에서 런던 직항편을 운항하는 영국항공(브리티시 에어웨이) 역시 2017년 안전한 항공사로 선정되었다. 게다가, 인천-런던 노선에는 최신 항공기 보잉 787 드림라이너가 도입되었으니 안전함과 새로움을 한 번에 느낄 수 있어 항공기 매니아에게 추천한다.

유나이티드항공

작년에 이어 올해에도 미국의 유나이티드항공의 안전성은 인정받았다. 아쉬운 것은 기내 엔터테인먼트를 위한 좌석 스크린이 없다는 점. 하지만, 비행 전 어플리케이션을 다운로드받아 스마트폰 또는 태블릿PC로 즐길 수 있으니 꼭 비행 전에 다운로드받는 것 잊지 말자.

일본항공

JAL 일본항공은 도쿄 나리타, 오사카, 나고야 주부 등을 허브 공항으로 두고 있으며, 전 세계 32개국으로 여행객을 안전하게 운송하고 있다. 미주, 유럽 일부 노선에서는 가디건, 휴대용 에어 마사지기 대여 서비스 제공하고 있어 더욱 편안하게 비행할 수 있다.

전일본공수(ANA)

전일본공수(ANA)항공은 작년에 이어 올해도 안전한 항공사 명단에 이름을 올렸다. 김포에서 도쿄 하네다까지 직접 운항하는데, 일본 국내선 환승 운임이 왕복 10만 원, 편도는 5만 원으로 장거리 노선을 저렴하게 이용할 수 있는 장점이 있다.

캐세이퍼시픽

홍콩 국적기 캐세이퍼시픽 역시 작년에 이어 2017년에도 안전한 항공사로 뽑혔다. 유럽과 아시아, 미주 등 노선이 다양하며 서비스 품질 역시 우수해 매년 여러 어워드 수상 명단에 이름을 올리고 있다.

핀에어

핀에어는 유럽 특가 항공권 프로모션으로 여행객의 마음을 설레게 하는 것으로도 모자라, 안전하기까지 하니 매우 기특한 항공사이다. 합리적인 가격으로 풀서비스를 제공하고 있으며, 담요나 종이컵 등 기내 물품을 마리메꼬와 콜라보레이션하여 소소하지만 여행객의 기분이 좋아지게 도와준다.

하와이안항공

콴타스항공과 더불어 하와이안항공은 86년이 넘는 시간 동안 사고가 나지 않은 경이적인 기록을 가진 곳이다. 게다가 정시성은 높고 결항률은 낮은 등 훌륭한 서비스를 제공해 2016년 인천공항상에서 올해의 항공사로 선정되기도 하였다.

KLM

네덜란드의 국적기, KLM도 2017년 세계에서 가장 안전한 항공사 순위에 이름을 올렸다. 1920년부터 비행을 시작한 유서 깊은 항공사이며, 스마트폰 어플리캐이션을 통해 더욱 다양한 영화와 음악 등을 감상할 수 있다.

(2017년 7월30일) 스카이스캐너 제공

2. 크루즈업

1) 크루즈(Cruise)의 개념 및 특성

(1) 크루즈의 개념

Cruise란 사전적인 의미로 선박을 이용한 유람, 관광을 뜻하는 말로 제1차 세계대전이 끝나고 평화가 정착되던 시기에 대서양의 정기 여객항로에 운항되던 대형 여객선을 겨울철 비수기에 아열대 해역을 항해함으로써 선박의 운항효율을 높이려는 목적으로 시작되었다.

이러한 크루즈산업은 여객 또는 화물을 수송하는 것이 아닌 유람을 주목적으로 하고, 수일 내지는 수개월에 이르는 장기간의 관광을 통해 유적지나 관광자원이 풍부한 지역을 부정기적으로 운항을 한다는 특성을 가지고 있으며, 이를 위해 크루즈 선에는 승객을 위한 각종 편의시설이 구비되어 있고 그 규모도 대형이다.

크루즈의 개념은 많은 학자와 공공기관에서 정의를 내리고 있는데, 대표적으로 한국관광공사의 정의를 살펴보면, 크루즈관광이란 "운송보다는 순수관광목적의 선박관광으로 숙박, 음식, 위락 등 관광자를 위한 시설을 갖추고 수준 높은 관광상품을 제공하면서 수려한 관광지를 안전하게 순항하는 관광"이라고 정의한다. 다시 말해서 운송의 개념과 호텔의 개념을 합한 것이다.

따라서 크루즈란 개념은 「Excursion Ship」이라고 해서, 「Excursion」의 소풍, 짧은 여행, 유람, 관광의 뜻이 「Ship」과 합해져 "관광하는 배"라는 뜻으로, 호텔 숙박료와 관광지 이동의 교통비가 필요 없는 오로지 배 하나만을 이용하며 관광하는 것이라고 할 수 있다. 왜냐하면 크루즈는 숙박을 하는 운송수단임과 동시에 운송을 하는 숙박수단이 될 수 있기 때문이다.

(2) 크루즈산업의 특성

❶ 이동시간의 활용

낮에는 각 기항지에서 새로운 세계를 탐험하고, 밤에는 선내시설을 이용한 각종 레크리에이션 및 쇼관람이 크루즈 관광만의 장점이다. 따라서 야간에 관광자가 선내시설을 이용하거나 또는 잠을 자는 동안 다음 관광지로 이동하는 크루즈는 좁은 좌석과 아까운 낮시간에 이동하는 일반 관광과는 다른 즐거움이 있다.

❷ 관광의 수준에 비해 저렴한 가격

특급호텔 수준의 식사와 선내시설, 세계 각국의 쇼와 이벤트, 최고급 시설의 해상 스포츠를 저렴한 비용으로 즐길 수 있다. 관광의 수준과 서비스의 질에 비한다면 상대적으로 가격이 저렴하다.

❸ 안전성

국외여행에서 무엇보다도 중요한 것은 안전이다. 크루즈는 선박 안으로 외부인의 출입이 금지되며, 선내에서 모든 즐거움을 만끽할 수 있다.

❹ 선박 운항목적의 차이

지역 간의 화물이나 여객 수송의 교통수단으로서가 아니라 승선객들이 다수의 매력적인 항구를 방문하는 순수한 관광을 목적으로 하고 있고, 운항형태가 정기적인 것보다 부정기적인 것이 더 많다.

❺ 색다른 형태의 관광

수송과 관광의 목적을 동시에 실현시키면서 숙박을 제공하는 또 다른 관광형태라는 점을 들 수 있다. 따라서 선상에는 객실, 식당, 스포츠 및 레크레이션 시설 등 관광자를 위한 각종 편의시설을 갖추고 관광자의 욕구에 적합한 선상 행사와 최고급 호텔의 수준과 흡사한 최고의 서비스를 제공한다.

❻ 상품기간 및 판매의 다양성

운항기간 및 승선기간이 다른 관광상품에 비해 장기간이다. 크루즈 상품에는 2일 내지 3일의 단기간인 경우도 있으며, 대부분 수 주일에서 수개월에 이르는 장기간인 경우가 많고, 적정 속도의 항해를 통해 안정되고 여유 있는 운항을 한다.

또한 크루즈 관광은 동시에 여러 계층을 대상으로 판매가 가능하다. 크루즈 관광 시 제공되는 서비스가 동일 기간, 동일 목적지라도 이용하는 객실 등급에 따라 다양하게 구성되어 있어 고객의 선호도에 따라 다양하게 선택할 수 있다.

❼ 출입국 수속의 편리성

일반관광과는 달리 FIT관광자나 단체관광자일지라도 여러 나라의 출입국 수속을 일괄적으로 처리할 수 있으며 이로 인해 수속시간 단축, 개인별 수속의 번거로움 등의 불편함이 적다.

2) 크루즈 관광의 유형

(1) 공간적 범위에 의한 분류

❶ 항내형 크루즈 관광

항내형 크루즈 관광에는 항내 일주형과 항내 정박형이 있다. 먼저 항내 일주형 크루즈 관광은 특정한 항의 주변 해안절경 및 생동감 있는 도시의 웅장한 모습을 관람할 수 있게 고안된 것으로 한 도시의 항구를 일주하는 형태의 관광을 말한다.

항내 크루즈 관광의 대표적인 예로는 홍콩 내항을 운항하는 크루즈 관광, 시드니항을 운항하는 크루즈 관광, 후꾸오카항을 운항하는 크루즈 관광, 그리고 부산항의 크루즈 관광을 들 수 있다.

❷ 항간형 크루즈 관광

항간형 크루즈 관광에는 일반적으로 연안 크루즈 관광과 국제항 간 이동형 크루즈 관광 형태가 있다. 먼저 연안 크루즈(costal cruise) 관광은 한 항구를 기점으로 하여 이와 근거리에 있는 도시지역이나 휴양지를 목적으로 운항하는 크루즈 관광형태로 목적지에는 빼어난 절경이나 유명한 관광지가 있으며, 주변에는 아름다운 자연과 더불어 오래된 다양한 역사 유적이 주변에 있고 관광자원이 풍부한 지역으로 운항하게 된다.

현재 세계일주 크루즈 관광의 주요 고객은 경제적으로 상당히 여유를 누리고 있는 중 · 장년층 노년 부부들이 주류를 이루고 있다. 이러한 크루즈 관광의 주요 항해 지역으로는 바하마 연근해, 카리브해, 미국과 캐나다의 서부해안, 지중해, 맥시코 인근해, 알래스카 연근해, 발틱해, 남미국가의 북부 해안 지역, 동남아시아 등을 들 수 있으나, 세계적으로 카리브해와 지중해가 중심권역이 되고 있다.

(2) 주제에 의한 분류

세계별 크루즈 관광은 크게 해안형, 하천형, 주제 탐방형 그리고 범선형 등이 있는데, 해안형 크루즈 관광은 앞서 언급한 공간적 범위로 분류해 보면 항내형, 항간형 크루즈 관광과 관련이 있으며 주로 해양 관광자원을 대상으로 하는 크루즈 관광을 말한다. 세계적으로 대부분의 크루즈 관광형태는 해안형이 많다고 할 수 있다.

다음으로 하천형 크루즈(river and barge cruise) 관광은 하천을 관광하는 형태이다. 일반적으로 하천 크루즈 관광에 이용되는 선박은 해안형 크루즈 선박에 비해 상대적으로 규모가 작지만 하천의 특성을 살려 매우 독특한 모양으로 건조된 것이 특징이다. 이러한 하천 크루즈 관광은 라인(Rhin), 론(Rhone), 세느(Seinc), 다누브(Danube), 그리고 볼가(Valga)강 등의 유럽지역을 중심으로 발전하였으나, 남미의 아마존강 상류와 파나마 운하지역 등도 최근에 인기가 있는 하천 크루즈 관광지역으로 떠오르고 있다.

4) 크루즈 선박의 기반시설

크루즈 선박은 선내에 거대한 호텔이 들어 있다고 보아야 할 정도로 커다란 규모이다. 크루즈 자체 내에는 숙박에서 시작하여 식사, 쇼핑, 오락, 스포츠 등의 모든 레저활동이 가능하다. 또한 칵테일 파티, 가면무도회, 바베큐 파티, 음악 콘서트, 쇼, 민속무용공연, 패션쇼 등의 다양한 행사도 개최된다. 이러한 시설들과 행사 등으로 인해 사람들이 배를 강을 건너기 위한 교통수단으로만 생각하지 않고 Cruise를 하나의 관광대상으로 생각하게 만드는 것이다.

(1) 객실

넓은 벽장과 서랍장이 부착되어 있고, 라디오, TV, 전화와 욕실 겸 화장실이 구비되어 있으며, 객실의 가격의 차이에 따라 캐빈의 위치와 사용할 수 있는 침대 수 그리고 몇몇 추가 서비스가 달라진다.

(2) 운동시설

에어로빅과 헬스클럽 및 천장벽면이 유리로 되어 있어 추운 날씨에도 밤의 경치를 즐기며 수영을 즐길 수 있고, 그밖에 선내에서 산책 및 조깅을 위한 옥외 트랙 등의 운동시설이 마련되어 있다.

(3) 오락시설

카페, 바, 카지노, 나이트 클럽 등의 성인 오락시설과 영화관이 있으며, 어린이 성인이 함께 즐길 수 있는 전자, 경마놀이 게임장 등이 있다.

(4) 휴식 및 편의시설

온천장, 마사지실, 사우나실과 TV를 시청하며 음악을 들을 수 있는 휴게실과 식당시설, 흡연실, 관망대가 설치되어 있다.

(5) 기타시설

책을 읽고 편지를 쓸 수 있는 도서실이 있으며 어린이들을 위한 비디오 게임룸이 설치되어 있고, 쇼핑센터, 면세점, 미장원, 여성의류실, 병원, 선내에서 외부로 통화할 수 있는 전화, 텔렉스 등이 있다.

극장

수영풀

카지노

회의실

라운지

카페

5) 크루즈 예약

(1) 크루즈 예약

선박과 항해 날짜를 선택한 후에 승객은 요금 종류를 선택해야 한다. 일반적으로 크루즈 상품은 가능한 한 빨리 예약하는 것이 좋다. 크루즈상품을 예약하면 선택한 날까지 크루즈 회사에 입금이 되지 않으면 그 예약은 자동으로 취소된다. 마지막 요금 지불은 보통 선박이 출발하기 전 45~60일 안에 끝나야 한다.

예약할 때 승객들은 이른 식사를 할 것인지 늦은 식사를 할 것인지 미리 신청한다. 또한 한 테이블에서 몇 명이 식사를 할 것인지, 금연 구역을 원하는지의 여부도 함께 밝혀야 한다. 어떤 특별한 식이요법을 하거나 의학적 장애가 있는 경우에는 크루즈 회사의 담당의사도 이를 알고 있어야 한다.

몇몇 크루즈회사는 기본금이라 불리는 비용을 일부 제공한다. 여행사에서 예약업무를 실행할 경우의 고객정보사항 항목은 ① 승객이름, ② 관광일정, ③ 이용할 수 있는 시간, ④ 모든 경비, ⑤ 서비스 등급, ⑥ 객실 요구사항, ⑦ 활동정도, ⑧ 원하는 항해 날짜, ⑨ 식사 준비 시 요구사항, ⑩ 육지에서의 짧은 관광 등의 내용이다.

대부분 크루즈 관광의 예약은 취소 시 취소료를 지불하여야 하고 취소료 규정과 관광조건은 계약금이 지불되기 전에 승객에게 분명히 얘기해주어야 한다. 때때로 사증(VISA)이나 여권을 요구하는 외국의 관광지를 방문할 경우 승객들은 건강상태와 안전한 관광을 위한 검역에 관한 서류에 이르기까지 모든 관광 서류가 갖추어져야 한다. 해외여행자보험은 취소료를 낼 경우에 대비하여 또는 관광 중 입게 될지도 모를 피해로부터 승객을 보호하기 위해 권유된다. 계약금이 지불된 후에 승객은 다음의 정보를 포함한 영수증을 받게 된다. 계약 후의 고객에게 전달되는 사항은 ① 선박이름, ② 항해일, ③ 요금 부문 구분, ④ 객실 형태, ⑤ 관광지역, ⑥ 승선할 항구, ⑦ 종착할 항구, ⑧ 객실 번호, ⑨ 객실당 승객 수 등이다.

(2) 객실선택과 요금

❶ 객실선택

선실의 가격이 아주 낮은 경우에는 단점이 두 가지 있다. 우선 낮은 가격의 선실은 침실이 높거나 낮다. 어떤 승객(특히 노인)들에게 이러한 선실은 좋지 않다. 또한 이들 선실은 뱃머리나 선박의 뒷부분에 위치한다. 앞과 뒷부분에 있는 선실은 중간 부분에 위치한 선실보다 더 많이 흔들린다. 밑 갑판과 중간에 위치한 선실은 중력의 중심에 더 가까운데, 단순한 물리학적으로 보더라도 중력의 중심이나 근처에 위치한 선실이 더 적게 움직인다는 것을 알 수 있다. 큰 선실과 스위트는 높은 갑판에 위치한다.

❷ 크루즈 요금

전통적인 대중시장에서 크루즈의 요금은 하루 1인당 150달러~300달러 정도이다. 요금에 영향을 미치는 요인은 비품의 질, 사이즈, 솜씨의 다양성, 캐빈 사이즈, 승객 수, 크루즈 거리, 관광의 계절, 행선지와 전체 탑승자와 승무원의 비율 등이 있다. 보통 관광자들은 Single Supplement라 불리는 추가 지불을 한다.

3. 철도업

1) 철도운송의 개념과 특징

(1) 철도운송의 개념

철도(Railway, Railroad)란 철로 위를 동력으로 차량을 견인하여 여객이나 화물을 운반하는 넓은 의미로 육상교통기관의 하나로 분류하고 있으나, 일정한 궤도를 운행하고 교통수단으로 그 역할의 중요성이 높아지면서 철도교통수단으로 분류하게 되었다.

철도는 육상교통의 가장 대표적인 수송수단으로 세계 각국의 관광사업 발전에 크게 기여하였고, 산업혁명 이후 관광자의 왕래에 중요한 역할을 하였다. 다른 어떤 교통수단보다 철도의 개통은 관광지의 형성과 운영에 강력한 영향력을 발휘해 왔다. 육상에 있어서 장거리의 관광은 철도에 의해서 보급되었고, 관광지 개발은 철도의 부설로 인하여 본격화되었으며 이용도를 높여 왔다.

(2) 철도운송의 특징

교통기간은 우선 안전하고 정확하며 신속하여야 한다. 이에 철도는 다른 교통편에 비하여 사고율이 아주 낮은 안전한 교통수단이며, 자연재해나 교통의 혼잡 등을 피할 수 있어 신속하고 정확하다.

이러한 철도운송의 특징으로 ① 신속성과 정확성, ② 안정성, ③ 육상 최대의 일시 운송능력, ④ 거리가 멀어질수록 저렴한 운송비, ⑤ 저공해와 고안전도, ⑥ 에너지 및 운전비 저렴, ⑦ 사계절 운행, ⑧ 전국적인 네트워크 등을 들 수 있다.

3) 관광열차상품의 개념과 특성

(1) 관광열차상품의 개념

관광열차(tourist train)란 열차의 개념인 정거장 외의 본 선로를 운전할 목적으로 안전하게 조성된 차량이나 차량 군으로서 기관차에 객차 등을 연결하여 이룬 줄진 차량을 기본으로 하여 관광자를 관광목적지까지 열차로 신속 · 쾌적 · 안전하게 이동시키는 중간매체로서의 역할과 열차 그 자체로서 관광자에게 일차적 매력물 역할을 담당하는 속성을 포함하고 있으며, 관광자에게 포괄요금을 적용하여 전 관광일정을 모두 책임지는 패키지상품으로 기능 수행하는 열차라고 할 수 있다.

(2) 관광열차상품의 특성

관광열차상품은 관광자만을 대상으로 하기 때문에 수송량의 획득범위는 한정되어 있고, 경기변동이나 기후조건에 의해서 크게 영향을 받는다. 특히 지방정부의 적극적인 지역관광자원개발과 지역홍보차원에서 관광열차를 유치하기 위한 노력이 부가될 때는 여가시설이 부족한 현대 도시민들의 수요를 창출함으로써 관광열차의 발전방안 모색에 상당한 기여를 하게 된다는 점을 간과해서는 안 된다.

그리고 관광열차의 외관과 실내시설을 개선하여 관광의 일차적인 매력대상물로써 독특한 희귀성을 확보하도록 하여야 하며, 전문적인 관광열차안내원을 확보하는 등 관광열차서비스의 고급화 및 체계적인 운임정책전략도 수립하여야 할 것이다. 또한 각종 레크리에이션 시설을 설비하고 전문인력을 확보하는 등 철도경영의 부대사업으로서가 아닌 주요산업으로서 제기능을 발휘할 수 있도록 노력하여야 한다.

관광열차상품은 소득증가로 인한 자가용 및 개인화 추세로 인하여 대중교통df 이용한 관광이 드문 일이 되어 버린 세태를 반영, 교통체증 없이 만끽할 수 있는 관광상품으로써, 그리고 차창을 스치고 지나가는 계절의 변화와 전원의 향기와 추억을 간직할 수 있다는 장점을 가지고 있다. 그리고 무엇보다 중요한 사실은 타 교통수단에 비하여 안전성이 보장되며, 대량수송이 가능하고, 편의성, 안락성, 정시성, 신속성이 보장된다는 장점이 있다.

4. 전세버스업

1) 전세버스업의 개념

전세버스업이란 건설교통부령이 정하는 사업구역 내에서 운행계통을 정하지 않고 1개의 운송계약으로 건설교통부령이 정하는 자동차를 사용하여 관광자를 운송하는 사업을 말하며, 특히 단체관광자를 대상으로 영리를 목적으로 하여 출발지부터 목적지까지 이동시키는 사업을 말한다.

2) 전세버스운송사업의 등록기준

자동차 운송사업을 경영하고자 하는 자는 건설교통부령이 전하는 바에 의하여 건설교통부장관에게 등록하여야 한다. 전세버스운송사업과 특수여객자동차 운송사업의 사업계획서에는 다음 각 호의 사항을 기재하여야 한다.

① 주사무소 및 각 영업소의 명칭과 위치

② 주사무소 및 각 영업소의 자동차의 대수, 종별, 차명, 형식, 연식

③ 주사무소 및 각 영업소의 사무실의 위치와 규모

④ 주사무소 및 각 영업소의 차고위치, 수용능력 및 운송부대시설의 명세

3) 여행업과 전세버스사업자 간 실무

여행사에서 직접 전세버스를 운영하는 경우도 있지만 대부분 여행사에서는 전세버스와 관광업무를 분리하여 운영하고 있다. 전세버스를 보유한 여행사는 비교적 자사의 원칙에 의해 융통성 있게 운영을 하지만 전세버스를 보유하지 않은 여행사는 고객의 문의가 들어 왔을 때 상당히 주저하고 있는 것이 사실이다.

여행사에서는 국내의 관광자들 대부분이 전세버스회사에 흡수되었다고 여기고 있기

때문이다. 하지만 현실은 그렇지 않다. 여행사에 전세버스를 의뢰하는 것이 당연하다고 여기는 관광자들이 많으며 여행사에서도 이러한 관광자들에 대한 적극적인 판매활동을 수행하는 쪽으로 업무를 전환하고 있다.

특히 전세버스업체와 상호계약을 통해 알선수수료를 일정률 확보를 받을 수 있도록 하며, 관광자들에게 여행사가 관광과 관련된 제반업무를 항상 제공하고 있음을 인식시키도록 하여야 한다. 전세버스의 알선에서 유의하여야 할 점은 ① 정확한 사용일자(언제부터 언제까지), ② 배차시간, ③ 배차장소, ④ 목적지, ⑤ 기사의 비상연락처, ⑥ 보험의 가입여부 등이다.

5. 자동차 대여업

1) 자동차 대여업의 개념

자동차 대여업이란 Rent a Car 곧, '차를 빌려줌'이라는 뜻이며, 이것을 상행위의 일종으로 편성시킨 Rent a Car System 또는 Car Rental System이라고 한다.

이와 같이 렌터카란 자동차를 대여하는 상행위로서 보통 자동차만을 대여하는 것으로 인식하고 있으나, 오늘날에는 광의의 개념으로 자동차를 이용하는 고객요구에 부응하여 자동차와 이에 부과되는 시스템을 제공하는 새로운 수송시스템이다. 자동차 대여와 다양한 서비스를 고객에게 필요할 때 필요한 장소에서 필요한 만큼 빌린다는 편리한 관광운송 수단이다.

차종과 요금에 영향을 주는 요소는 사업, 레저고객에 의해 달라진다. 사업관광자들은 공항에서 탈 수 있는 렌터카에 더 많은 관심을 보이지만, 레저관광자들은 저가격에 더 많은 관심을 보이고 있다.

2) 자동차 대여업의 특성

자동차 대여사업의 가장 큰 특징은 타 교통수단과 비교하여 필요한 때마다 차를 빌릴 수 있어 차를 운전하고 싶고 드라이브를 즐기고 싶으면서 비밀성을 보장받고 싶은 사람들의 이용이 가능하다는 점이다. 특히 장거리를 관광 시 일부러 차를 이용하지 않고도 다른 신속하고 안전한 타 교통 수단을 이용한 후, 목적지에서 보조차의 기능을 담당하면서 관광자들에게 기동성을 보장하여 줄 수 있다.

제2절 호텔업

1. 호텔의 어원과 개념

1) 호텔의 어원

숙박시설은 관광의 역사와 함께 발전하여 왔다고 할 수 있다. 오늘날 호텔(hotel)이라고 하는 말이 현재 사용하고 있는 의미로써 일반화한 것은 영국에 있어 1800년경으로 추측을 하고 있다. 호텔은 관광자에게 객실과 식사, 그리고 종업원의 인적 서비스를 제공하는 것으로 어원은 라틴어의 「hospital」에서 출발하여 Hospital → Hostel → Inn으로 역사적 변천을 거쳐, 현재 Hotel이란 이름이 숙박시설의 대명사처럼 사용되고 있다.「hospital」이라는 뜻은 현재 병원이라는 의미로 사용되고 있으며, 본래 관광자들이 심신을 회복시키고 휴식을 취할 수 있는 간이숙소로써, 또 관광에서 생긴 환자나 부상자를 치료하고 간호하는 시설로써 이용된 시설물이라고 문헌에서 전해지고 있다.

2) 호텔업의 개념

현실적으로 호텔의 기준이 무엇이며, 어디까지를 호텔로 구분하기는 쉽지 않다. 호텔개념을 웹스터사전(webster dictionary)에서는 "객실과 식사를 갖추고 대중을 위하여 봉사하는 건물 또는 공공시설물(A building or institution providing meals and service for the public)"이라고 정의하고 있다. 현대에 있어서 호텔의 정의는 이러한 사전적 의미보다 훨씬 광범위하고 복잡하다. 인간의 기본요소인 '식'과 '주' 만을 해결하기 위한 호텔은 과거에는 하나의 사기업으로 수식만을 제공하는 단순한 기능이었지만 오늘날에는 단순하고 영세한 사기업이 아닌 영리목적의 추구와 사회공공의 성격을 갖춘 복합사업체로 변하여 가고 있다.

2. 호텔업의 기능

1) 전통적 호텔의 기능

호텔의 기능은 "제2의 가정이다(A home a way from home)"라고 하거나, "가사기능을 생산 판매하는 기업이다"라고 말한다. 일반적으로 호텔의 기본 기능은 숙박(accommodation)기능, 식사(feeding)기능, 보호(security)기능이며, 이것은 인간의 기본욕구(basic need)를 충족시켜 주어 가정을 떠나 있는 사람들에게 생활의 안정과 질서를 제공한다. 호텔은 관광자를 위하여 숙박과 식사를 제공하는 대중적인 숙박장소로서의 의미를 갖고 있었으나, 사회 환경의 변화, 특히 소득의 증대, 여가의 증대, 교통기관의 발달, 정보의 증대로 인하여 호텔업의 기능도 여기에 대응, 다역할 호텔(multi-role hotel)의 기능을 띄게 되었다.

2) 현대적 호텔의 기능

현대적 호텔은 시설의 규모나 운영방식, 그리고 호텔의 위치 및 성격에 따라 다양하게 나타나고 있다. 서비스산업 시대에 들어오면서 사회체제의 변화, 생활문화와 생활양식의 근대화 또는 도시화의 진전에 따라 호텔은 ① 휴양기능(repose function : 투숙객들만을 위한 단순 기능뿐만 아니라 시민들의 휴식처로서 심신의 긴장이나 피로를 해소시켜 노동력의 재생산, 나아가서 사회의 안정화에 기여하게 된다), ② 오락기능(recreational function : 정신적 마멸을 보수 · 회복시키고 인간을 권태로부터 구출하는 산업심리학적인 기분전환기능), ③ 사회적 기능(social intercourse function : 국제선린 및 문화교류의 촉진기능과 시민생활의 사교 · 장소적 기능을 가진다.), ④ 비즈니스 서비스기능(business service function : 국제회의를 위시한 각종 컨벤션 센터, 학술세미나를 위한 각종모임의 장소제공 및 주최기능), ⑤ 교육적인 기능(educational function : 현대인들이 사회생활에 적응해 나가는 데 필요한 지식 · 도덕 · 예절 또는 전통문화전달 등을 포함한 사회교육 기능을 수행 내지는 구현하는 장소적 기능) 등 다양한 기능을 수행하고 있다.

3. 호텔업의 특성

일반적으로 호텔은 '일정한 지급능력이 있는 사람에게 객실과 식음료를 제공할 수 있는 시설을 갖추고 예의가 바른 종사원이 조직적으로 서비스를 제공하고 그 대가를 받는 사업체'라고 정의되고 있다. 사회구조가 복잡해지고 세분화되면서, 그에 따른 고객들의 욕구도 다양화되고 고객들이 호텔을 숙식만 해결하기 위하여 이용하지는 않는다.

현대의 호텔은 사회적 · 문화적 역할과 공익적 서비스 제공을 위한 고객의 활동공간을 제공하는 사회적 기능을 중시하게 됨에 따라 숙박 및 식음료를 제공할 수 있는 시설 이외에도 스포츠, 레크리에이션, 레저 및 회의장, 전시장, 연회장과 같은 부대시설을 갖추고 있으며, 심지어 쇼핑시설, 놀이시설 등과의 연계까지도 고려하고 있다. 따라서 현대 호텔은 종합적인 서비스를 판매하는 생활의 장으로 보다 포괄적인 정의를 내려야 할 것이며, 종합적인 서비스를 판매하는 다기능적인 호텔기업은 ① 인적 서비스에 대한 의존성, ② 부문 간 현동체제의 긴밀성, ③ 연중무휴영업, ④ 계절성, ⑤ 시설 조기노후화, ⑥ 공공장소 유지, ⑦ 고정자산 과다, ⑧ 비저장성과 비전매성 상품 등을 들 수 있다.

4. 호텔업의 분류

호텔의 분류(classification of hotel)는 학자들마다 다양하게 분류되고 있으나 일반적인 견해의 분류로서 관광진흥법상의 분류, 입지에 의한 분류, 이용목적에 따른 분류, 숙박기간에 따른 분류, 요금지불방식에 따른 분류, 경영형태에 따른 분류 등으로 살펴볼 수 있다.

세부적으로 살펴보면, 관광진흥법상의 분류에는 ① 관광호텔업, ② 수상관광호텔업, ③ 한국전통호텔업, ④ 가족호텔업, ⑤ 호스텔업, ⑥ 소형호텔업, ⑦ 의료관광호텔업으로 분류하고 있다. 그동안 사용해 왔던 무궁화 문양을 외국인 관광객이 쉽게 인지할 수 있는 별 문양을 이용한(1성급에서 5성급) 새로운 등급제를 시행했다. 그리고 평가의 타당성과 신뢰도에 확보를 위해 등급심사를 한국관광공사에 맡겨 객관성을 높였고, 새로운 등급평가는 호텔의 평상시 모습을 볼 수 있도록 암행과 불시평가가 추가됐다.

제3절 면세점업

1. 면세점의 개념

소비를 목적으로 한국에 수입되는 외국산 상품에 부과되는 관세와 자국에서 생산되어 유통되고 있는 상품에 부과되는 제(諸) 세금을 일정한 지역을 지정하고 자격을 갖춘 특정인에게 면세로 판매하는 점포를 면세점이라고 한다. 면세점은 외국의 관광자들과 출국하는 내국인 관광자들에게 매력적인 장소로 부각되고 있다.

국가의 재정수입 감소를 감수하면서 관세를 면세하는 목적은 첫째, 경제정책 차원, 둘째, 문화정책 차원, 셋째, 사회정책적 차원으로 외교적인 관례, 기간산업의 육성, 자원개발 촉진, 특정산업의 보호, 학술연구의 촉진, 사회정책의 수행, 가공무역의 증진, 교역의 증대, 소비자보호, 물가의 안전 등 다양한 목적을 가지고 있다.

2. 면세점의 발달

면세점은 중세기에 중요 항구를 중심으로 항해에 필요한 물건을 공급하는 항구의 상인에서 시작되었는데, 이는 정부로부터 항해를 하는데 필요한 음식물과 비품 등을 지역의 세금이 면세된 가격으로 공급을 할 수 있도록 허용한 것이다. 이러한 것이 보편화하여 항공관광자나 선박관광자 모두 자국의 영토에 출 · 입국하는 관광자에 한해 면세점을 이용할 수 있도록 하고 있다. 이와 같이 면세점은 만성적인 무역적자를 보충하기 위해서 프랑스에서 최초로 발달(1959년)하게 되었다.

따라서 면세점은 외화획득과 내국인의 외화유출을 감소시켜 관광산업뿐만 아니라 국가경제에도 기여하고 있어 정책적으로 보호 · 육성되고 있는 분야이기도 하다.

3. 면세점의 특성

첫째, 특허상 사업의 형식으로 면세점을 개설할 수 있는 곳은 관세법상 특허가 가능한 지역이나 장소로서 외국인 관광자가 이용하고 활용할 수 있는 곳으로서 시장규모에 의하여 그 수를 제한하고 있다.

둘째, 외화획득에 공헌을 하고 있고, 외국인 대상으로 하기 때문에 수출사업의 역할을 담당하고 있다.

셋째, 면세물품의 반입이나 반출에는 엄격한 통제를 받으며, 면세점에서 가장 중요하게 취급하고 있는 것이 특허의 취지와 취급상품의 특성으로 인하여 상품의 반입 · 반출에 대하여 세관이 엄격한 관리 통제하고 있다.

넷째, 여행사와의 유기적인 관련이 있다. 이는 면세점의 주요 고객은 외국인 및 내국인으로 제한되고 있기 때문에 여행사와의 협조가 필요하다는 것이다.

제4절 카지노업

1. 카지노업

1) 카지노업의 정의

카지노업은 관광진흥법 제3조제1항제5호에 카지노업은 전문 영업장을 갖추고 주사위, 트럼프, 슬롯머신 등 특정한 기구 등을 이용하여 우연의 결과에 따라 특정인에게 재산상의 이익을 주고 다른 참가자에게 손실을 주는 행위 등을 하는 업으로 규정되고 있다.

2) 카지노업의 허가와 신고

카지노업의 허가는 관광진흥법 제3조제1항제5호에 따른 관광진흥업 제5조(허가와 신고)에 카지노업을 경영하려는 자는 전용영업장 등 문화체육관광부장관으로 정하는 시설과 기구를 갖추어 문화체육관광부장관의 허가를 받아야 한다.

따라서 관광진흥법 제4절 카지노업 제21조(허가 요건 등)부터 제30조까지를 기준으로 정하고 있다.

3) 카지노 산업

현재 우리나라에는 내국인 출입이 가능한 강원도 정선에 위치한 카지노와 전국에 17개의 카지노가 있다. 2017년에 개장한 인천 영종도에 파라다이스 시티가 오픈하였으며, 2018년 제주도와 2019년 시저스 그룹 2020년 인스파이어가 새롭게 오픈 예정인 가운데 카지노 산업의 지속적인 성장이 이루어지며, 카지노 업장을 중심으로 복합형 호텔, 컨벤션, 쇼핑타운, 테마파크와 각종 위락시설 등 관광산업의 서비스 산업이 발전되리라 본다.

4) 카지노 게임 종류

게임 산업의 종류에는 블랙잭, 바카라, 룰렛, 크랩, 슬롯머신, 다이사이, 키노 등으로 크게 나눌 수 있다.

표 6-1 2016년 카지노

시도	업소명(법인명)	허가일	운영형태(등급)	대표자	종사원수(명)	2016 매출액(백만원)	2016 입장객(명)	허가증면적(전용영업장 면적 m^2)
서울	파라다이스카지노 워커힐지점【㈜파라다이스】	'68.3.5	임대(5성)	정연수	811	344,669	379,517	2,569.65
	세븐럭카지노 서울강남코엑스점【그랜드코리아레저㈜】	'05.1.28	임대(컨벤션)	이기우	816	234,553	524,670	2,110.35
	세븐럭카지노 서울강북힐튼점【그랜드코리아레저㈜】	'05.1.28	임대(특1)	이기우	507	220,061	763,060	1,728.42
부산	세븐럭카지노 부산롯데점【그랜드코리아레저㈜】	'05.1.28	임대(특1)	이기우	330	86,211	231,025	1,583.73
	파라다이스카지노 부산지점【㈜파라다이스】	'78.10.29	임대(특1)	정연수	415	101,560	115,542	1,451.36

시도	업소명(법인명)	허가일	운영형태(등급)	대표자	종사원수(명)	2016 매출액(백만원)	2016 입장객(명)	허가증면적(전용영업장 면적 m²)
인천	파라다이스카지노【㈜파라다이스세가사미】	'67.8.10	직영(5성)	정연수	662	95,881	58,376	8,726.80
강원	알펜시아카지노【㈜지바스】	'80.12.9	임대(특1)	박주언	8	−0.6	506	518.23
대구	인터불고대구카지노【㈜골든크라운】	'79.4.11	임대(특1)	안위수	180	16,733	75,228	1,504.56
제주	GONGZI CASINO【길상창휘(유)】	'75.10.15	임대(특1)	양타오	347	5,382	15,291	2,328.47
	파라다이스카지노 제주지점【㈜파라다이스】	'90.9.1	임대(특1)	정연수	249	55,233	62,124	2,756.76
	마제스타카지노【㈜마제스타】	'91.7.31	임대(특1)	장훈철 위청드어	149	25,386	33,307	2,886.89
	로얄팔레스카지노【㈜건하】	'90.11.6	임대(특1)	박성호	162	20,566	24,167	1,353.18
	파라다이스카지노 제주 롯데【㈜두성】	'85.4.11	임대(특1)	정연수	170	24,240	27,952	1,205.41
	제주썬카지노【㈜지앤엘】	'90.9.1	직영(특1)	오용하	137	2,594	15,355	2,802.09
	랜딩카지노【람정엔터테인먼트코리아(주)】	'90.9.1	임대(특1)	송우석	288	31,608	18,787	803.30
	골든비치카지노【㈜메가럭】	'95.12.28	임대(특1)	우광수	155	11,021	17,637	1,528.58
12개 업체 16개 영업장(외국인대상)			직영:2 임대:14		5,386	1,275,697	2,362,544	35,857.78
강원	강원랜드카지노【(주)강원랜드】	'00.10.12	직영(특1)	함승희	3,729	1,627,612	3,169,656	12,792.95
13개 업체 17개 영업장(내 · 외국인대상)			직영:3 임대:14		9,115	2,903,309	5,532,200	48,650.73

주 : 관광기금부과매출기준/종사원 수 수시 변동(세븐럭강남-본사직원 포함)/육지지역 카지노 면적기준(면적산정대상에 순수 영업장만 포함, 편의시설 등 제외

자료 : 문화체육관광부, 2017년 4월 말

표 6-2 연도별 외래객 대비 카지노이용객 현황

(단위 : 명, %)

연도	외래관광객 (A)	카지노이용객 (C)	외래관광객대비 점유율(C/A)	성장률(%)
1993	3,331,226	650,420	19.5	△4.4
1994	3,580,024	625,865	17.5	△3.8
1995	3,753,197	633,174	16.9	1.2
1996	3,683,779	517,672	14.1	△18.2
1997	3,908,140	518,178	13.3	0.1
1998	4,250,216	689,254	16.2	33.0
1999	4,659,785	694,899	14.9	0.8
2000	5,321,792	636,005	12.0	△8.5
2001	5,147,204	626,851	12.2	△1.4
2002	5,347,468	647,722	12.1	3.3
2003	4,753,604	630,474	13.3	△2.7
2004	5,818,138	677,145	11.6	7.4
2005	6,022,752	574,094	9.5	△15.2
2006	6,155,046	988,718	16.1	72.2
2007	6,448,240	1,176,338	18.2	19.0
2008	6,890,841	1,276,772	18.5	8.5
2009	7,817,533	1,676,207	21.4	31.3
2010	8,797,658	1,945,819	22.1	16.1
2011	9,794,796	2,100,698	21.4	8.0
2012	11,140,028	2,384,214	21.4	13.5
2013	12,175,550	2,707,315	22.2	13.6
2014	14,201,516	2,961,833	20.9	9.4
2015	13,231,651	2,613,620	19.8	△11.8
2016	17,241,823	2,362,544	13.7	△9.6

제2편

여행업 경영이론

제7장

여행업의 인사관리

제1절 인사관리계획

여행업경영의 최우선의 특징은 사람을 자원으로 하기 때문에 여행업의 인사관리는 그 어느 것에 비하여 중요하다. 여행업의 인사관리 계획이란 여행업을 운영하는데 필요한 직원 수와 업무의 양을 결정하는 과정이다. 이것은 현재와 미래의 계획까지 포함한다. 여행업 경영자는 직원의 요구사항들을 고려할 때 인사 관리 계획을 구체화하여야 하는데, 이는 여행업 성공의 여부는 여행사가 고용하는 직원들에 크게 의존하기 때문이다.

1. 인사관리계획의 요소

James A. F. Stoner와 Charles Wankel은 인사관리 계획에서 요구되는 네 가지 기본적인 요소를 아래와 같이 언급하였다.

① 미래 직원 요구의 계획 : 경영자는 미래 성장과 개인의 요구 사항들에 관하여 계획을 세워야 한다.

② 미래 직원의 이직율에 관한 계획 : 많은 회사들이 직원의 이직율을 보이고 있으며, 경영자는 이러한 예측 못할 사건들을 예견할 필요가 있다.

③ **직원 신규모집, 채용, 해고에 관한 계획** : 사원들은 안정적이지 않다. 그들은 스스로 그만둘 수 있고, 임시 해고당하거나, 파면을 당할 수도 있다. 그러므로 새로운 직원들이 필요하다. 경영자들은 이러한 필요성들을 예견할 필요가 있다.

④ **직원 교육과 개발에 대한 계획** : 직원들은 경험을 쌓고 좀 더 생산적이기 위하여 교육과 개발 계획을 할 필요가 있다.

2. 직원 수의 결정

여행업에 필요한 직원 수는 여행업의 종류와 매출액의 규모에 따라서 다르다. 여행업은 한 명의 경험 있는 직원에 의해서도 운영될 수 있고, 몇 백 명에 의해서도 운영될 수 있다. 많은 수의 여행사들은 대부분 몇 명의 경험이 있는 직원을 보유하고, 주로 소유주나 경영자, 최소한 한 명 이상의 Counter 요원을 직원으로 채용하고 있다.

제2절 직원채용

1. 직원채용과정

여행업의 임금은 단일 항목으로는 가장 큰 비용이기 때문에, 신입사원을 채용할 때 오는 많은 위험을 가능한 축소시키는 것은 중요하다. 채용할 때 관리자는 항상 그 직무에 가장 적합한 사람을 찾아야 한다. 채용에는 신입사원 채용과 경력자채용이 있으며, 경력자채용에는 사원, 초급관리자, 중간관리자, 고급관리자의 채용이 있다. 고급관리자는 임원이라고도 한다. 사원에서부터 임원에 이르기까지 채용에 필요한 자격요건 뿐만 아니라 장래에 승진하였을 때의 잠재력을 가진 자여야 한다.

채용해야 할 직원의 기술 또는 기능은 항공권 발권, TOPAS 또는 ABACUS 예약 시스템, 단체보장관광, 국제회의, 판촉, 여행상품 생산, 렌트카/차량대여, 철도예약, 항공예약, 단체 또는 개인관광 상담, 국외여행인솔자, 관광통역안내사, 국내관광안내사, 기타 특정한 직무를 위한 기능을 갖추어야 한다.

2. 신입사원 채용관리

신입사원을 고용할 때 관리자는 항상 그 직무에 가장 적합한 사람을 찾아야 한다. 관리자가 선택을 할 수 있도록 매 공석마다 최소한 4명의 지원자가 있어야 하며 관리자는 기능 목록 체크리스트를 준비하여야 한다.

3. 경력사원 채용관리

경력사원의 채용은 회사의 규모나 영업실적에 따라서 차이가 많지만, 일반적으로 업무내용을 잘 교육받은 실무경험이 2년 미만의 사원, 업무를 책임지고 관리할 수 있는 초급관리자(주임, 계장, 과장대리), 업무의 책임자로서 직원관리의 능력과 판매능력을 인정받는 정도의 중간관리자(과장, 차장, 부장), 판매능력과 업무의 전문성을 인정받아 고급관리자(임원 : 이사, 상무, 전무, 고문, 자문위원, 부사장, 사장 또는 대표이사)의 채용관리를 말한다.

제3절 직원교육

1. 여행업 직원의 자세

1) 안내원의 지식

여행업의 전 사원은 안내원(Guide)으로서의 자질을 갖추어야 하는 것이 중요한 필수 요소이다.

① Service의 자세(예절, 정직, 환대, 봉사성)

② 한국의 역사 및 지리에 대한 충분한 지식

③ 세계의 역사 및 지리에 대한 충분한 지식

④ 관광자원에 대한 충분한 지식

⑤ 일반 상식

2) 여행업 업무에 수반되는 지식

여행업은 국제사회를 선도하는 기업으로서 국제적인 관계 유지와 연결된 업무를 수행하기 위하여 외국어가 절대적으로 필요하며 여행상품에 관한 지식과 관광 수속 및 Tour Operator에 관한 지식이 필요하다.

① **외국어** : 외국인과 대화가 가능한 수준과 Telephone, Telex, Letter를 해독할 수 있는 수준의 영어, 일본어 등은 필수적이며 기타 업무 수행에 필요한 외국어를 구사할 줄 알아야 한다.

② **여행상품에 관한 지식** : 여행상품과 관광의 규칙 결정에 대한 제반 자료의 수집과 여행사를 진행할 수 있는 구체적인 내용상품의 품질 내용을 확실히 파악하여야 한다.

③ **관광수속에 관한 지식** : 관광수속에는 여권 수속과 사증 수속이 있으며 출입국 수속이 있는데 이에 대한 구체적 내용을 숙지하여야 한다.

④ **Tour Operator에 관한 지식** : Tour Arrangement로부터 관광행사에 필요한 사항과 어떤 고객의 요구에 대한 제반 지식에 관한 지식이 필요하다.

⑤ **협동(Cooperation)과 조정(Coordination) 관리** : 여행사 근무자는 상호 조직 간의 협력과 측면 부서와의 협조가 수시로 이루어질 수 있도록 평소 근무 시간에 숙달되어야 한다.

2. 여행업 요원의 훈련

여행업은 직원들이 좀 더 준비가 되어 있고 고객의 불만족과 피해를 미연에 방지하기 위하여 꾸준한 훈련과 개인적인 개발을 받도록 요구한다. 훈련이란 직원들이 그들의 작업 기술을 개선하는 과정이다. 개발이란 직원들이 그들의 성격의 특징과 같은 것을 개인적으로 개선시키는 과정이다. 계속적인 연구 집회에 참여하고, 동종 업계의 직원들과 접촉하고, 현재의 정보를 유지, 개발하는 것을 필요로 하는 산업으로 변하여야 한다.

제4절 직원급여와 동기부여

기본적인 보수와 보너스는 여행사의 시작 단계에서 최종적으로 결정되어야 한다. 하지만 여행사가 성장함에 따라 수정될 수 있다. 잠정적인 직원들은 고용 전에 그들이 얼마나 받을 수 있고 어떠한 이익을 줄 수 있는지 알 권리가 있다. 적정한 보수와 보너스는 헌신적이고 유능한 직원을 고용하는데 중요하다.

1. 보수를 결정하는 요소

여행업 경영자는 보수 체계가 직원들과 여행업이 위치한 지역적인 시장(Market) 안에서의 경쟁자에게 모두 효과적이어야 한다는 것을 이해할 필요가 있다. 봉급, 수수료, 건강, 이익, 은퇴 계획, 대리점 초청관광(Fam Tour) 정책 그리고 보너스는 보수종합정책(Compensation Package)을 구성한다.

2. 적절한 급여(An Adequate Salary)

여행업들의 상당한 급여 차이 때문에 실제 급여 면에 가이드라인을 마련하기는 불가능하다. 규모가 큰 여행사에서는 종종 영세 독립적인 여행사에 비해 같은 지위라도 보다 높은 급여를 지불한다. 급여는 규모가 작은 지역 내의 여행사들에 비해서 대도시 내의 여행사들에서 차이가 많이 보인다.

1) 능력급 평가

최소한 1년에 한 번, 만약에 급여가 평균 이하라면 1년에 두 번씩 모든 직원의 급여를 평가해야 한다. 물론 급여평가가 자동적인 급여인상을 보장하는 것은 아니다. 급여인상은 직원의 능력에 기초해서 직접적으로 업무 수행과 관계한다. 만약에 평균 수준보다 낮은 급여로 직원을 고용하면, 3개월에서 6개월이 지난 후 급여를 평가하는 것이 좋다.

2) 생계비 평가

누구나 다 물가 상승의 악순환에 빠지므로, 모든 직원에게 일괄적으로 급료 인상을 해주도록 고려해야 한다. 이런 종류의 임금 인상은 업무 수행 능력과는 별개이므로, 인상치는 그해의 물가 상승 수치를 바탕으로 한다.

3) 보너스

많은 회사가 직원들을 위해서 보너스 프로그램을 갖는다. 보너스란 특별 급여로써 일을 잘한 직원들에 보상하는 것이다.

4) 이윤분배와 보장제도

만약에 적당하게 만들어지고 공정히 관리되면, 이윤분배와 보장제도는 여행사경영층과 판매사원들에게 동기부여를 해주는 유용한 도구이다.

5) 부여 조건

회사의 보장제도나 이윤분배제에 혜택을 받기 위해서는 여행사와의(최소) 근무기간을 정해야 한다. 비록 판매 보상제는 이윤분배제에서의 (최소)근무기간이 요구되지는 않지만, 보상제가 시작되기 전에 최소한 여행사에 최소 6개월 근무조건을 세우는 것이 현명한 일이다.

3. 수수료와 보너스

현재 많은 여행사들이 수수료나 보너스 계획을 제공하지 않는다. 그럼에도 불구하고 소유주가 경영자나 직원들에게 수수료나 보너스 혹은 이익을 나누는 프로그램 등과 같은 형태로 보상한다. 수수료는 판매의 비율에 기초하는 보상의 형태이다. 경영자가 직원들을 판매 이익에 대한 보상과 연결할 수 있는 형식들은 많다.

4. 동기부여

직원이 동기부여받고 최대로 업무 수행을 하느냐에 있어 직업 만족(Job Satisfaction)은 필수적이다. 완전한 보상책은 급료, 보너스, 정규적인 급료인상, 이윤분배 프로그램, 훌륭한 작업조건 등 급료는 경험을 토대로 설정되며 그 지역 내의 다른 급료(타 여행사)와 비슷해야 한다. 최소한 1년에 한 번 능률제 급료 평가가 이루어져야 한다.

제5절 직원의 평가와 관리

1. 일에 대한 평가

여행업 경영자의 중요한 한 가지 책임은 직원들에 대한 업무평가를 하는 것이다. 여행업의 경영자는 각각의 직원들과 함께 주기적인(최소한 해마다) 업무평가를 행하고 완성해야 한다.

1) 업무평가의 목적

업무평가는 작업 책임에 대한 관계에 있어서 직원들을 평가함으로써 직원들에게 등급을 매기거나 면접하는 것이다. 업무평가는 직원들이 업무에 대하여 시기적절한 반응과 함께 하는, 경영자가 직원의 작업을 개선하는 가장 효과적인 방법이다. 작업 평가 계획의 목적은 다음과 같다.

① 직원들에게 정기적으로 그들의 작업과 작업 기준에 관하여 그들의 감독자와 얘기할 수 있도록 기회를 제공한다.

② 감독자에게 직원들의 약점과 장점을 구별할 수 있는 방법을 제공한다.

③ 감독자가 작업을 향상시키기 위하여 특정한 프로그램을 추천할 수 있는 형식을 제공한다.

④ 급여에 대한 추천에 관하여 근거를 제시한다.

2) 업무평가관리

여행업의 대부분 작업 평가는 생산성, 비형식적인 대화, 형식적인 면접 그리고 서면의 평가에 기초한다. 형식적인 면접과 서면의 평가에서, 각각의 직원에게 같은 질문을 할 수 있도록 기본 업무평가 형식을 사용하는 것이 권장할 만하다. 업무평가 형식을 개발하기 위하여 만들어진 다양한 체재들이 있다. 다음과 같은 제안들이 업무평가를 실행하는 일반적인 지침서이다.

① 매 해마다 혹은 매 해의 2번 구두와 서면의 직원에 대한 전망을 하고, 신입 사원들 역시 3개월 혹은 6개월의 간격으로 평가한다.

② 직원업무평가를 얻기 위하여 사용되는 기준은 법에 의하여 요구되어지는 사항들과 부합되어야 한다.

③ 직원의 업무경향과 성과에 관하여 공정해야 한다.

④ 작업 평가의 부분으로써, 직원으로 하여금 여행사 직원 지침서를 읽게 하고, 이서하게 하고, 기록하게 한다.

⑤ 단순히 그렇다 혹은 아니다가 아닌 다양한 종류의 질문을 한다.

⑥ 직원들이 부정적인 감정이나 반응을 보일 때 직원들과의 감정 이입을 하고 의문사항들을 직원들이 더욱 나아가 반응(대답)할 수 있도록 문장으로 고쳐 말한다.

⑦ 직원들이 가능한 한 하고 싶은 말을 할 수 있도록 한다.

⑧ 항상 직원들을 칭찬해 준다.

3) 업무평가 과정

업무평가는 직원들이 경영자와 좀 더 건강한 관계를 가지게끔 하는데 도움을 준다. 경영자와 직원과의 관계가 정기적이고 규칙적인 부분에 반응하는 것과 관련된 업무를 하는 것은 중요하다. 그렇지 않으면, 업무평가는 훨씬 두렵고, 긴장이 주가 되는 대립이 되고, 양쪽 모두에게 놀라움으로 가득 차게 될 것이다. 시종 일관 따라올 일반적인 업무평가 과정은 공정함을 확신해야 한다. 다음의 단계는 업무평가 기본적인 과정이다.

4) 직원의 업무수행에 대한 관찰

훌륭한 경영자는 어떻게 여행사 직원들을 정기적으로 관찰함으로써 그들이 작업을 수행하는지 안다. 모든 감시는 긍정적이고 지지적인 방법으로 행해져야 한다. 감시하는 여러 가지 항목들과 작업 평가의 일부분은 다음과 같다.

① 전화사용 : 어떻게 직원들은 전화에 응답하는가? 그들의 방식이 친근한가, 혹은 유익한가 등

② 예약 : 여행업의 컴퓨터 예약은 모든 정보를 포함한다. 고객의 이름, 주소, 전화번호, 티켓이 배달되는지 우편으로 보내지는지 혹은 직접 가져가는지, 지불 형식, 좌석 할당, 전화번호 그리고 가격과 같은 관광 관리자나 관광정보 그리고 고객의 신분 증명 번호 등

③ 개인의 대화 : 직원이 어떻게 고객이나 친구들과 대화하는가? 단어, 목소리의 음조, 능력과 권위에 관한 등급 등에 주의하라.

④ 문제해결 능력 : 컴퓨터가 다운되거나, 공급자가 부도가 났거나 하는 상황에 대해 직원들은 어떻게 문제에 접근하는지 그들이 자제가 안 될 정도로 화를 내는지, 욕을 하는지, 혹은 침착한지를 관찰한다.

5) 직원들의 업무수행에 대한 평가

하급자의 업무수행에 대한 평가와 검토는 경영자와 관리자의 중요한 책무이다. 1년에 한 번씩 각각의 직원들을 평가하는 것이 중요하다. 1년에 2번이면 더 좋다. 그리고

일부 직원들은 그들이 업무수행의 개선의 필요성이 있다는 확신과 가이드를 받을 수 있도록 더 자주 평가를 받을 필요가 있다.

평가는 승진에 대한 잠재성과 좀 더 비중 있는 책임을 맡을 수 있는 실력을 결정하는 것과 같이 급여를 올리는데 매우 귀중한 것이 된다.

정기적인 평가는 다른 경영자나 관리자가 직원을 인계받을 수 있도록, 또는 다른 고용주가 조회를 요구할 때를 위하여 업무수행에 대한 영구적인 기록으로 준비되어야 한다. 업무수행을 정확하게 측정하려면 10가지의 중요한 요소들을 고려하는 것이 필수적이다.

① 업무에 대한 지식
② 작업량
③ 작업의 질
④ 관리자와의 협조
⑤ 인간성
⑥ 신뢰성
⑦ 판단
⑧ 출석
⑨ 잠재력
⑩ 꼼꼼함

2. 직원의 배치

무엇을 할 수 있는지에 관한 서면의 직업에 대한 설명서가 구비되어 새로이 채용된 직원들은 그들의 자격이 되는 직책에 배정되어야 한다. 이러한 정보의 대부분은 면접기간 중에 얻어진다.

1) 사원의 Orientation

직원이 고용되면, 이 직원이 사무실 안에서 편안하고 환영받는다는 느낌을 갖게 하기 위하여 특별한 관심을 주어야 한다. 새로운 직원을 교육하기 위한 몇몇 단계는 다음과 같다.

① 직원들에게 새로운 직원을 소개한다.
② 고용된 새 직원으로 하여금 여행사 Manual을 읽고, 기입하고 서명하도록 한다.

③ 새로운 직원들을 가능한 한 빨리 사무실 관례, 일행, 작업 스케줄 그리고 다른 여행사 규칙에 통합하라.

④ 새로운 직원이 판매를 올리는데 도움이 되는 워크스테이션이나 방법 등을 개선하는데 관한 생각을 물어 본다.

⑤ 역사, 명성 그리고 과거 여행사의 역사에 관한 개요를 말해 준다.

⑥ 새로운 직원이 회계, 고참에 관한 법칙, 일을 쉬는 시간 그리고 어떠한 고객이 VIP인지 등을 파악할 수 있는 것은 회사의 진행에 좀 더 친숙해졌을 때 가능하므로 좀 더 인지할 수 있는 시간이 필요하다.

⑦ 사무실 안에서의 권위의 흐름을 설명하라.

⑧ 새로운 직원에게 명확한 직업 해설을 주고, 그들에게 기대되는 것을 확실하게 설명하라.

2) 직원의 배치

경영자가 당면하는 문제들 중의 하나가 직원들이 좀 더 생산적이고 행복해 하기 위하여 새로운 직원들을 어느 곳에 배치해야 하느냐의 문제이다. 많은 기업들이 직원들의 배치를 통합하는 특별하고, 간단하고 그러나 효과적인 기술을 개발했다. 이것은 간단한 문제를 묻는 것을 포함하는데, '당신이 가장 선호하는 휴가(혹은 음식점)를 말해 보시오.' 이 반응은 직책의 직원들이 좀 더 생산적일 수 있도록 경영자가 직원들을 배치하는데 도움을 줄 것이다.

3. 직원의 관리

경영자나 관리자에게 최선의 이정표는 하급자를 관리하고 리드하는 능력일 것이다. 훌륭한 관리 기술은 모든 업무에서 중요한 역할을 담당하는 것이며, 여행사 역시 예외는 없다. 당신은 어떻게 명령을 하고, 필요할 때 어떻게 교육을 수행시키고, 당신의 직원들을 어떻게 평가하는가를 배울 것이다.

제8장

여행업의 재무관리

제1절 여행업의 재무관리

1. 여행업의 재무결정과 재무관리의 목적

여행업의 재무관리는 여행업의 자금조달 및 운용에 관한 것으로서 이의 궁극적인 목표는 소유주 또는 주주들의 가치를 극대화시키는데 있다. 일반적으로 여행업의 재무기능이란 규범적인 측면에서 여행업의 재무담당자가 수행하여야 할 역할과 과제를 뜻한다. 재무담당자는 여행업경영과 자금시장 사이에서 중개인의 역할을 수행하며, 투자결정과 자금조정결정을 통한 자금의 관리를 담당하고 있다고 할 수 있다.

여행업 재무관리의 목표는 기업 즉, 여행업의 가치를 극대화하는 것이다. 여행업을 운영하기 위해서는 필요한 실물자산을 매입하거나 초기투자, 마케팅비용의 투자 등이 있어야 하고, 이러한 자산은 미래에 최초 투자된 것보다 더 많은 현금 유입을 가져온다고 기대할 수 있다. 여행사의 가치는 기본적으로 투자된 자산의 운영으로부터 생기는 현금유입에 의해 결정된다. 이 경우 현금유입은 장래의 일정기간에 걸쳐 발생하는 것이므로 그 현금흐름을 적정한 이자율로 할인함으로써 기업의 가치를 구할 수 있다. 다시 말하면, 여행사의 가치는 여행사의 운영으로부터 생기는 장래의 현금유입과 그 할인율이 주어질 경우 산술적 계산이 가능하다.

또한 재무의사결정은 여행사 내의 다른 의사결정과 밀접하게 연결되어 있다. 예를 들어, 마케팅부서에서 새로운 상품의 개발 및 촉진계획을 세우면 재무담당자는 이러한 계획을 수행하기 위한 자본지출의 평가를 행하고, 그 결과 기업의 미래 현금흐름에 미치는 영향을 고려하여야 하며 그에 따른 자금조달계획을 세워야 할 것이다.

2. 여행업 재무관리의 성격과 특징

1) 여행업의 현금순환

여행업을 비롯한 모든 기업은 일반적으로 인정된 회계원칙의 범위 내에서 경영자가 원하는 수준에서 당기순이익을 부풀리는 등의 방법으로 회계이익을 관리할 수 있다.

(1) 여행업의 매출과 수탁외형

여행업에 있어서 매출액의 대부분이 여행상품의 판매수수료라고 할 수 있다. 흔히 여행업의 매출액을 관광자가 지불한 관광경비의 총액이라고 생각하는 경우가 있으나, 여행업은 단지 관광을 알선하는 업을 영위하고 있는 것이다. 따라서 여행상품의 판매대금으로 수령한 관광경비는 여행상품 구성요소의 공급업체에게 관광자를 대신하여 그대로 다시 재지불되는 수탁외형의 금액이라고 할 수 있다. 그러나 고객으로부터 관광대금을 직접 수령하므로 실제로는 이 금액 전체를 운영할 수 있는 권한을 갖게 되는 것이다.

이렇게 고객으로부터 수령된 관광대금(수탁외형)은 여행상품과 관련된 부품공급업자에게 지불되고, 이에 대한 일정금액으로 알선수수료가 책정되는 것이며, 이것이 여행사의 주된 수입원인 것이다.

(2) 여행업의 현금순환과정

여행사의 영업활동은 기본적으로 판매로부터 시작된다고 할 수 있다. 여행상품의 판매는 관광자가 관광 중 받을 것으로 예상되는 서비스의 대가로 대부분 관광이 이루어지기 수일 전 혹은 수개월 전에 여행사에 지불하게 된다. 이렇게 여행사로 유입된 현금은 다시 여행상품의 부품제공업체인 항공사, 호텔, 식당, 운송관련업체, 보험사 등에 분배하게 되고, 각 부품제공업체는 해당 관광자에게 기대된 서비스를 제공하게 되는 것이다.

그림 8-1 여행사의 현금흐름

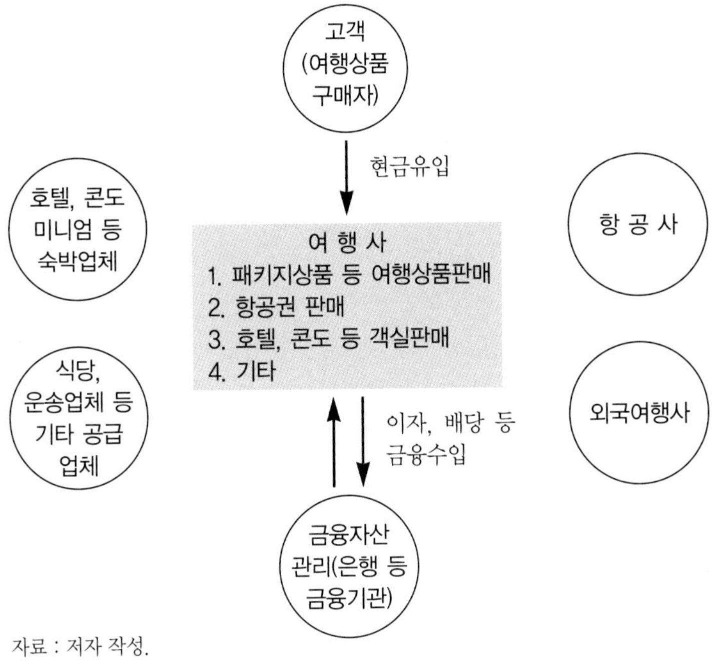

자료 : 저자 작성.

2) 지불시기와 자금활용

(1) 외상매입금의 지불시기

대부분의 관광자들은 관광개시 전 수일 혹은 수개월 전에 관광대금을 여행사에 지불하게 된다. 그러나 신용도를 확보한 대부분의 여행사는 관광자의 관광개시이후 이 금액을 부품제공업자에게 지불하게 되는데, 항공사에 지불하는 항공료는 BSP(Bank Settlement Plan)가입 기준으로 월 2회 반기보고일자에 약 12~18일 간격으로 지불하며, 외국의 현지 여행사에는 1~3개월 이후에 현금 혹은 어음으로 지불하게 된다. 따라서 대부분의 여행사의 경우 관광대금인 수탁외형금액을 15일에서 수개월간 자신의 관리 하에 둘 수 있으며, 이 기간 동안 이를 기업의 운영자금 혹은 투자자금으로 활용할 수 있는 것이다.

(2) 지불기간을 이용한 자금활용

여행업 현금순환과정에서 알아본 것처럼 여행업은 관광자로부터 수령한 관광대금을 다시 관광부품제공업자에게 지불하는 경우도 있으나 대부분의 경우 그간 거래한 신용을 바탕으로 관광개시일 이후 1개월에서 3개월 정도 후에 지불하는 것으로 계약을 채결한다. 따라서 여행업은 고객으로부터 관광대금을 관광개시 수일 전 혹은 수개월 전에 수령하여 대부분 이를 관광개시일 이후 15일에서 수개월 이후에 여행상품 부품제공업자에게 재지불하게 된다. 관광대금의 수금에서 재지불에 이르기까지의 기간 동안 여행사는 관광대금을 경영자금 혹은 투자자금으로 활용할 수 있는 것이다. 위에서 알아본 것처럼 여행사의 매출액은 관광 수수료 부분이다.

그러나 외래관광의 경우 우리나라에 관광자가 입국한 후 3개월 후에 관광대금을 외국의 여행사로부터 받기로 하였다면 국내여행사는 이미 관광부품제공업자에게 관련대금을 지불한 후 이에 상당한 금액을 이자없이 3개월 후에 외국의 여행사로부터 받게 되는 것이므로 해당기간 동안의 이자를 별도로 지불하게 되는 것이다.

3. 국내관광의 재무관리

1) 국내관광의 채권관리

여행사의 경영원칙은 현금거래와 선불거래에 의해서 운영된다. 여행사의 수수료율이 낮은 이유도 바로 다른 대부분의 산업이 갖지 못한 매력인 현금거래라는 데에서 발생한 것이다. 하지만 어떠한 산업이든 외상거래는 발생하기 마련이다. 국내관광의 채권은 주로 외상매출금에 의해 발생한다.

대부분의 여행상품 판매가 현금거래를 원칙으로 수행되지만 고정거래처나 혹은 여행사의 직원과 인간관계에 의한 단기간의 외상매출이 발생하는 사례가 대부분이다. 전세버스를 운영하는 업체에서는 정기수송계약에 의해 어음의 지급을 받는 경우도 있다.

국내여행업의 매출규모 자체가 낮기 때문에 외상매출의 금액도 낮아 별 위험성이 없게 느낄 수도 있지만 자본이 영세한 여행사의 입장에서는 작은 규모의 외상매출이 합산이 되면 그 액면이 커지게 되고 더구나 전세버스의 어음결제는 자금의 악순환을 유발하는 촉매와 같은 역할을 하고 있다.

2) 국내관광의 채무관리

국내관광의 채권관리에서 언급하였듯이 관광과 관련된 거래는 대부분 현금지급으로 이루어지지만 특별한 경우 외상거래도 이루어지고 있다. 국내여행사에서 외상거래가 주로 이루어지는 대상은 전세버스업체와의 거래, 제주지역 여행사(제주 대부분의 여행사는 육지로부터 주문을 받아 운영하는 랜드사 형식의 경영을 하고 있다)와의 계약에 의한 연간 외상거래가 대표적이다. 위의 경우 계약된 방식에 의해 연간으로 지급을 한다면 별다른 문제의 소지가 없고 오히려 외상을 하고 있는 여행사에서는 현금의 가동률이 높아 여러 가지 측면에서 유리한 것도 있지만 일정 기간의 미지급금은 적은 액수가 큰 액수가 되어 부실한 운영이나 자금압박으로 인해 정상적인 영업활동을 수행하지 못할 소지가 많다.

4. 국외관광의 재무관리

1) 국외관광의 채권관리

(1) 국외관광 채권의 종류와 성격

국외관광의 채권은 대부분 내국인과 관련되어 있다고 할 수 있다. 즉, 국외관광은 대부분 내국인들을 대상으로 영업활동이 이루어지고 있으므로 받아야 할 관광대금도 내국인과 관련이 있는 것이다. 국외관광의 채권은 국외관광과 관련된 패키지관광, 주문관광, 항공권, 철도승차권 및 관광사용권 등의 외상매출금이라고 할 수 있다. 이중 패키지관광이나 철도승차권, 매표대금 등은 보통 관광이 이루어지기 전에 관광자로부터 수금하는 것을 원칙으로 하고 있으므로 미수금으로 처리되는 경우가 거의 없다고 할 수 있다. 그러나 특정집단 혹은 일정 기간 거래를 지속해 온 개인이나 특정단체의 경우 항공권과 주문관광의 상품에서 외상매출금이 발생하게 된다.

이는 향후의 거래확보를 위하여 혹은 그 동안 거래의 방식이 관광개시일 이후 관광대금을 지불하는 것으로 하였을 경우 외상매출금이 발생되어지게 되는데, 이렇게 외상매출금이 발생하는 판매방법에는 주로 방문판매와 지인판매의 경우가 해당된다고 할 수 있다. 또한 평소 특정여행사와 거래가 없던 관광자가 여행사에 전화를 하거나 여행사를 방문하여 판매가 이루어 진 경우에는 외상거래가 있을 수 없으므로 관광개시일 이전에 관광대금이 모두 수금되어야 한다고 보아야 하겠다.

(2) 국외관광의 채권관리

국외관광의 외상매출금에 있어 관광자에게 적절한 관광서비스를 제공하고 관광대금을 수금하지 못할 경우, 이는 한 사람의 관광대금을 회수하지 못하게 되는 것이 아니라 다른 관광자로부터 발생되는 매출까지 손해를 보는 것이므로 채권관리에 각별한 주의를 기울여야 한다. 따라서 기획상품이나 패키지관광의 경우 반드시 관광개시일 이전에 관광대금이 완납될 수 있도록 관리하여야 하며, 항공권이나 주문관광의 경우에는 채권확보의 확실성이 보장되지 않는 한 관광개시일 이후에 대금을 회수하는 거래는 지양되어야 할 것이다.

특히, 관광대금을 회수하지 못하여 악성 미수가 발생하는 경우, 특정한 경우를 제외하고는 대부분 천만 원 미만 정도의 금액이 관광자 혹은 특정단체로부터 회수불가능한 상태가 되는데, 이러한 경우에는 소액재판이라는 편리한 제도의 민사재판을 통하여 관광대금을 회수한다 할지라도 이에 투여되는 법정비용과 노동력 등을 감안한다면 매우 비생산적인 영업방법이라고 할 수 있다. 따라서 다소 매력 있는 영업상의 거래처라 할지라도 반드시 외상매출금이 발생되어야 하는 거래처를 주요 영업대상으로 삼아서는 안 될 것이다.

2) 국외관광의 채무관리

(1) 국외관광 채무의 종류와 성격

국외관광의 채무는 주로 항공권의 발권, 외국여행사에 지불해야 하는 지상경비, 외국 철도승차권 및 선박승선권, 관광사용권 등으로부터 발생한다고 볼 수 있다. 그 외에도 경영자금이나 투자자금의 부족으로 인해 은행 등 금융기관이나 사채업자로부터 빌려 쓴 부채도 포함된다고 할 수 있으나 이는 직접적인 영업활동으로부터 발생한 채무가 아니므로 생략하기로 한다.

(2) 국외관광의 채무관리

국외관광의 채무에 있어 항공권의 지불은 대부분 BSP제도에 의해 은행에 지불되어지므로 정확한 기일에 지불되어질 수 있도록 관리하여야 한다. 또한 각종 매표대금도 계약에 명시된 지불일자에 정확히 지불되어야 여행사의 신용도를 유지할 수 있으며, 앞으로의 매표대리점관계를 원활히 지속시켜 나가는 데 도움이 된다고 할 수 있다.

3) 국외관광의 환율관리

우리나라는 변동환율제를 실시하고 있어 외국과의 거래를 우리나라의 화폐기준으로 하지 않는 한 국외영업을 수행하는 우리나라의 모든 기업들은 모두 환위험(Currency Risk)에 노출되어 있다. 특히 국외여행상품을 취급하는 여행사의 경우, 국내에서의 판매는 우리나라의 화폐를 기준으로 거래하고 있으나, 실제로는 원화로 수령한 금액의 대부분을 외국의 화폐로 지불해야 하므로 예기치 못한 환차손이나 환차익이 발생할 수 있다. 따라서 영업활동을 통해 판매되는 모든 상품은 최초의 영업수익 기대치와 상관없이 환율변동에 따라 실제 수익치는 변하게 된다.

제2절 여행업의 경영분석

경영분석은 전반적인 경영활동, 즉 생산, 판매, 재무 등 모든 경영활동의 효율성을 판단하기 위하여 수행되는 분석이다. 경영분석은 대차대조표나 손익계산서 등의 재무제표를 기준으로 기업의 재무상태와 경영성과를 분석하는데 초점을 맞추어 실시하는 재무제표분석과 재무제표 등의 회계자료는 물론 그 이외에 기업과 관련된 기타 모든 계량화된 자료들을 분석하여 경영의사결정에 유용한 정보를 제공하는 재무분석이 모두 포함되어 있으며, 또한 비계량적인 질적 자료 즉, 동일시장에서의 경쟁상태, 상품의 질, 경영자의 능력, 종사원의 능력 등 모든 자료의 분석을 종합적으로 수행하는 것이다.

1. 여행업 재무분석

여행업의 재무분석(Financial Analysis)은 여행사의 재무제표를 비롯한 회계자료와 기타 관련된 자료들을 기초로 하여 여행사의 과거와 현재의 경영성과 및 재무상태를 판단하고 그 원인을 규명하기 위한 분석이다. 또한 여행사의 재무분석은 여행사의 미래상태를 예측하여 경영의사결정에 유용한 정보를 제공하기 위한 분석이다. 종전의 재무분석은 주로 기업이 과거와 현재의 재무상태 및 경영성과를 분석하는 데에 중점을 두고 시행되었다. 그러나 최근에는 과거와 현재는 물론 이를 토대로 미래의 재무상태와 경영상태를 예측하는 데에 더 많은 관심을 두고 시행되고 있다.

1) 재무제표

재무제표는 기업의 영업실적이나 재무상태 등을 보고하기 위하여 작성된 표이다. 이는 재무분석의 기초자료로써 우리나라 기업회계기준에서는 대차대조표, 손익계산서, 이익잉여금처분계산서(또는 결손금처리계산서), 현금흐름표, 주기와 주석으로 한다고 규정하고 있다.

(1) 대차대조표

대차대조표(Balance Sheet : B/S)는 특정시점의 재무상태를 보고하는 정태적 재무제표로서 기업이 소유하고 있는 경제적 자원(자산), 그 경제적 자원에 대한 의무(부채) 및 소유주지분(자본)에 관한 정보를 제공한다. 기업의 재무상태는 자산, 부채, 자본의 3요소로 구분되어 있다.

대차대조표 등식 : 자산=부채+자본

대차대조표의 차변에 표시되어 있는 자산항목은 기업소유재산의 운용상태를 나타내고, 대변에 표시되어 있는 부채 및 자본항목은 기업의 자금조달상태를 나타낸다. 자산은 일반적으로 유동성이나 환금성의 정도에 따라 유동자산, 고정자산의 순서로 기록되며, 유동자산은 당좌자산과 재고자산, 고정자산은 투자자산, 유형자산 그리고 무형자산으로 구분되어 기록되어 진다. 부채는 기업이 부담하는 채무액을 나타내는데, 상환만기가 1년 이내에 도래하는 것은 유동부채, 상환만기가 1년 이후에 도래하는 것은 고정부채로 나타낸다. 자본은 납입자본금, 자본잉여금, 이익잉여금의 순으로 기록되며, 납입자본금의 경우 발행주식의 종류와 발행주식수도 함께 표시된다.

(2) 손익계산서

손익계산서(Income Statement)는 일정 기간의 기업 경영성과를 보고하는 동태적 재무제표로, 기업의 이익창출능력에 관한 정보와 경영자 수탁책임 및 경영성과에 관한 정보를 제공한다. 기업의 경영성과는 수익에서 비용을 차감하여 계산된다. 손익계산서에서는 여행사가 그 해에 판매한 상품의 매출이 표시되고, 일반관리비 및 판매비의 비용항목이 표시된다. 또한 고정이자와 법인세, 당기순이익, 유보이익 등이 표시되어 여행사의 당해 연도 경영성과를 알 수 있는 것이다.

손익계산서 등식
비용+이익=수익 또는 비용=수익+손실

손익계산서는 기간손익의 계산은 물론 회계정보의 이용자로 하여금 손익발생의 원인까지도 분석할 수 있도록 한다. 이와 같은 목적을 위하여 기업회계기준은 매출총이익, 영업이익, 경상이익, 법인세차감 전 순이익, 당기순이익으로 구분하여 표시하도록 규정하고 있다.

(3) 이익잉여금 처분계산서(결손금처리계산서)

이익잉여금 처분계산서(Statement of Retained Earnings)는 결산 후 주주총회의 승인을 얻어 확정된 당기말미처분이익잉여금과 그 처분액을 표시하는 회계보고서이다. 당기말미처분이익잉여금은 주주총회의 승인을 거쳐 처분될 잉여금을 말하는 데, 이는 전기의 회계처리과정에서 발생한 오류를 수정한 전기손익추정손익, 그리고 당기순이익의 합과 같다. 당기말미처분이익잉여금으로도 당기에 처분할 금액을 충당할 수 없는 경우에는, 배당평균적립금이나 별도적립금을 당기말미처분이익잉여금에 전입시켜 가산한 다음 이를 처분하게 된다. 한편 당해 연도에 결손이 발생한 경우에는 미처리결손금의 처리내역을 밝히는 결손금처리계산서를 작성한다.

(4) 현금 흐름표

현금 흐름표(Cash Flow Statement)는 일정기간 동안 기업의 영업활동 및 투자와 재무활동으로 인한 현금과 예금의 변동내용을 나타내는 동태적 보고서로서 대차대조표, 손익계산서, 이익잉여금 처분계산서와 더불어 기본재무제표 중의 하나이다. 현금흐름표는 기업의 경영활동에 따른 현금흐름을 영업활동으로 인한 현금흐름, 투자활동으로 인한 현금흐름, 재무활동으로 인한 현금흐름을 구분하여 표시하도록 되어 있다.

현금흐름표를 작성하는 이유는 현금흐름표의 현금과 손익계산서의 수익인식(실현주의 : 현금의 수취, 지출시점이 아니라 현금의 수입과 지출이 일어나게 하는 경제적 사건이 발생 시 발생사실에 따라 수익과 비용을 인식)에 시차가 발생하기 때문이다. 여행업의 경우 다른 업종보다 현금거래가 많으므로 매우 중요한 재무제표라 할 수 있다.

(5) 주기, 주석, 부속명세서

재무제표에 관한 내용 중 필요한 사항에 대해서 보충적으로 설명을 첨가하여 회계정보이용자에게 재무제표가 충분한 회계정보의 역할을 할 수 있도록 도와주는 것으로 주기, 주석 및 부속명세서가 있다.

주기(Parenthetical Disclosure)는 재무제표상의 해당 과목 다음에 그 회계사실의 내용을 간단한 문자 또는 숫자로 표시하여 설명하는 것이다.

주석(Foot Note)은 재무제표상의 해당과목 또는 금액에 기호나 번호를 붙이고 난외 또는 별지에 그에 해당하는 내용을 설명하는 것이다.

2) 재무분석의 의의

재무분석(Financial Analysis)은 기업의 재무제표를 비롯한 회계자료와 기타 관련된 자료들을 기초로 기업의 과거와 현재의 경영성과 및 재무상태를 판단하고 그 원인을 규명하기 위한 분석이다.

3) 재무분석의 목적

재무분석을 수행하는 주체는 기업의 현재와 미래의 재무상태와 경영성과에 관심을 가지고 있는 사람들이다. 이들은 기업 내에서 경영을 담당하고 있는 경영자일 수도 있으며, 기업외부의 이해관계자일 수도 있다.

2. 여행업 경영분석

여행업의 회계자료 분석으로 성장성 분석, 손익분기점 분석, 수익성 분석, 안정성 분석을 실시하고, 비회계자료 분석으로 업무운영능력 분석, 인사관리 분석, 광고활동 분석 등을 실시하여 분석결과에 대한 분석도표를 작성하여 여행사의 전반적인 경영활동, 즉 생산, 판매, 재무 등 모든 경영활동의 효율성을 판단하기 위한 자료로 설정해 보았다. 이는 여행사의 경영자에게 있어서 자사의 경영성과를 타사의 경영성과와 상대적인 비교를 가능하게 하는 기준치로 이용될 것으로 판단된다.

1) 성장성 분석

여행사는 기업의 능력이나 수익성에 관계없이 외형을 늘려갈 수 있다. 모든 기업이 마찬가지겠지만 특히 여행사의 경우에는 인적자원의 능력에 의해 매출액이 결정되기 때문에 수요의 존재만 파악되면 직원 수를 늘려서 간단하게 매출액을 증가시킬 수 있다. 그러므로 여행사의 경우에는 단순히 매출액 또는 영업수익을 성장성 분석의 지표로 사용할 것이 아니라 직원 1인당 매출액 또는 영업수익의 성장을 분석해야 할 것이다.

2) 손익분기점 분석

기업은 이익창출을 목적으로 운영되는 조직이므로 손익분기점(Break even Point)을 기준으로 이익이 발생되었는가의 여부는 매우 중요하다고 할 수 있다.

3) 수익성 분석

여행사 수익성 분석의 항목은 직원 1인당 매출액, 총비용 대 총수익비율 등이 있을 수 있다.

여행사의 수익구조에서 인건비는 매우 중요한 의미를 갖는다. 1차적으로 경영자는 인건비비율을 줄이는 것이 여행사경영의 핵심으로 이해할 수도 있다. 그러나 여행사의 인건비는 단순한 비용이 아니라 수익을 창출하기 위한 투자개념으로 이해되어야 하므로 투자를 무조건 줄이기보다는 투자의 효과를 증대시킬 수 있도록 하여야 하며 적재적소에 효율적으로 투자될 수 있도록 체계적인 관리가 요구된다.

인건비 분석은 전체 인건비를 종업원 수로 나누어 직원 1인당 매출액을 산출하고 매출액의 달성 정도를 통해 그 투자의 효율성 정도를 파악할 수 있다. 이때 직원 1인당 매출액에 대한 이상적인 표준을 구하기 위해서는 매출액에 대한 투입요소인 인적자원에 대한 분석이 함께 이루어져야 한다.

4) 안정성 분석

(1) 채권/채무 분석

여행사를 경영함에 있어 상품판매시의 영업수익이 일반적으로 10% 내외 정도에 머물고 있으므로 채권과 채무의 관리는 경영성과에 매우 큰 영향을 미친다고 할 수 있다. 즉, 관광자 1명에게 관광대금을 받지 못한 단순한 문제가 아니고 관광자 10명에게 별도의 대가없이 관광을 알선해 준 결과가 발생하여 기업의 기회비용까지 잃게 되는 것이다. 또한 채권과 채무의 관리는 적절한 관리여부에 따라 자본비용 혹은 이자비용을 대폭 절감시키고 더 나아가서 금융이익을 발생시킬 수 있는 매우 중요한 요소인 것이다.

(2) 운영비비율 분석

대부분의 여행사의 경우 월평균 운영비가 어느 정도의 규모로 지출되었는가 하는 것은 월 평균 어느 정도의 수익을 창출하였는가로 연결될 수 있다. 그러나 운영비용의 지출만큼 수익이 안정적으로 확보되어 있어야 자본잠식이 이루어지더라도 도산의 우려가 없다고 할 수 있다.

(3) 부채비율 분석

우리나라는 많은 종류의 부채를 갖고 경영활동을 수행하고 있다. 여행사의 부채에는 금융기관으로부터 차입된 부채, 외국의 여행사에 지불해야 하는 부채, 국내의 호텔, 교통운송업체, 식당 등에 지불해야 하는 부채 등이 있다. 여행상품의 일반적인 수익성이 10% 내외이고 우리나라의 금리부담이 이 이상인 점을 감안한다면 여행사에 있어 부채로 인한 이자비용의 부담은 상품의 수익성 부담을 능가하는 매우 치명적인 경영상 압박 요인이라고 할 수 있다. 따라서 부채의 관리는 경영성과에 직결되는 문제이므로 경영자는 부채로 인한 금융비용의 조절에 많은 노력을 기울여 안정적인 경영활동을 수행해야 할 것이다.

5) 업무운영능력 분석

일반적으로 여행사의 경영성과에 대하여 회계자료에 근거한 경영분석자료가 객관적 수치를 제공하는 자료라고 할 수 있으나, 인적자원의 가치나 서비스의 중요성이 가장 중요시되는 여행사 특유의 성격에 따라 기업의 미래가치와 무형자원의 가치를 고려해 볼 때, 비회계자료의 분석 또한 매우 중요한 분석기법이라고 할 수 있다. 특히 여행사에 있어서는 각 업무분야별로 업무운영능력은 경영성과에 직접적인 영향을 미치는 가장 중요한 요소라고 할 수 있다. 여행사의 업무운영능력은 여행사의 효율적인 경영활동에 바로 직결되는 영향을 미치며, 이는 영업수익의 증대와 경영성공에 가장 중요한 공헌을 하므로 경영자에게 있어서는 업무능력향상에 충분한 노력을 기울여야 할 것이다.

제9장 여행업의 고객관리

제1절 여행업 고객만족의 개념

오늘날의 여행업은 최근 몇 십 년 동안 가장 격렬한 경쟁시기에 직면하고 있다. 그리고 상황은 매년 악화되고 있다. 앞 장에서 오늘의 치열한 경쟁시장에서 성공하기 위해서는 여행사는 상품판매지향 사고방식으로부터 고객마케팅지향 사고방식으로 전환하지 않으면 안 된다는 점을 강조하였다. 본 장에서는 여행업의 고객을 어떻게 획득하고, 어떻게 타 경쟁사보다 더 나은 실적을 올리는가와 더불어 어떻게 고객관리를 해야 하는지에 대하여 상세하게 기술한다. 이에 대한 해답은 고객의 욕구에 대응하여 그것을 적절하게 충족시킨다는 마케팅 개념에서 찾아야 한다.

1. 고객가치의 창출

여행업이 성공하고 또한 존속해 나가기 위해서는 새로운 사고방식이 필요하다. 현재의 시장에서 성공을 거두려면 고객 본위이어야 한다. 다시 말하면, 여행업은 표적이 되는 고객에 대하여 보다 나은 가치를 제공하지 않으면 안 된다는 것이다. 단지 제품을 만들어내는 것뿐만 아니라, 고객을 확립하는데 있어서도 뛰어나야 한다. 여행업은 단순한 제품공학뿐만이 아니고, 시장공학(market engineering)에 관한 능력이 없어서는 안 된다.

2. 고객가치의 개념

고객가치란 고객이 특정 상품이나 서비스로부터 기대하는 여러 가지 혜택의 묶음과 그들이 지불하게 될 총비용 사이의 차이를 말한다. 일반적으로 여행사 경영자들은 여행상품 판매에 따른 이익계산은 잘 하지만, 고객의 가치에 대해서는 잘 알지 못하는 경향이 있다. 즉 고객을 단지 이익을 창출하는 판매대상으로 인식하는 것이다.

훌륭한 서비스는 한 명의 고객이 지속적인 수입을 보장하는 수익의 원천이라는 인식에서 비롯된다. 만족한 고객은 재구매를 통하여 지속적인 수입을 보장할 뿐만 아니라, 구전을 통하여 다른 고객들을 불러오기도 한다.

3. 고객충성도와 수익성

고객충성도는 여행사의 성패를 좌우하는 주춧돌이라고 할 수 있다. 고객의 충성도는 종업원과 공급업체의 충성도에 영향을 미칠 뿐만 아니라, 주주들의 투자를 유인하는데 영향을 미친다.

그러나 고객충성도의 중요성을 인식하고 있는 경영자는 많지 않은 것 같다. 단지 혁신적인 여행사의 경영자들만이 고객충성도와 관련하여 두 가지 정도의 관심을 갖고 있는데, 그 중 하나는 고객충성도가 매출액을 증가시키고 원가를 절감함으로써 어느 정도의 수익을 창출하는가에 대한 관심이고, 또 하나는 고객충성도를 높이기 위해서 무엇을 해야 하는가에 대해서이다.

고객충성도와 여행사의 수익성은 비례한다. 보험계약의 경우, 보험회사는 계약 후 3년이나 4년 이내에 판매비용을 회수하기가 어렵다. 외국의 경우, 피보험자가 그 이전에 보험계약을 취소하거나 전환하게 되면 손실을 보게 되는데, 이와 같은 사례는 다른 여행사의 경우에도 적용된다.

4. 고객만족의 개념

만족이란 최초의 기준과 최초의 선호점으로부터 지각의 차이로 인식된 질 또는 소비자들의 기대와 그들이 제공받는 것과의 차이이며, 고객만족은 현대의 고객지향적 마케팅 시대에서 마케팅의 궁극적인 목표의 하나라고 할 수 있다.

만족에는 크게 개인적 요소와 더불어 상품의 성격과 환경적 요소가 주요변수로써 작용하게 되는데 이러한 요인들이 만족도를 결정하는데 어떤 영향을 끼치는가를 규명하여 최종적으로 여행상품에 대한 고객만족도를 제고하는데 그 목적을 두고 있다.

여행상품에서 고객지향적인 개념은 고객의 관점으로부터 여행상품 구성요소의 검증을 필요로 한다. 다시 말하면, 여행상품은 항공기 좌석, 호텔 침대, 해변에서의 휴양 등과 같은 것이라기보다는 관광과 관련된 많은 요소들의 혼합이라고 하는 편이 좋을 것이다. 결국 모든 고객들은 여행상품의 여러 가지 다양한 구성요소들을 경험하는 것이다.

제2절 여행업의 고객유지

1. 고객 상실비용

새로운 고객과 사업자를 찾는 데만 전력을 한 나머지, 기존의 파트너들을 서운한 감정이 들게 한다는 것은 다 키워 놓은 어미 소를 쫓아 버리고 새로운 새끼를 찾아다니는 것과 다를 바가 없다. 열정적으로 움직이던 파트너들이 이 사업을 등지게 됐을 때, 과연 이를 인지하고 뼈아프게 반성하는 자신을 내가 알고 있었다면 그런 일은 일어나지도 않았겠지만, 누가 나의 제품에 등을 돌렸는지 모르는 상황에서 도대체 어떤 감회를 느낀다는 것이 가능한 것인가는 생각해 봐야 할 문제이다. 기존의 파트너들을 성공적으로 유지 · 관리하기 위해서는 다음과 같은 세 가지 요구조건을 충족해야 한다.

첫째, 여행업의 상품이 고객의 욕구를 얼마나 더 효과적으로 충족시켜 주는가를 고객이 이해해야 한다.

둘째, 여행업 상품의 특성과 기능에 대한 철저한 신뢰, 즉 상품을 안심하고 쓸 수 있다는 믿음이다.

셋째, 여행업 상품에 대해 고객이 느끼는 정적인 유대관계다. 고객이 상품에 대해 정감을 느끼고 애정을 지녀야 한다.

2. 관광자보호와 피해구제

1) 고객의 불평 · 불만 발생요인

아메리칸 익스프레스(American Express)의 조사에 의하면 불만족 고객의 96%는 불평 · 불만을 하지 않으며, 또 그러한 고객의 65~90%가 다시는 재구매하지 않고, 불평 · 불만고객의 54~70%는 여행사가 관심을 보임으로써 고객을 되찾을 수 있고, 불평 · 불만 고객의 95%는 그러한 문제들을 빨리 처리하면 다시 애호도를 보이며, 불쾌한 경험을 한 고객은 12명에게 그 내용을 말하지만, 즐거운 경험을 한 고객은 단지 3명에게 그들의 경험을 전한다고 한다. 또 현재 고객을 유지하는 비용보다 새로운 고객을 유치하는 데 5배의 비용이 더 많이 든다고 연구결과를 발표했다.

고객의 불평 · 불만이 발생했을 때 즉시 그 원인을 적극적으로 탐색 · 조사하여 해결책을 모색해야 하며, 해결책이 길면 길수록 고객이탈률이 높아지기 때문에 불평 · 불만을 해결할 수 있는 능력이 있으면 즉시 행동에 옮겨야 한다.

이러한 고객의 불평 · 불만을 합리적으로 처리하기 위해서는 다음의 6가지의 방법을 통해서 해결할 수 있다.

첫째, 방어적 태도를 취하지 않는 것이 좋다. 잘못된 서비스나 상품의 공급자가 자신이 아님을 항상 명심하고, 조직의 차원에서 불평을 해결하려고 노력해야지, 개인적으로 고객의 불평을 해결하려고 하지 않는 것이 좋다.

둘째, 문제가 무엇인지를 정확하게 파악하기 위해서 고객에게 확인해야 한다. 불평 · 불만을 처리하기 전에 가능한 한 모든 요인을 고려해야 한다.

셋째, 고객의 불평 · 불만을 인정하려는 자세를 가져야 한다. 그러한 상황에서는 고객이 옳든 잘못되었든 간에 고객의 감정을 받아들인다. "왜 당신이 화가 나신지 이해가 갑니다", "무엇 때문에 화가 나신지 이해가 갑니다" 등으로 고객의 화를 진정시킬 필요가 있다.

넷째, 고객의 입장을 이해할 수 있음을 재언급한다. 고객의 불평 · 불만에 귀를 기울이고 자신이 그 상황을 이해하고 있다는 것을 가능하면 많이 언급하도록 한다.

다섯째, 문제가 해결의 기미가 보이면 즉시 해결 가능성을 지적하라. 그리고 조화롭게 행동을 취하고, 상황을 조사하며, 즉시 고객에게 다시 보고한다.

여섯째, 해명 또는 사과문을 발송하고, 고객파일에 노트한다. 다시는 그러한 일이 재발생되지 않도록 미연의 방지시스템을 갖추어야 한다.

경영자는 고객이 불평을 하도록 어떤 제안시스템을 개발해야 한다. 어떤 문제가 발생하였을 경우, 수신자부담 전화를 고객 핫라인(hot line)으로 설치하는 것도 좋은 방법이다. 고객의 불평 · 불만 리스트를 만들어서 직원을 재교육시키고, 서비스 품질보증제도를 실시하여 고객이 더 많이 불평을 하도록 해야 한다.

2) 고객의 불평 · 불만 처리과정

고객의 불평 · 불만을 잘 관리하는 것은 고객의 입장에서 바라본 여행사의 상품, 서비스 및 여행사의 이미지를 개선시키는 방법이라고 규정하고 있으며 이 지침은 외부의 고객만족의 처리는 물론 조직에서 이루어지는 모든 실행의 개선을 위한 지침 역할을 제공할 것이다. 조직의 규모와 무관하게 고객불만의 적절한 관리는 시장의 창출과 유지에 필수 불가결한 사항이며, 고객불만을 활발하게 처리함으로써 고객으로부터 성실성과 제품의 인정을 받을 수 있는 제2의 기회가 주어질 수 있다.

3) 관광자 피해구제

(1) 피해구제의 개념

소비자 보호법 제3조「소비자의 기본적 권리」에서는 물품 및 용역의 사용 또는 이용으로 인하여 입은 피해에 대하여 신속 공정한 절차에 의하여 적절한 보상을 받을 권리가 있다고 나와 있다.

여행계약의 법적 규제법은 1980년대 후반부터 고객보호차원에서 관련된 연구들이 조금씩 시작되고 있으나, 아직은 초기단계에 불과하기 때문에 학설에 의한 법 이론이 제대로 형성되어 있지 못하다. 특히 고객과 여행업자와의 거래관계에서 발생하는 문제들은 사법의 법이론으로 해결해야 함에도 불구하고, 관광과 관련된 판례 또한 제대로 형성되어 있지 못하다.

이것은 지금까지 기획여행상품을 판매하는 여행업자의 명확하지 못한 법적 성질과, 만약 고객으로부터 신뢰를 상실하게 되면 기업이 존립할 수 없다는 위기감 때문에 실제로 피해를 입은 고객의 피해보상청구에 대해서는 선뜻 보상해 주는 등 법정으로까지 비화시키지 않으려는 경향이 지배적인데도 원인이 있다. 또한 그 동안 관광에 대한 국가의 입법정책이 관광의 진흥에만 노력했을 뿐, 이와 관련해 발생하는 문제를 해결하기 위한 방향제시나 법 정책을 소홀히 한데도 원인이 있다.

현재 우리나라는 여행상품 고객의 고충처리를 위한 법적 측면의 보호장치가 관광진흥법 제15조에 의한 보험가입 조항에 의해 고객의 피해보상을 위하여 여행업자가 보험, 공제 및 영업보증금에 가입하도록 되어 있으며, 고객의 피해보상기준이 되고 있는 것은 여행약관이라 볼 수 있다. 반면에 외국의 경우를 보면 일본, 영 · 미국 등 선진국에서는 여행계약 관련법을 마련하고 있을 뿐만 아니라, 1990년 6월 13일「패키지 여행에 관한 EC 준칙」을 채택하여 1993년부터 시행하고 있다.

(2) 피해구제 이론

관광자의 피해를 구제받는 방법에는 법적 피해구제와 법외적 피해구제로 나눌 수 있다.

❶ 법적 피해구제

가. 한국소비자보호원에 의한 피해구제

물품의 사용 및 용역의 이용으로 인한 피해를 경험한 고객뿐만 아니라, 소비자 단체, 국가, 지방단체, 고객으로부터 피해구제를 요구받은 사업자도 한국 소비자보호원에 그 처리의 의뢰가 가능하다. 소비자 보호원장은 당사자 주장이 사실인가를 조사하며, 당사자의 의견과 조사 및 시험, 검사결과, 관계법령, 관계공무원의 의견, 판례, 경제기획원 장관이 고시한「소비자 피해보상 규정」, 당사자의 과실유무 및 그 정도, 유사선례 등을 감안하여 당사자에게 합의를 권고하게 되는데 합의가 이루어지지 않을 때는 소비자 분쟁 조정위원회에 조정을 요청하게 된다.

나. 법원에 의한 피해구제

법원은 사업자가 제공하는 상품이나 용역으로 인하여 피해를 입은 고객이 마지막으로 호소할 수 있는 곳으로 당해 사업자를 상대로 법원에 소송을 제기하여 피해구제를 받을 수 있다.

❷ 법외적 피해구제

가. 사업자에 의한 피해구제

가장 일반적인 피해구제 방법으로 고객이 사업자로부터 구입한 상품이나 용역에 대하여 불만이 있거나, 재산 및 신체상의 피해를 입은 경우에 그 상품이나 용역의 제공자인 사업자가 피해를 보상하는 형식이다. 이러한 행위는 고객의 신뢰에 반하는 것으로써, 신뢰를 회복시킬 수 있는 어떤 방법으로든지 불만이 해소되어야 하고, 만약 소비자 피해가 발생된다면 사업자에게 그 상황에 따라 불법 행위에 대한 법률적 책임을 지게 된다.

나. 소비자 단체에 의한 피해 구제

전화, 서신 또는 방문하는 피해자로부터 불만이나 피해사례에 적절히 대처할 수 있는 상품 및 법률적 정보를 제공하고, 나아가서 당해 사업자로 하여금 자율적으로 고객 피해를 구제토록 유도하는 방법이다.

소비자 단체가 사업자의 자율 구제를 유도하는 과정에서 피해내용에 대한 전문적인 시험, 검사 또는 조사를 필요로 하거나 고객과 사업자간에 분쟁이 발생한 때에는, 그 처리를 소비자 보호법에 의하여 한국소비자보호원에 의뢰하여야 한다.

다. 행정기관에 의한 피해구제

소비자 보호행정을 통한 사전 예방적인 방법으로, 이 방법은 행정기관이 소비자보호법을 비롯한 각종 관련법에 규정된 법에 따라 사업자에게 구체적인 의무를 부과, 그러한 의무를 부과한 때에는 행정명령, 영업허가의 취소, 법령위반에 대한 처벌을 부과함으로써 소비자의 개별적 피해를 사전에 예방하는 방법이다.

(3) 우리나라의 관광자 피해구제 제도

현재 관광자 피해의 구제방법으로 이용되고 있는 방법으로는 보통 세 가지 형태를 들고 있다. 가장 일반적인 방법은 관광자가 여행사를 상대로 직접 피해구제를 요청함으로써 피해구제를 받는 상호 교섭에 의한 방법과 관광자가 행정부에 구제를 의뢰함으로써 행정기관 등에 의하여 피해구제를 받는 방법, 그리고 사법기관에 소송을 의뢰하는 사법적 구제방법이 있다.

❶ 상호 교섭에 의한 방법

상호교섭에 의한 방법은 가장 많이 이용되고 있는 방법으로써 소비자피해는 소비자와 사업자 사이에 상호교섭에 의하여 원만하게 해결되는 것이 가장 바람직하다. 여행사 측은 고객의 불만 내지 분쟁해결의 책임이 있기 때문에 고객불만에 대응하여 원활한 처리를 위해서 고객상담실 등의 고객불만접수 및 처리기구를 갖추어야 한다. 이 방법은 소액일 경우의 처리에 많이 이용된다. 이때 손해배상의 사건은 민사에 의한 처리가 합당하나, 여행상품이 소액의 다발피해인 경우 그 소송절차가 번거롭고 소송에 의한 비용이 더 많기 때문에 한국소비자보호원이나 유관기관에 의한 조정의 필요성이 생긴다.

❷ 행정기관에 의한 방법

행정기관에 의한 불만 및 피해구제는 시민생활의 실정에 적합한 형태로써 원활하면서도 효과적인 구제를 도모할 수 있다. 소비자피해는 사후구제도 중요하지만, 소비자피해를 사전에 예방하는 것이 훨씬 중요하다. 여행상품의 경우 여행사나 고객의 활동범위가 해당행정 관할구역을 벗어나서 이루어지는 경우가 많으므로 무형적 상황의 정밀한 조사나 책임소재의 불명확성을 내포할 수가 있다. 또한 각 여행상품의 구성요소의 다양성으로 인하여 고객과 여행사뿐만 아니라 숙박업소, 교통기관, 관광 · 여가시설 운영업자에 이르기까지 범위가 넓다는 문제를 안고 있다.

(4) 여행사의 관광자 피해구제 개선방안

여행사 · 고객 · 행정관청 등 각 부문별 개선방안을 제시하면 다음과 같다.

첫째, 여행사 관리업무의 개선으로 고객에게 여행조건 · 상품내용에 대한 충분한 사전설명으로 고객불만의 사전방지, 지나친 가격경쟁을 지양하고 합리적인 조건의 상품 기획, 여행계약 체결 시 약관확인 및 계약서 교부관행 정착, 변경사항 및 문제점 발생 시 사전통보체제 구축, 여행업 표준약관의 미비점 보완 등이다.

둘째, 관광자의 여행상품 구입관행 개선으로서 여행상품 선택 시 여행조건에 대한 충분한 검토 및 사전지식 습득, 예약 시 여행 약관의 확인 및 계약서의 수령, 재창조를 위한 여가선용의 활용(퇴폐관광, 과소비 지양) 등이다.

셋째, 행정관청의 관리 · 감독활동 강화로서 여행사의 지나친 영세성 방지를 위한 여행사 설립자격요건의 강화, 여행상품의 덤핑, 가격경쟁방지를 위한 제도적 장치 마련 등이다.

3) 여행사관련 불평 · 불만 현황분석

(1) 불평현황

여행사의 피해보상기구 설치에 관하여는 1986년 경제기획원 제7차 소비자보호위원회 의결사항으로써 적정 규모의 기구를 설치하거나 기존 조직 중에서 담당하도록 하고 있다. 1997년 6월 30일 이래로 내 · 외국인 고객 수요가 점점 많아짐에 따라 관광불편신고센터가 설치 · 운영되고 있으며 한국일반여행업협회는 일반여행사에 관련된 사항을 담당하고, 한국관광공사는 전화 · 면담신고 사항 중 신고인이 출국 이전에 조치를 요하는 사항을 소관하며, 한국관광협회중앙회는 관광사진업 등 관광편의시설업에 관련된 사항을 소관하도록 규정하고 있다. 하지만 관광자 불평에 대한 처리소관기구를 면밀히 검토해보면 국외여행사나 국내여행사를 소관할 담당기관이 명확히 규정되어 있지 않다.

제2절 여행업의 고객관리

1. 여행업의 고객관계관리

고객관계관리(CRM ; Customer Relationship Management)는 고객의 행동양식에 대한 깊은 이해를 바탕으로 기업 경영의 질을 높이기 위한 전략, 조직, 프로세스 및 기술상의 변화과정을 의미한다. 따라서 여행사는 CRM을 통해 고객에 대한 정보를 수집하고 수집된 정보를 효과적으로 활용해 매출과 수익을 증대시킬 수 있다. 매출증대는 기존 고객의 유지 · 관리, 기존 고객으로부터의 수익성 증대, 수익성이 높은 신규 고객 확보를 통해 달성된다. 비용절감은 고객을 과학적으로 분석, 마케팅 활동을 효율적으로 수행함으로써 이루어진다.

여행사의 고객관계관리(CRM)는 단계적으로 도입해야 한다. 고객확보, 고객유지, 그리고 전략적인 고객관리가 그것이다. 첫째, 고객확보 단계는 말 그대로 여행사가 고객 확보에만 신경 쓰는 상황이다. 이런 단계의 여행사들은 고객유치에만 관심을 기울일 뿐, 고객을 어떻게 지켜 나갈 지에는 별 관심이 없다. 둘째, 고객유지 단계는 여행사가 고객 확보에서 한 걸음 나아가 고객과의 관계형성 그리고 고객을 어떻게 대하고 고객들과의 비즈니스를 어떻게 할 것인지에 관심을 기울인다. 마지막으로 전략적 고객관리 단계는 여행사가 고객을 자산으로 보고 전략을 수립 시행한다. 고객을 세분화시킨 다음 그에 맞도록 고객을 분류해 여행상품정보를 고객에게 보낸다면 이에 속한다고 할 수 있다.

제10장

여행상품의 품질관리

제1절 여행상품의 이해

1. 관광상품의 개념

관광상품이란 관광기업이 관광자의 욕구를 유발시키고 충족시켜 줄 관광대상을 바탕으로 각종 서비스를 제공하는 유 · 무형의 상품을 말한다. 즉, 관광기업이 제공하는 재화, 서비스, 정보를 관광자(고객, 소비자)에게 판매하는 것을 말한다. 관광상품을 필요로 하는 관광자는 시간적 · 경제적 · 환경적 비용을 지불해야 한다. 상품을 생산한다고 하면 이는 상품을 필요로 하는 개인 또는 단체의 욕구에 부응하여 수익을 얻기 위한 것이라 하겠다.

기타 관광상품으로는 사진, 박물관, 극장 및 오페라, 각종 관광지, 민속 · 문화 · 제도 · 풍습 · 환경 · 인종 · 기후 등과 각종 위락(Recreation)시설 및 스포츠 시설 등을 말한다. 똑같은 상품도 여행사의 아이디어에 의하여 상품화하여 판매하는 것은 특별히 여행상품이라고 사용하고 있다. 다시 말하면 관광자 측면에서 상품이라고 생각하여 시간적 · 경제적 비용을 지불하면 모두 관광상품이 되는 것이다.

2. 여행상품의 개념

여행상품이란 여행사에서 판매하는 모든 상품이라고 할 수 있다. 즉, 여행상품이란 여행사에서 생산 · 판매하는 상품과 여행사에서 판매하는 관광관련업체의 사용권으로서 여행사의 아이디어에 의하여 사전에 여행자의 욕구나 경제성 등을 고려하여 숙박시설과 교통기관, 관광대상 등을 구매하여 상품화한 것이다.

3. 여행상품의 구성요소

여행상품은 관광관련업체(principal)에서 공급해 주는 일체의 재화와 서비스들로 결합되어 있다. 따라서 여행상품은 관광자의 욕구를 충족시킬 수 있도록 상품의 다양하고 이질적인 요소들을 한 가지 목적을 위한 구성체로 이루어져야 그 가치의 효용이 있다고 할 수 있다.

여행상품의 구성요소와 그 조합은 보다 중요한 역할을 차지하게 되었고, 각 요소와 요소수준의 결합에 따라 여행상품의 성격과 품질이 상이해지고, 이에 따라 관광자의 만족도 달라진다.

여행상품의 구성요소에 대해서는 많은 학자들의 논의가 있었다. 모리타니 여행기업에서는 관광서류 · 교통기관 · 음식 · 숙박 · 목적지 등 5가지를 들고 있으며, 메들릭(Medlik)은 첫째, 관광자의 마음속에 있는 이미지를 포함한 관광자원들이고 둘째, 숙박시설 · 식당 · 오락시설을 포함한 관광지의 시설이며, 셋째, 교통수단을 포함한 대상지의 접근성이라고 하였다.

따라서 여행상품의 구성요소는 교통수단, 숙박기관, 음식, 쇼핑, 관광지, 관광안내원, 관광보험, 연결체계, 관광자원, 관광정보 및 서비스, 관광대상, 관광객 이용시설과 편의시설 등 아주 많은 요소를 포함하고 있다. 구체적으로 설명하면 관광정보는 여행사가 제공하는 브로슈어와 인터넷사이트 등이며, 관광서비스는 관광상담, 관광안내, 수속대행서비스이며, 관광대상은 관광목적지, 문화, 각종 행사, 스포츠 등과 같은 유 · 무형의 관광자원이며, 관광객이용시설은 순수한 이용시설과 관광쇼핑대상으로 공예품 · 특산물 · 토산품 · 주류 · 담배 등과 같은 기념품 판매업소를 말한다.

이와 같이 여행상품의 구성요소에 대한 여러 학자들의 주장을 살펴보면 공통적으로 교통수단 · 숙박시설 · 식음료시설 및 관광지와 관광매력물을 들고 있으며, 이외에 지원시설, 알선 및 수속대행과 안내 등의 부대적인 관광서비스, 관광객편의시설 등을 구성요소로 제시하고 있다.

4. 여행상품의 특성

1) 무형성

여행상품은 눈에 보이지 않는 무형상품으로써, 점포에서 손으로 만져 볼 수도 없고, 시험해 볼 수도 없다. 따라서 팜플렛의 기재사항이나 판매원의 설명 이상의 것을 알아볼 수가 없고, 최종적인 효용은 소비한 다음이 아니면 판명되지 않는다. 이러한 무형성의 특성으로 인하여 여행상품을 이용하는 고객은 다양한 경로를 통해 여행상품에 대한 정보를 입수하고 그 상품을 선택해야 하며, 비교적 자신이 생각한 부분과 여행상품의 내용이 만족함으로써 일차적인 만족감을 느낄 수가 있다.

2) 모방의 용이성

여행상품은 여행시설업자들로부터 단일상품을 제공받아 조립 · 구성하는 복합상품이므로, 여행상품의 노하우(know how)가 아이디어(idea), 경영시스템 등의 운영기술이 대부분으로, 이에 대한 제도적 보호조치가 확립되어 있지 않다는 점도 하나의 문제점으로 지적된다. 여행상품은 그 이용시설에 있어 일정한 유사성을 가지는 것은 어쩌면 당연한 것이지만 유사성과 모방은 엄연한 차이가 있다. 현행 국내 · 외 여행상품은 요금 등만 약간 변형된 채 특정 여행사의 상품이 출발에서 도착까지 불과 1~2일 만에 모방되는 등 그 모방성의 속도가 하루가 다르게 변화고 있는 현실이다.

최근 여행업계에서 요구되고 있는 여행상품인증제도는 이러한 연유에서 시작되었다 할 수 있다. 여행상품인증제는 우선 여행상품을 배타적으로 인정하는 데는 한계가 있지만 사업자 단체 내에 '여행상품 인증기구'를 설치해 이 기구에서 신상품의 심의와 배타적 권리 보장, 유사 상품의 제재를 해 나가면 된다는 입장이다. 여행업계에서는 여행상품 인증제의 도입을 통해 인 · 아웃바운드와 국내관광 전 분야에 만연된 상품모방과 이로 인한 저가여행상품 판매 경쟁, 소비자 피해, 수익률 저하 등 악순환의 고리를 끊을 수 있는 계기가 되길 기대하고 있다. 다시 말해서, 각 여행사에서 각고의 노력 끝에 탄생된 하나의 여행상품을 불과 일주일도 안 되어서 타 여행사에서 도용하는 피해를 줄이고자 하는 노력의 일환일 것이다.

3) 재고의 불가능(소멸성)

여행상품의 부분을 형성하는 숙박시설의 객실이나 운송기관의 좌석 등은 저장할 수가 없다. 소정일시에 소비하지 않으면 소멸해 버린다. 소멸성은 동시성과 관련이 깊은 것으로, 이러한 소멸성을 극복하기 위하여 예약을 중시하며, 사전예약에 대해 각종의 특혜를 제공하거나 또는 여행업자 간의 각종 협조체제를 구축하여 소멸성에 따른 위험부담을 최소화하는 정책을 쓰고 있다.

4) 수요의 계절성

여행상품의 계절성은 여행수요의 연중 특정시기의 편중성을 의미한다. 또한 계절성이 일반적으로 기상조건에 따라 영향을 받는 여행상품을 의미하지만, 요일 또는 하루의 시간대에 따른 여행상품 수요의 편중성을 의미하기도 한다. 여행상품은 계절성에 따라 성수기(On-Season)와 비수기(Off-Season)가 발생하게 된다.

5) 생산과 소비의 동시성

생산과 소비의 동시성으로서, 여행상품의 판매가 먼저 이루어진 후, 생산과 소비가 동시에 이루어진다.

6) 주관성

여행상품의 평가는 체험을 전제로 하는 관계로 객관적이고 상식적인 평가가 이루어질 수 없다. 똑같은 여행상품을 구입하거나 곧 동일한 일정의 관광이라도 고객의 욕구와 감정 상태에 따라 그 효용과 가치가 달라진다. 따라서 관광자의 즐거움과 불쾌라는 문제가 상품평가의 기준이 되고, 고객이 여행상품을 소비할 때의 감정 상태나 기후 등에 의해 상품만족도가 좌우될 수 있다는 것을 의미한다.

7) 저렴성

여행상품의 소재를 제공하는 교통기관이나 숙박시설 등은 거액의 설비투자가 필요하지만, 이러한 소재들을 조립하여 여행상품을 생산하는 여행업은 여행상품의 조립에 설비투자가 적게 소요되는 것이 특성이다.

8) 상품의 유사성

여행상품의 구성요소들인 자원은 정해진 공간 내에서 한정되어 있다. 어떤 특정한 지역을 여행할 경우 교통수단이 다양하지 않고 숙박시설 또한 다양하지 않으며, 볼거리(관광자원) 또한 다양하지 않는다면 그 여행상품은 크게 차별화를 이룰 수가 없다. 따라서 이러한 여행상품의 유사성 때문에 각 여행업체에서 상품을 개발하더라도 차별화가 현실적으로 어려운 실정이며, 이러한 문제점을 해결하기 위해서 상품개발에 많은 어려움을 겪고 있는 것이다.

비록 여행상품의 차별화에 한계가 있다고는 하지만 자사의 독특한 상품개발에 심혈을 기울이지 않고 인기 있는 여행상품만을 모방해서 시장에 출시한다면 결국 그 여행사는 경쟁력을 잃게 되는 것은 당연한 일일 것이다. 차별화를 위해서 자사만의 독특한 이벤트가 마련되어야 하며 상품개발의 시작이라고 할 수 있는 아이디어 구상에서부터 보다 넓고 먼 시야를 견지하여 상품개발에 부단히 노력해야 할 것이다.

9) 배송의 편리성

여행상품의 실질적인 내용은 정보이기 때문에 배송은 다른 상품과는 달리 정보전달이 주가 된다. 그렇기 때문에 컴퓨터가 앞으로 더욱 큰 역할을 담당할 것이다.

5. 여행상품의 분류

여행상품은 여러 학자의 관점에 따라 여러 형태로 나타나고 있으며, 관광목적, 관광규모, 관광기획자, 관광경비, 교통기관, 판매형태, 관광형태 등의 분류기준에 따라 여러 가지로 분류될 수 있다.

표 10-1 여행상품의 분류

분류 방법	분류 내용
기본 분류	국내여행상품, 국외여행상품, 외국인여행상품
참가형태에 따른 분류	단체조직형 상품, 개인참가형 상품, FIT형 상품
참가규모에 따른 분류	개인여행상품(FIT), 단체여행상품(GIT)
판매시장에 따른 분류	일반모집형 상품, 인센티브형 상품, 유연단체형 상품, 통신판매형 상품
기획주최자에 따른 분류	기획여행상품, 공동주최상품, 주문여행상품
관광목적에 따른 분류	순수여행상품, 겸목적여행상품
관광형태에 따른 분류	패키지여행상품, 시리즈투어상품, 유람선여행상품, 회의여행상품, 전세여행상품, 보상여행상품, 이벤트여행상품, 선택(임의)여행상품, Fam Tour 상품
체류형태에 따른 분류	주유형 상품, 체재형 상품, 개방형 상품
참가자층에 따른 분류	신혼여행상품, 중년여행상품, 노인여행상품

자료 : 윤대순, 2015 : 492

6. 상품수명 주기

어떠한 상품이든 간에 수명주기(life cycle)에는 장 · 단이 있고, 여행상품화 계획에 있어 가중 중요한 것 중의 하나가 여행상품의 수명주기를 정확하게 파악하는 것이라 하겠다. 그 이유는 상품수익성의 관점에서 여행시장 수요의 변화와 이익곡선의 추이를 나타내는 중요한 척도기준이 될 뿐만 아니라 여행상품의 새로운 개발과 기존여행상품의 개량 또는 기존상품의 신용도 개척의 적시성과 여행상품계획의 방향설정에 유효하기 때문이다.

1) 도입기

일반적으로 이 시기에는 여행상품에 대한 수요 · 인지도 · 수용도가 매우 낮아 관광자의 저항력이 매우 강하기 때문에 적극적인 판매촉진활동이 이루어져야 한다. 즉, 여행상품 설명회, 전시회, 경품제공, 할인쿠폰 등 강력한 판촉활동을 통해서 관광자의 선택적인 수요보다는 기본적인 수요에 접근해야 한다. 따라서 판매촉진비용이 많이 소요되지만, 매출액은 크게 증가하지는 못하고, 경쟁상품이 매우 적기 때문에 장기적인 투자를 해야 한다. 따라서 촉진활동을 강화하고 유통경로에 자금을 투입하여 여행상품가격이 다소 높더라도 상품의 특성을 부각시켜 초기 구매자의 욕구를 자극시킴으로써 새로운 고객을 확보한다. 또한 여행시장 조사를 통해서 관광자의 욕구와 필요를 정확하게 인식하여 여행상품의 포지셔닝을 조정하고 미리 틈새시장을 발굴하는 데 노력한다.

도입기에서 여행상품의 가격결정방법은 시장스키밍 가격결정방법과 시장침투 가격결정방법을 가장 많이 사용하고 있다. 시장스키밍 가격결정방법은 여행상품의 가격을 높게 책정하여 고소득시장을 표적고객으로 한다. 이러한 여행상품은 크루즈여행상품, 이벤트여행상품 등으로 높은 가격으로 시장에 진입했다가 경쟁여행상품이 출시되면 가격을 다시 낮추는 형태로 판매된다.

시장침투 가격결정방법 또한 새로운 시장 진입 시 사용되는 방법으로 초저가전략을 설정하여 적극적인 판매촉진활동을 하여 단기간에 판매량을 증가시킴으로써 원가를 낮출 수 있지만, 수요를 정확하게 예측하지 못한 경우에는 막대한 손실을 입을 수도 있다.

2) 성장기

이 시기에는 수요량이 급속히 증가하고 경쟁상품도 증가하지만, 이익은 상승하게 된다. 소요비용도 점차 감소하며, 상품가격도 도입기에 비해서 점점 저렴하게 되며, 상품의 차별화와 브랜드의 중요성을 부각시키고, 기본적 수요보다는 선택적 수요를 자극시키는 데 주력하게 된다.

경쟁사뿐만 아니라 자사의 판매량이 급속하게 증가하여 여행상품에 대한 만족도가 아주 클 경우 반복구매와 여행상품사용자들의 긍정적인 구전효과를 통해서 새로운 수요가 급속하게 창출될 수도 있다.

그러나 경쟁사가 인기 있는 여행상품을 모방하여 새롭게 개량된 여행상품을 출시할 경우 여행사간 경쟁이 심하게 일어날 수도 있기 때문에 고객대응전략을 미리 이 시기에 준비해야 할 필요성이 있다.

이 시기의 마케팅전략의 목표는 브랜드 선호도(brand loyalty)가 높은 고객들과 중간도매상을 유지하고 구축하는 방향으로 이동하게 되는데, 여행상품의 품질을 개선하고 관광서비스 특성이나 요소를 추가하며, 새로운 목표시장을 구축하고 새로운 유통경로를 이용하기도 하며, 가격에 민감한 관광자를 위해서 가격을 인하하고, 광고전략도 서비스 인지에서 구매유도로 전환해야 한다.

3) 성숙기

이 시기는 새로운 경쟁상품의 등장과 고객욕구의 변화로 인해서 수요의 감소가 서서히 발생되는 단계이기 때문에 판매촉진활동의 예산부분을 확대하기보다는 메시지 작성, 광고시점, 광고의 슬로건 등을 적절히 변화시키는 방법을 연구하며, 각종 지출비용에 대한 강력한 통제로 비용절감에도 노력을 해야 한다.

수요량뿐만 아니라 이익도 감소하게 때문에 여행사의 상표선호도가 아주 중요한 역할을 한다. 예를 들어 A여행사가 생산하는 여행상품은 품질뿐만 아니라 가격경쟁력도 갖추고 있다는 이미지가 널리 인식되어 있다고 하면, A여행사가 신상품을 개발하여 판매할 경우 고객들은 여행사의 이미지를 그대로 받아들여 가격이 저렴할 뿐만 아니라 서비스도 아주 훌륭한 상품이라고 인지하게 된다. 이러한 상표확장을 통해서 광고비는 물론이고, 판매촉진활동에도 상당한 시간이 절감될 수 있다.

4) 쇠퇴기

거의 대부분의 상품은 결국 판매량이 감소하게 된다. 이처럼 기존상품의 판매량이 감소하는 이유는 기술의 발전, 소비자취향의 변화, 심화된 경쟁 등 때문에 나타난다. 경쟁력이 없는 기업은 시장에서 철수하기 시작하고, 나머지 기업들도 공급하던 상품을 점차 줄이기 시작한다.

제2절 여행상품의 생산

일반적으로 여행업은 관광자와 관광관련사업자와의 사이에서 수수료를 받고 예약, 수배, 알선 등의 서비스를 제공하는 업을 말한다. 작금의 여행사는 최초의 여행사라 일컫는 Thomas Cook의 경우에서와 같이 교통기관과 고객 사이에서의 단순한 알선업무만을 수행하는 것이 아니라, 관광관련사업자의 사용권(Principle)에 대한 가격할인을 유도하고, 고객들에게 구입의 편안함과 관광의 안전을 납득시켜 새로운 서비스상품을 제시하여 판매하는 것이다.

일반적으로 여행상품을 생산하고 판매하는 업자를 Tour Operator라 부르며, Tour Operator라 할지라도 항공, 호텔 등 여행상품의 주요부분은 여행사 자신이 배열하지만 현지의 버스, 식사, 안내원, 공항수속 등은 Land Operator에게 일관하여 주문하는 일이 일반적인 예이다.

1. 여행상품의 기획

여행사의 상품기획업무에는 여행상품의 설정방침을 정하고, 관련시설업자와의 교섭을 행하여 판매가격의 결정과 선전활동을 전개하는 업무가 포함되는데, 그런 점에서 이 업무는 여행상품조성에 있어 두뇌역할을 수행한다고 할 수 있다.

여행사에 따라서는 사입과 수배업무도 포함되는 경우가 있으나, 기본적으로는 연간 예산을 토대로 상품계획 · 사입계획 · 판매계획을 수립하는 것이 일반적이다. 여기서 사입계획이란 상품계획과 동일한 의미로 활용되고 있으나, 사실 그 기본업무는 상품계획에 기초하여 항공좌석과 호텔객실을 사입하는 일이다. 그런 점에서 항공좌석과 호텔객실은 관광에 있어서 가장 중요한 두 기틀이 되고, 따라서 사입업무의 중심도 자연히 이 양자를 어떻게 효율적으로 확보하느냐에 두게 된다.

새로운 상품을 개발하는 경로를 살펴보면 다음과 같다.

① 수요자의 장래의 욕구를 예측하고

② 많은 Idea 중에서 열 개를 추려 내어

③ 추려낸 Idea 중에서 실천 가능한 것을 고르고 그것을 평가하여 순서를 정한다.

④ 선별된 Idea를 가지고 상세한 상품계획서를 만든다.

⑤ 상품계획서에 따라 만든 Model을 가지고 실제로 실험해 보고 결과를 검토한다.

⑥ 몇 차례의 Test를 거쳐 수정, 정리한 최종 계획서를 만들고 그에 따라 상품을 만들어 판매에 들어간다.

장래의 욕구는 예측이 결코 불가능하지는 않을 것이다. 이 단계에서 채산성이나, 실천상의 난점 같은 것을 고려하여 어떻게 하면 수요자들에게 어필하겠는가, 잠재적 수요를 끌어낼 만큼 상품으로서 매력이 있는가를 생각한다. 상품으로서의 장래성, 채산성, 실천가능성, 상품의 수명, 기업수지의 기여도까지 세밀히 검토되어야 한다.

1) 여행일정기획

(1) 항공요금결정

관광일정은 항공요금과 관련하여 계획되어야 한다. 항공요금의 높고 낮음에 따라 여행상품 가격이 차이가 있을 뿐만 아니라 전체 관광일정에 변화가 생길 수도 있기 때문이다. 관광일정 기획은 이러한 항공요금의 촉진가격에 관하여 사전에 잘 알고 이점과 단점에 따라 여행상품을 개발해야 한다.

(2) 지상관광결정

항공요금과 비행스케줄이 결정되면 그 다음으로 현지에서의 관광일정을 결정해야 한다. 특정지역에 대한 항공기의 결항과 지연에 따라 지상관광의 대체, 변화 등에 관한 계획까지 행해져야 한다. 또한 관광일정계획에 정해진 Motor Coach 서비스를 포함하고 있다면 Coach가 출발하는 지점을 아는 것도 중요하다. 예컨대, 스위스에 본거지를 둔 버스회사로부터 유럽에서의 랜드투어를 위해 Motor Coach를 이용하는 계획을 세운다면, 암스테르담까지의 항공료에 대한 절약이 Motor Coach의 무료차지에 의해 취소될지도 모르는 것이다.

2) 관광일정표의 작성

(1) 관광일정의 조화

관광일정의 조화 원칙에 근거하여 작성되어야 함은 즐겁고, 편안하게 관광할 수 있는 관광의 목적 중 하나와 일치하는 것이다. 예컨대, 새벽 1시에 호텔에 도착한 이후에 곧바로 그들을 관광시킨다면 관광의 효과를 반감시킬 수 있는 여지가 있다. 개별관광자의 Cafe 방문, 쇼핑, 이 · 미용실 이용 등의 개인시간의 여유가 있는 관광일정작성이 필요한 것이다. 전체적인 관광일정의 스케줄 조화, 즉, 오전 중에 관광과 야간에 특별행사가 기획되었다면 오후 내에는 개인시간을 제공할 수 있는 등의 스케줄의 조화가 필요하다.

(2) 관광일정의 균형

관광일정의 균형은 관광자의 관광만족을 증대시키는 요인이 된다. 이것은 관광의 질을 더 높여 주는 효과로서 작용한다. 예컨대, 연수관광이라고 하여 특정부분의 연수만 행해지는 것보다 오전에 연수, 오후에는 연수와는 다른 이벤트나 Optional Tour와 같은 행사를 계획하는 등의 특정 여행상품의 균형을 원칙으로 해야 한다.

(3) 적절한 저녁시간 활용일정

관광자들에게 저녁시간 동안의 Optional Tour는 조심스럽게 계획해야 할 부분이다. 관광자의 성격을 파악하고 Optional Tour를 계획해야 한다. 그러나 Optional Tour를 실시하는 도중에는 비용부담이나 소요되는 일이 없도록 해야 한다.

(4) 한 호텔 숙박

호텔숙박이 매일 바뀌면 관광자에게 있어서는 고달픈 관광이 될 수 있다. 관광일정을 작성하는데 있어서는 원칙적으로 한 호텔에서 숙박할 수 있는 것을 원칙으로 해야 하며, 그러하지 못할 경우에는 사전에 충분히 관광자들에게 정보를 제공하고 이해시켜야 한다.

(5) 관광 첫 날과 마지막 날의 계획

관광의 첫날과 마지막 날은 관광자의 관광에 대한 기대감과 관광에 대한 만족감을 증진시킬 수 있는 관광일정이 된다. 관광 첫 48시간 동안에는 관광자간에, 그리고 Tour Guide와 관광자간에 신뢰와 존경, 우정, 인상이 형성되기 때문에 환영 디너 파티나 혹은 칵테일 리셉션 등과 같은 사교적 행사의 계획이 바람직할 수 있다. 또한 고별 축제 디너 파티와 같은 사교행사는 관광을 종결하는 좋은 방법이다. 이것은 관광자에게 즐거운 시간과 우정 그리고 다시 관광하고픈 기억을 남기게 하는 방법일 수 있다.

2. 신상품의 개발

1) 신상품 개발의 중요성

오늘날 여행사가 당면하고 있는 무한경쟁환경 속에서 여행상품의 역할은 더욱더 중요하게 부각되고 있다. 여행사가 아무리 유통관리를 효율적으로 하고, 장기적으로 효과적인 광고와 판매촉진활동을 전개하고, 합리적인 가격정책을 한다 하더라도 상품 그 자체에 결함이 있거나 상품의 기능을 다하지 못하면 관광자를 끌어들이기가 어렵기 때문이다. 따라서 여행사의 성장은 여행상품이 새롭게 개발 · 생산 · 공급되는 것과 관련한 상품개발을 어떻게 효율적으로 수행하는가에 달려 있다.

따라서 신상품의 개발은 기업의 안정과 발전을 촉진시키며, 기존상품의 대체가능성에 대한 전략적 대응수단을 제공하며, 시장 구조변화에 대한 적응력을 제공하고, 상품수명주기 및 이익주기에 대한 대응 등을 할 수 있다는 편익이 있기 때문에 여행사의 신상품개발은 필수적인 요건이다.

2) 신상품 추가방법

신상품을 추가하는 방법은 각 여행사가 처해 있는 환경에 따라 달라질 수 있으나, 일반적인 방법으로는 신상품개발을 통한 추가, 모방에 의한 추가, 매입 · 합병을 통한 추가 등이 있다.

우리나라 여행사의 경우 신상품전략으로서 능동적 전략보다는 반응적 전략을 채택하고 있는 경우가 대부분이며, 규모의 영세성과 여행상품의 모방의 용이성 때문에 신상품의 개발보다는 반응적 전략 중에서 모방형 전략을 많이 이용하고 있는데, 이는 다양해지는 관광자의 욕구를 만족시키기에는 역부족이다. 따라서 새로운 시장수요의 창출과 기존고객의 보존을 위하여 보다 능동적인 전략으로 신상품을 개발해야 할 것이다.

(1) 신상품 개발전략

새로운 여행상품의 개발은 여행사 전체경영전략의 한 부분을 이루는 것이기 때문에 여행사의 전반적인 사업전략의 영향을 받는다. 사업전략계획은 여행사의 목표와 자원, 그리고 변화하는 관광시장 기회에의 적합성을 개발하고 유지하는 과정이다. 따라서 전반적인 사업전략의 일환으로서 새로운 여행상품개발은 관광시장에서의 기회와 여행사 내부 능력간의 조화가 이루어졌을 때 성공할 가능성이 높다.

새로운 여행상품의 개발 시 여행사가 선택할 수 있는 여러 전략적 대안 중에서 가장 기본적으로 선택해야 하는 전략은 선제적이냐 또는 반응적이냐 하는 것이다. 다시 말해 새로운 여행상품개발의 기본전략으로는 반응전략(수동전략, reactive strategy)과 선제전략(능동전략, proactive strategy) 중 하나를 선택해야 하는 것이다.

먼저 선제전략을 선택하는 여행사의 경우는 여행사의 성장을 위한 적극적인 홍보 등을 통해 적극적인 정책을 펴는 경우, 새로운 관광시장진출 등에 기꺼이 호응하는 경우, 재정적인 자원, 스탭, 시기성에 적절히 대응하기 위한 경우, 경쟁사에 위축하지 않고 혁신을 이루고자 하는 경우 등이다.

반응전략이 최선의 전략이 되는 경우는 여행사가 기존의 여행상품을 관리하는 데 있어서 그것의 강점을 이해하고 있을 때, 관광시장이 너무 적어서 개발비용을 회수할 수 없을 때, 관광시장 속에서 혁신을 활용하는 데 적지 않은 방어벽이 있을 때, 여행사가 신여행상품 개발에 필요한 자원을 불충분하게 보유하고 있을 때 등이다.

(2) 모방전략

모방에 의한 추가방법은 대체로 여행업계에서 이용하고 있는 방법으로서 이미 개발된 상품을 그대로 복사하는 것이 아니라, 앞에 만든 상품이 갖는 결점을 보완함으로써 종합적인 가치를 끌어 올리는 것이 모방형 전략방법이다. 따라서 이 경우 기존상품의 소비 후 관광자들이 느끼는 만족도 조사로 추가되어야 할 새로운 서비스를 조사 · 분석하여 기존상품과 차별화하는 것이 가장 중요하다. 이 모방형 전략은 이미 테스트가 끝난 시장에 참여하는 것으로 대량이익을 얻지는 못하나 위험부담이 적다는 점이 매력적이다. 반면에 여행업계의 경우 상품의 모방성이 용이하기 때문에 여행업자 간 덤핑판매를 초래하는 경우가 많아서 주의할 필요가 있다.

3) 신상품 개발과정

여행상품의 경우 일반적으로 모방이 용이하고, 서비스가 상품의 핵심으로 존재하기 때문에 일반적인 상품의 개발과 다른 점들이 충분히 고려돼야 한다. 특히 상품의 아이디어 채택과 설계 등의 과정에서 상품을 취급할 수 있는 서비스 능력을 충분히 갖추고 있는지 검토되어야 한다.

3. 여행상품 개발현황

우리나라 여행상품 개발현황은 크게 여행사의 내 · 외부 환경으로 나누어 설명할 필요가 있다. 여행사의 내부환경은 대부분의 여행사 자체가 가지고 있는 문제점으로 본서에서는 5가지를 제시하였으며, 외부환경은 우리나라 여행상품시장의 문제점으로 6가지를 제시하였다.

1) 여행상품시장의 현황분석

(1) 세분시장의 단편화

여행상품에도 규모의 경제가 존재하는 경우가 많다. 그러나 세분된 표적시장이 지나치게 단편화(fragmentation)되어 있는 경우 규모의 경제를 실현하는 것은 그리 용이한 것이 아니다. 여행사를 이용하는 관광자 중에는 자신이 체험하지 않은 목적지에서 자신이 선호하는 관광활동을 중심으로 자신이 이상적이라고 생각하는 활동시간과 자유시간의 적절한 배합이 되어 있는 상품을 요구하는 경우가 있다. 하지만 이러한 관광자가 관광경험이 많은 경우 이와 일치하는 선호수준을 갖고 있는 다른 관광자를 찾기가 쉬운 일이 아니다.

따라서 지나친 세분시장의 단편화는 여행상품개발의 효율성을 저하시키는 것은 물론 여행사경영자의 입장에서는 인력의 낭비와 소모적인 상품개발 기회비용지출을 초래할 수 있다. 여행사경영에 있어 인력비용이 매우 큰 부분을 차지하고 있음을 고려할 때, 수익생산성이 낮거나 일회성 상품으로서의 여행상품개발에 여행사직원의 인력이 과다 투입되는 것은 바람직한 일이 아니다.

(2) 주된 마케팅 수단의 비경제성

적절한 절차에 의해 개발된 여행상품은 여러 가지의 마케팅수단에 의해 시장에 홍보되어지고 촉진된다. 우리나라 대부분의 여행사의 경우 여행사에서 기획된 여행상품은 주요 마케팅수단으로서 신문광고를 통해 전달되는 경우가 많다. 그러나 경제상의 측면에서 고려해 볼 때 신문광고를 통한 여행상품의 광고는 지출이 크다고 할 수 있다. 신문광고를 통해 여행상품의 판매에 주력했던 대부분의 여행사가 누적적자 혹은 과다한 부채로 도산했거나 경영의 고통을 받고 있는 현실은 이를 입증해 주는 좋은 사례라고 할 수 있다.

따라서 선호도가 높은 여행상품을 개발했다 하더라도 이를 홍보하고 촉진시킬 마케팅수단이 상품개발 시에 함께 고려되어야 한다. 일간지 신문광고나 텔레비전 광고와 같은 대중매체에 의한 홍보로 판매성과를 얻을 수 있는 상품이라면, 이는 반드시 상품개발시에 대중의 관심을 유인할 수 있는 매력이 있어야 하고, 상품의 판매가격은 높은 수준의 광고비용을 감안하고 있어야 한다.

(3) 적은 시장 테스트 기회

일반제품의 경우 상품이 출시된 이후 시장 테스트의 과정을 거쳐 최종상품이 수정 · 보완된 후 시장에 출시되는 것이 일반적이다. 그러나 여행상품의 경우 새로운 상품이 적절한 과정을 거쳐 생산되었다 하더라도 상품개발에 있어 모방이 용이하므로 경쟁자에게 모방의 기회를 제공하지 않기 위해 혹은 시장 테스트 비용의 재무적 부담 등으로 인해 충분한 테스트의 기회를 갖지 못하는 것이 현실이다. 이로 인해 관광에 참가한 관광자로부터 불편사항이 발생하고 고객을 잃게 되는 경우도 있으며, 경쟁여행사로부터 보다 나은 두 번째 상품(second but better)을 생산할 수 있는 기회를 제공하기도 한다. 이렇게 되는 경우 여행상품을 처음으로 개발한 첫 번째 여행사에서 상품의 개발을 위하여 많은 기회비용을 투자했다면, 이는 모방전략(imitative strategy) 혹은 대응전략(responsive strategy)을 이용해 개선상품을 출시한 경쟁여행사에게 도움을 주게 되어 투자된 기회비용의 회수가 어려워질 뿐만 아니라 경쟁우위도 빼앗기게 되는 결과를 초래하게 되는 것이다.

(4) 관광자의 여행상품 식별능력 부족

여행상품의 개발은 관광자가 인식하고 있는 상품구성요소와 그 수준을 적절히 결합시키는 것이 중요하다. 결국 관광자의 관광만족은 여행상품의 개발시점부터 결정되는 경우가 많으며, 상품개발자는 관광자가 인식하고 있는 상품구성요소와 수준을 사전에 파악해야 한다. 그러나 우리나라 관광자의 경우 여행상품이 선진화되어 있는 서구의 관광자에 비하여 관광의 개념에 대한 역사가 짧은 편이고, 여행상품이 시장에 통용된 기간도 그리 오래되지 않아 여행상품 구매 시의 식별능력이 부족한 편이다.

여행상품은 무형성이기 때문에 직접 경험해 보기 전에는 상품의 가치를 정확히 알 수 없다는 특징도 상품구매 시에 상품조건에 대한 식별보다는 여행사의 이미지에 중점을 두는 경우가 많다. 그러나 구매시점 이전에 상품의 각종 조건을 점검해 보는 서구의 관광자에 비해, 우리나라의 관광자는 이미지나 광고, 추천인의 성격 등을 중시하는 경향이 있다. 따라서 설령 매우 좋은 조건의 특화된 상품이 가격의 차이에 비하여 높은 가치를 지니고 있다 하더라도 이를 여행상품 구매자가 정확히 인식하고 있지 못하다면, 이러한 상품은 여행상품 개발과정에는 성공했을지 모르지만, 출시 이후에는 실패할 확률이 높은 것이다. 결국 아무리 훌륭한 여행상품이라고 해도 여행상품 구성요소를 관광자가 인지하는 수준에서 선정하는 것이 중요하다고 할 수 있으며, 아울러 관광소비자의 여행상품에 대한 식별능력을 향상시키는 것이 향후 여행상품의 질을 높일 수 있는 방법이다.

(5) 선호수준의 무차별성

관광자의 구매상품에 대한 선호가 다르다는 것은 협의로는 여행상품의 각 구성요소의 선호수준이 다르다는 것을 의미한다. 그러나 우리나라 여행상품 구매자의 경우 선호수준이 뚜렷하게 차별화되어 있지 않은 문제점이 있다. 특히 국외여행상품의 구매자들은 대부분 국외관광이 처음이거나 관광하고자 하는 목적지의 방문이 처음인 경우가 많으며, 자신의 계획된 관광에 대한 사전조사나 관광준비 등이 이루어지지 않고 있다. 따라서 여행상품 구매시점에서 이들의 상품구성요소에 대한 선호수준은 상담원의 추천에 강력한 영향을 받고 있으며, 자신의 뚜렷한 선호사항을 주장하지 않는 편이다.

또한 우리나라를 방문하는 대부분의 외래관광자들은 여행사의 추천에 따라 관광일정을 설정하는 경우가 많고, 대부분의 고객은 추천하는 대로 매우 일반적인 성향의 상품과 일상적 조건의 상품을 선택하는 경우가 많다. 이와 같이 상품구매자의 선호 수준에 차별이 많지 않은 경우, 여행사에서는 비교적 용이하게 일정한 상품만을 지속적으로 출시하면 되겠으나, 동일한 혹은 유사한 상품의 출시로 경쟁이 심화되고 수익성이 낮아지는 문제점이 나타나게 된다.

(6) 저가위주 구매성향

여행상품개발에 있어 가장 중요한 부분의 하나는 판매가격의 설정임에 틀림없다. 여행사는 여행상품의 부품공급업자인 관광관련사업자(principal)로부터 관광의 각 구성요소인 항공 · 숙박 · 지상교통 등을 공급받아 이를 조합하여 상품화하기 때문에 구매능력(purchasing power)에 따라 원가를 절감할 수 있다. 우리나라 여행상품 구매자의 대부분은 상품의 판매가격에 민감하고, 이를 구매결정의 척도로 사용하는 경우가 많으므로 상품개발자의 입장에서 상품가치가 높다고 해도 여행사가 공급자로부터 제공받는 구입원가가 높다면, 이는 판매를 성공시키기 어려운 상품이라고 할 수 있다.

일반제조업에서도 판매가격이 상승하면 수요가 줄어드는 동일한 법칙이 존재하지만, 여행상품은 무형의 상품으로 구매자에게 여행상품의 판매가격이 구매의사결정에 매우 중요한 요인으로 형성되므로 상품가치가 높은 상품도 상품의 판매에 성공하기 위해서는 일정한 판매가격의 제한을 받게 되는 것이다. 따라서 저가위주의 상품을 선호하는 대부분의 관광자의 선호에 맞추기 위해서는 상품개발 시 항상 상품구성요소의 수준 선택에 있어 제한을 받게 되며, 이로 인해 여행상품을 특화시키는 데 많은 문제점을 안고 있다.

4. 여행상품 개발방안

1) 여행상품 개발방법의 개선방안

(1) 여행상품 시장측면의 개선방안

관광시장의 세분시장 단편화는 대량관광의 상품개발에 익숙해 진 여행사에게 많은 변화를 요구하고 있다. 세분시장의 단편화는 대량의 일반대중을 상대로 개발해 오던 상품개발의 소비대상을 한정적으로 소규모의 특정관광자를 대상으로 개발해야 하며, 이를 위해서는 상품개발자의 시장조사와 상품개발능력이 뒷받침되어야 하고, 상품개발시 경쟁우위의 확보전략에 있어 전략목표를 시장점유율의 향상보다는 새로운 수요의 창출과 상품특화에 그 기준을 두어야 한다.

판매가격과 상품의 질적인 측면에서 경쟁력 있는 여행상품이 개발되었다 해도 상품개발 시 상품판매를 위해 주된 마케팅 수단이 강구되어야 한다. 여행상품은 생산이 중요한 것이 아니고, 상품의 소비가 이루어질 때 비로소 상품으로서의 가치가 있는 것이므로 어떻게 하면 효율적으로 관광자에게 의사전달(communication)을 할 수 있는지가 중요한 것이다. 따라서 상품개발 후 일률적으로 적용되어 오던 마케팅 수단인 신문광고나 브로슈어의 배포보다는 사전조사 된 표적시장에 대한 우편발송(DM), 표적시장에 대한 여행상품설명회의 개최, 포스터, 비디오테이프, 컴퓨터용 플로피 디스켓이나 컴팩트 디스크(CD-ROM)의 배포 등 다양한 홍보물의 이용이 요구되며, 이러한 마케팅 수단에 대한 준비가 여행상품 개발 시에 충분히 고려되어야 할 것이다.

(2) 여행사 내부측면의 개선방안

여행사 내부측면에서도 여행상품개발에 있어 효율적이고 상품판매에 성공할 수 있는 방안이 강구되어야 할 것이다. 우선 여행사는 국외관광의 경우 항공사나 각국의 관광청 등에서 시행하는 Familiarization Tour 등을 통해 여행상품개발에 필요한 직접 체험의 폭을 넓혀야 하며, 관광관련 국제회의나 관광교역전 등을 통해 간접체험의 폭을 넓힘으로써 상품개발의 기초자료를 수집해야 한다.

아울러 외래관광의 경우 여행사의 상품개발 담당자가 직접 국내의 관광목적지를 방문하고 상품의 특성과 장 · 단점을 파악해야 하고, 관광관련 국제회의나 교역전 등에 참가하여 여행상품의 국제적인 동향 등을 파악해야 할 것이다.

여행상품은 수요시장의 특성에 따라 상품개발과정 중의 아이디어 창출, 상품전략개발, 상품의 설계, 부품제공자와의 협상 및 마케팅믹스 전략 수립 등의 각 과정의 중요도가 다를 수 있으므로 일률적인 상품개발과정의 적용은 피해야 한다. 따라서 각 시장 수요의 특징, 즉 일반기획여행상품, 패키지여행상품, 공최여행상품, 재무위험도가 높은 상품 등 수요자의 특성이 충분히 반영되어 상품이 개발되어야 할 것이다.

2) 여행상품 개발절차의 개선방안

여행상품 중 재무위험이 큰 상품이나 관광서 등에서 시행하는 대규모 인원의 입찰여행상품도 일반여행상품과 다른 상품개발절차가 적용될 필요가 있다. 재무위험도가 많은 여행상품은 일반여행상품의 개발과정과 크게 다르지 않으나, 상품개발과정 중 여러 차례에 걸쳐 재무위험도를 반복해서 측정하고 위험을 분산시키는 방법을 강구해야 한다. 최종적으로 사업을 시행하는 여행사에서 부담해야 하는 위험의 크기가 경영상의 무리로 판단될 때 사업의 시행을 유보해야 한다.

제3절 여행상품의 판매

1. 여행업 유통경로

1) 여행업 유통경로의 개념

상품의 유통은 생산자로부터 최종 소비자에 이르는 과정을 의미하는 것으로 이들 양자 간의 과정에는 한 개 이상의 유통경로가 포함되며, 각각의 경로는 다른 경로와 병행하고 경합하면서 운영된다.

일반적으로 여행업의 유통경로를 도매업과 소매업으로 분류하여 일반제조업체와 동일시하는 경향이 있으나, 이는 잘못된 인식이다. 여행업의 유통경로는 이보다 훨씬 다양하기 때문이다. 여행업의 유통경로를 도매업과 소매업으로 구분하는 것은 여행상품이 여행업체만을 통해 판매된다는 것을 가정하고 있으나, 실제로는 그렇지 않다. 여행상품은 기업과 각종 협회, 방송매체, 학교, 각종 사회 · 문화단체 등을 통해 그들의 수익사업의 형태로도 판매되고 있기 때문이다.

2) 여행업 유통경로의 유형

(1) 여행대리점 유통경로

일반적인 위락추구의 여행상품판매에서 가장 많이 이용되는 유통경로의 형태로 여행사끼리 상호 여행상품을 구매하여 관광자에게 판매하는 형태라고 할 수 있다. 대부분의 여행사는 별도의 여행대리점 계약 없이 다른 여행사의 상품을 판매하며, 별도의 사전통보나 조건을 명시하고 있지 않는 한 10%의 판매수수료를 지급하는 것으로 되어 있다.

따라서 모든 여행사는 타사의 여행상품을 판매하는 여행대리점이라고 할 수 있으며, 여행상품을 개발 · 운영하는 여행사는 대부분 여행대리점에게 판매수수료를 지급하고 있다. 특히 관광의 최소구성인원이 미달되어 관광단체의 출발이 불확실할 경우 여행대리점의 판매는 매우 커다란 도움이 된다고 할 수 있다.

(2) 기타 유통경로

❶ 매체를 이용한 유통경로

방송사 · 신문사 · 잡지 등 대부분의 매체들은 별도로 사업국 또는 사업부라는 조직을 두어 매체사업 이외의 수익사업을 시행하여 재무적인 기여를 하고자 한다. 이러한 매체의 수익사업에는 각종 이벤트, 스포츠경기, 강좌 등이 있으나, 그 중 대표적인 것이 관광사업이라고 할 수 있다. 특정주제가 있는 관광이벤트를 기획하여 이를 해당매체의 광고를 통해 홍보하고 관광자를 모집하는 것이다.

이러한 경우 여행사는 별도의 광고비용이나 유통비용이 지불되지 않고, 상품을 판매할 수 있으며, 대부분 대규모의 인원이 모집되기 때문에 여행사의 인지도를 높이는 효과를 얻을 수 있다.

이러한 유통경로를 이용해 여행상품을 판매한 경우 치밀한 예약관리와 체계적인 업무의 진행을 필요로 한다.

❷ 사이버 유통경로

최근 빠른 성장을 보이고 있는 유통경로의 형태로 특히 젊은 층의 여행상품 구매자에게는 매우 유용하게 이용될 수 있는 형태이다. 사이버공간을 이용한 유통경로를 선택할 때는 페이지의 구성이 무엇보다 중요하다고 할 수 있으며, 또한 Q&A가 있는 경우에는 신속하고 성의 있는 회답이 매우 중요하다고 할 수 있다.

사이버 공간을 구매장소로 이용하는 관광자의 특징으로 연령은 20대와 30대가 가장 많고, 직업은 회사원과 학생이 많으며, 지역별로 한정되지는 않고, 개인관광이나 가족관광에 관한 문의가 많은 편으로, 관광출발일을 기준으로 대개 15일~2개월 전에 문의 · 예약을 의뢰한다는 것이다.

그러나 사이버 유통경로를 이용한 판매의 문제점으로는 질문의 범위가 너무 광범위하여 많은 노동력이 투입되어야 하고, 사이버 공간 내에서 구매가 이루어지지 않아 다시 전화나 방문을 통한 구매상담을 실시해야 한다는 것이다. 따라서 사이버 공간을 이용한 유통경로를 효율적으로 관리하기 위해서는 질문내용을 구분하여 회신내용을 차별화함으로써 판매에 따른 시간과 노력을 절약할 필요가 있으며, 사이버 공간을 방문했던 모든 잠재고객의 데이터베이스를 적절히 활용하여 그들에게 알맞은 기획여행상품을 개발하고 판매할 필요성이 있다는 것이다.

❸ 오거나이저 유통경로

오거나이저를 통한 유통경로는 일반적인 위락추구의 패키지 여행상품 판매에서 많이 나타나는데, 보통 오거나이저(Organizer)란 관광자를 대표하여 관광을 주선하고 계획을 세워 가는 사람이라고 할 수 있다. 대부분의 오거나이저는 두 가지의 형태가 있을 수 있다. 그 하나는 상업적인 목적으로 관광을 주선하여 관광알선 수수료를 취함으로써 브로커(Broker)의 성격을 띄는 사람이고, 또 다른 하나는 자신의 관광경험을 바탕으로 별도의 대가없이 관광자를 대표하여 의견을 취합하고 조정하여 이를 여행사에 전달하는 사람이라고 할 수 있다. 대부분의 오거나이저들은 전직 고위 인사이거나 관광경험이 많은 사람들이라고 할 수 있다.

3) 여행업 유통경로의 기능

(1) 정보전달과 수집의 기능

❶ 정보전달의 기능

여행업의 유통경로에서는 관광자가 필요로 하는 상품에 대한 판매와 공급뿐 아니라, 각 상품의 상세한 조건과 이용방법 및 취소조건 등 상품구매에 필요한 모든 정보를 빠짐없이 전달해야 한다. 이를 위해 항공권, 숙박시설, 각종 지상교통 및 기타 관광 서비스에 관련된 제반조건과 상품의 내용이 정확하게 취합되어야 하며, 취합된 정보는 여행상품을 개발한 여행사에서부터 이를 판매하는 여행사에 이르기까지 정확한 정보가 전달되어야 하는 것이다.

이러한 정보전달이 정확히 수행되지 않을 때 여행상품을 구매한 관광자로부터 불평(Complaint)이 발생되어 여행사의 입장에서는 금전적인 손실과 이미지 손상의 타격을 입게 된다. 따라서 유통경로에서의 정보전달의 기능은 판매된 상품에 대한 관리적인 측면에서 매우 중요하다고 할 수 있으며, 특히 여행상품과 같이 관광실행 이전에 상품을 경험해 볼 수 없는 상품의 경우에는 매우 중요한 기능이라고 할 수 있다.

❷ 정보수집의 기능

현대 마케팅에서 고객이 생각하고 느끼는 것이 무엇인지를 파악하는 것이 마케팅활동 수행에 있어 가장 중요한 정보라고 할 수 있다. 그러나 여행상품의 판매에서 여러 단계의 유통과정을 거치게 되며 여행상품의 개발자는 여행상품을 구매한 관광자가 무엇을 느끼는지, 어느 것에 만족하고 있는지를 구분하기 어려워지게 된다.

여행상품의 운영에 있어 상품에 대한 고객의 만족 여부를 가장 정확히 파악할 수 있는 정보수집자는 인바운드의 경우 통역안내원, 아웃바운드 여행상품의 경우에는 국내관광안내원(Tour Conductor)라고 할 수 있다. 따라서 이들이 작성하는 행사보고서는 매우 유용한 마케팅자료이며, 관광자의 정확한 만족도의 파악을 위해서는 이들이 작성하는 보고서의 형식과 작성에 포함되는 내용이 중요하다. 이 보고서에는 상세한 내용이 기재되어야 여행사의 마케팅담당자가 그 내용을 수집하여 면밀히 분석하고, 이를 토대로 그 후의 여행상품개발에 반영할 수 있는 것이다.

그러나 관광자의 만족 · 불만족에 관한 내용이 충분히 수집되었다 해도 이를 회계정산에만 이용하고 그 이외의 내용을 무시하여 보관해 놓는 수준에 그친다면 행사보고서의 작성은 별 의미가 없을 것이다. 따라서 관광자로부터 수집된 각종 자료는 다시 유통경로를 통해 여행상품개발자에게 그 내용이 정확히 전달되어야 하며, 필요할 경우 여행상품의 공급업자인 항공사, 호텔, 레스토랑 및 기타 관련사업체에 전달되어 그 내용이 차후 상품에 반영될 필요가 있다.

(2) 잠재고객과의 접촉기능

여행상품을 개발한 여행사는 상품의 개발과 운영 및 판매 등 모든 부문에 걸쳐 관리를 해야 하지만, 판매에 있어서는 지역적인 한계가 있어 전역을 상대로 한 상품의 판매는 현실적으로 불가능하다고 할 수 있다. 따라서 여행사마다 제각기 지니고 있는 특정 세분시장의 고객을 이용하여 상품을 판매하는 것이 용이하므로 새로운 여행상품이 출시되었을 때 유통경로를 통해 잠재고객을 발견하고 이들에게 상품을 제시하여 구매를 설득할 수 있는 기회를 갖게 된다.

대부분의 여행사는 각각 고유의 고객을 가지고 있고, 또 새로운 고객을 발견하여 관리하고자 노력한다. 따라서 특정여행사에서 새로운 여행상품이 출시되었을 때 이를 직접 판매하는 것보다 각 여행사를 이용해 상품을 폭넓게 판매하여 잠재고객에게 좀더 용이하게 접근할 수 있는 것이다.

(3) 재무적인 기능

❶ 자금조달의 기능

유통경로를 통한 자금조달의 방법은 두 가지가 있다. 우선 많은 여행사들이 공격적인 광고캠페인을 시행하면서 자사의 지역대리점 또는 캠페인에 함께 참여하고자 하는 여행사에게 일정금액의 예치금을 받아 이를 마케팅비용에 활용하는 경우가 있다. 그러나 이 경우 주관여행사의 사업실패 시 예치금이 반환되지 않을 위험이 있기 때문에 실제로 이 방법은 바람직하다고 할 수 없다.

2. 여행업의 유통체계

1) 거시 측면의 여행업 유통체계

여행업을 둘러싸고 있는 여행산업의 유통체계는 단순하지 않다. 의류제조업체에서 옷을 만들어 옷가게와 백화점 · 전문매점 등에 유통시키는 것과는 다르다. 여행상품 구매자들은 여행상품의 부품을 각기 따로 구입하기도 하기 때문이다. 마치 단추가 없는 의류를 구입하여 옷의 단추만을 단추회사에서 별도로 구매하는 것과 같다고 할 수 있다.

(1) 관광자의 직접구매

여행상품의 공급업자가 직접 관광자에게 판매하는 형태로 관광자는 항공사에서 항공권을, 호텔에서 숙박예약을, 현지에서 식음료를 직접 구매하는 형태라고 할 수 있다. 이는 정보화 사회가 빠른 속도로 진행되면서 점점 증가할 추세에 있으며, 공급업자는 유통비용을 줄일 수 있는 대신 광고비용과 인적 판매비용을 증가시켜야 하는 형태라고 할 수 있다. 많은 항공사와 호텔은 이러한 판매에 관심을 갖고 직접판매를 증가시키고자 노력하고 있다.

(2) 관광자의 교통편 직접구매

관광자가 항공사 또는 항공사에서 지정한 총판매대리점을 통해 항공권을 직접 구매하고 그 이외의 구성요소인 각종 지상서비스와 관련된 내용을 여행사를 통해 구매하는 형태라고 할 수 있다. 이는 항공사의 적극적인 직접 마케팅 노력의 결과라고 할 수 있으며, 최근에는 PC를 통해 항공권 판매를 하고 있어 향후 이러한 유통의 형태는 증가할 것으로 보인다.

또한 정부기관 출장관광의 경우 대부분 항공권은 항공사의 GTR부서를 통해 구매하고, 나머지 관광서비스에 대하여 여행사에 의뢰하는 형태이므로 관광자가 교통편을 직접 구매하는 형태에 속한다고 볼 수 있다.

(3) 상품을 개발한 여행사로부터 구매

우리나라에서 가장 많이 나타나고 있는 형태는 관광자가 여행사의 광고 또는 주변의 추천으로 여행상품을 개발한 여행사로부터 모든 여행상품 구성요소를 구매하는 형태라고 할 수 있다. 이러한 형태는 두 가지로 구분할 수 있는데, 하나는 여행상품의 각 요소가 포괄적으로 포함된 패키지 여행상품을 구매하는 것이고, 또 다른 하나는 관광자가 희망하는 여행상품의 각 구성요소를 여행사에 주문하여 구매하는 형태라고 할 수 있다.

현재로서는 여행사에게 가장 많은 수입원이 되고 있는 유통형태라고 할 수 있으나, 이를 지켜 나가기 위해서는 여행사의 관광자 욕구파악과 지속적인 시장조사, 고객관리가 선행되어야 할 것이다. 그렇지 않은 경우 관광자는 각자의 취향에 맞는 각각의 관광요소를 별도로 구매해 나가기 때문이다.

(4) 여행상품 소매업자로부터 구매

지역적으로 구매자가 여행상품을 개발 · 운영하는 여행사를 직접 방문하기 어려운 경우, 또는 관광자가 특정여행사와 좋은 유대관계를 유지하고 있는 경우에는 주변의 여행사 또는 거래관계를 유지하고 있는 여행사를 통해 다른 여행사에서 운영하고 있는 여행상품을 구매하고 있는 형태라고 할 수 있다. 이러한 형태는 외국에서는 흔히 나타나고 있지만, 우리나라의 경우 그렇게 많지 않다.

그러나 국외관광 자유화 이후 이러한 형태의 유통을 목표로 소규모의 여행사만을 주요유통경로로 선택하여 영업활동을 수행하는 여행사가 등장하였고, 비교적 성공적인 경영성과를 얻고 있다.

(5) 여행도소매업

여행도매업자(Tour Operator)란 여행상품을 직접 기획 · 개발하여 이를 운영하여 여행사로서 여행상품을 타 여행사에서도 판매할 수 있게 하여 판매수수료를 지급하는 여행사라고 할 수 있다.

따라서 우리나라에서는 여행상품을 개발하고, 각종 마케팅활동을 통해 이를 운영할 수 있는 능력이 있는 여행사는 모두 여행도매업자라고 할 수 있다.

상업적 행위보다 단어의 뜻만을 중시해 '도매' 만을 수행하는 여행사를 여행도매업자로 취급하는 경우, 우리나라에서는 그 어느 여행사도 도매여행업자라고 할 수는 없을 것이다. 다만 '도매' 에 중점을 두고 있는 여행사가 소수 존재하고 있다. 여행소매업자(Travel Agent)란 자사 또는 타사의 여행상품을 관광자에게 직접 판매하는 영업활동을 수행하는 여행사이다. 이러한 여행사는 여행도매업에 치중하고 있는 여행사에 비해 고객과 가까운 거리에 있어 마케팅활동에서 유리한 지위에 있다고 할 수 있다.

흔히 우리가 잘못 인식하고 있는 것 중 하나는 여행도매업은 규모가 크고, 여행소매업은 규모가 작다고 생각하고 있는 것이다. 여행소매업에 중점을 두고 있는 여행사 중 광고와 인적 판매를 대규모로 시행하고 있는 경우, 일반적인 여행도매업과는 비교가 안 될 정도로 규모가 크다는 것을 알 수 있다.

(6) 지상수배여행업

지상수배여행업(Land Operator)이란 관광자를 모집하여 여행상품을 운영하고 있는 여행사에게 관광자의 관광지 서비스를 판매하는 여행사를 말한다. 따라서 우리나라 인바운드업무를 수행하고 있는 여행사는 대부분 지상수배여행업의 기능을 지니고 있다고 할 수 있다. 반대로 우리나라 아웃바운드의 경우에는 외국의 여행사 중 Receptive 업무를 수행하고 있는 모든 여행사가 지상수배여행업을 행하고 있는 여행사라고 할 수 있으며, 이 중 몇몇은 국내에 영업 또는 연락사무소를 개설하고 있다.

3. 여행상품의 판매

1) 여행상품 판매기법

(1) 여행상품 판매의 의의

판매란 잠재고객이 상품이나 서비스를 구매하도록 판매자가 상업적 의의가 있는 아이디어에 적합한 행동을 고객이 하도록 원조하거나 설득하는 인적 내지 비인적 과정을 말한다. 따라서 여행사는 고객의 관광욕구 및 관광동기 파악에서부터 심혈을 기울여 고객의 관심을 끌 수 있는 상품을 생산하여 효과적인 유통/판매 활동을 펼치는 것이 바람직하다.

(2) 관광자의 관광동기 파악

관광동기파악은 일반적으로 Push와 Pull의 개념에 관한 것이다. Push에는 관광하고자 하는 욕망과 휴가를 향유하고자 하는 욕망을 설명하는데 있어 도움이 되는 사회심리학적인 요인들로 구성되어 있어 관광을 유발시키는 자극이 된다. 따라서 동기를 부여하는 원인은 Push 요인들이다. 이렇게 동기를 부여하는 과정은 매력물들이 영향을 주는 Pull에 의해 강화된다. Pull 요인들은 관광자를 끌어들이는 목적지의 특성들이다. 대부분의 관광과 동기에 관한 연구들은 Pull 측면에 초점을 두고 있다. 여행사는 관광자들이 특정 목적지를 선택하도록 하는 요인들을 파악하고자 한다.

동기를 이성적 구매동기와 감정적 구매동기로 나누어 접근하기도 한다. 여기서 이성적 구매동기는 필요성, 경제성(최초 구매가격, 유지비), 편의성 등의 이론적 판단에 의해서 상품을 구매하는 것이며, 감정적 구매동기는 인간의 심리적 요인에 관한 것으로 우월감, 소유욕, 겉치레, 재산 및 사회적 과시, 경쟁심, 동료의식, 개인적 취미 등에 의해 구매하는 것을 일컫는 것으로 분류하고 있다.

여행상품을 성공적으로 판매하기 위해서는 관광자의 여행상품에 대한 구매심리와 구매동기, 혹은 구매결정의 요인을 파악하는 것이 중요하다. 일반적으로 주의를 끈다, 흥미를 유발시킨다, 연상하게 한다, 욕망을 자극한다, 비교 · 검토해야 한다, 확신을 갖게 한다, 결정 · 행동하게 한다 등의 7단계 과정을 구매동기 자극 요인이라 하겠다.

(3) 관광자의 욕구청취

관광시장수요의 변화속도는 급속하게 빨라지고 있다. 이에 따라 상품의 수명주기도 상당히 짧아짐으로써 어떠한 여행상품도 그 수요를 장기간 보장받을 수 없게 되었다. 특히 과거의 저렴한 단체관광 일변도의 패키지투어는 그 수요가 감소하고 있어 여행사는 항상 새로운 수요를 촉진, 유발하기 위한 신상품 개발과 생산에 진력하지 않으면 존립할 수 없게 되었다. 이러한 상황 하에서 여행사가 변화무쌍한 오늘날의 관광자의 새로운 요구에 대해 부응하여 경쟁에서의 우위를 확보하고 그리고 수익성의 극대화 등을 통해 안정기업으로 성장하기 위해서는 새로운 상품의 개발을 통한 신고객(新顧客) 창조가 필수적 과제이자 여행사경영의 핵심이 될 수밖에 없는 것이다.

현대에 있어서는 이들 정보는 관광동기로 관광행동에 가장 큰 영향을 주고 있음을 주목해야 한다. 또한 관광행동은 관광지에 의해서도 적지 않게 좌우된다.

관광욕구를 충족시켜 주는 것은 관광목적물만이 아니고 관광지의 수용태세의 良不도 중요한 것으로, 관광자의 선택기호와 함께 여러 가지 요인이 관광지로서의 우열을 결정하며 본래 관광결정요소를 갖고는 있지만 때로는 관광지는 관광자원에 관계없이 관광지 그 자체가 관광결정요인으로 강하게 작용하는 경우도 있다.

(4) 효과적인 설명방법

관광욕구가 행동으로 나타나기까지는 여행상품에 대한 충분한 설명이 없어서는 안 된다. 특히 여행상품이란 것이 전혀 낯설고 이질적인 환경에서의 경험을 특징으로 하는 만큼 설명이나 설득이란 과정이 없으면 여행상품이란 것은 판매될 수 없다. 더구나 경쟁상품이 즐비하게 있는 상황에서 설명과 설득은 자사의 상품을 구매하도록 하는 전략이 된다.

설명을 잘 한다함은 말을 유창하게 잘 한다거나 상당한 지식의 내용을 자유자재로 구사한다고 하여 설명력이 좋다고는 할 수 없다. 그 설명에는 설명을 받는 이가 진실성을 느낄 수 있는 것이어야 한다. 거기에는 상당한 지식이나 유창한 응변력이 결정적인 역할을 한다고는 볼 수 없다. 무엇보다도 관광문화가 한국민들에게 친숙한 것이 아니라는데 초점을 두고 생각하면 간단하고 알아듣기 쉬운 내용을 바탕으로 해야 한다.

(5) 여행상품의 판매촉진방법

일상적인 영업활동에서 슬럼프에 빠졌을 때, 혹은 새로운 시장의 개척이나 판매목표를 대폭적으로 올리려고 할 때에는 Research, Plan, Do, Check, Action과 같은 사이클에 맞추어 판매활동을 하게 된다.

2) 여행상품의 판매방법

여행상품을 판매함에 있어 국내관광상품과 외래관광상품은 동일한 방법이 적용되며 여행상품의 판매형태로서는 다음의 일곱 가지 종류가 있다.

(1) Counter Sales

❶ 의의와 역할

Counter Sales의 본래적 의의는 다음과 같은 세 가지 기능을 갖는다.

첫째, Walk-in Guest의 획득

둘째, 자사의 Image-up을 위한 거점

셋째, 고객에 대한 상담창고(정보제공창구)가 그것이다.

Counter를 설치함으로써 이러한 세 가지 기능이 충분히 작용한다면 Sales 전략에 큰 Plus를 가져오게 하는 것이 명백하다. 그러나 Merit를 계산해서 최근 수년간 여행사의 Counter 확대책이 급속이 추진되고 있다.

그것도 단순한 여행업자의 독립점포만이 아니라 여행업계에 신규 참여한 소매업자 자본이 소매업자에 Counter를 설치하는 등 타 업자 점포와 연계하여 Counter를 설치하는 새로운 방법론이 늘어나고 있는 것은 주목할 만하다.

Counter의 기능으로서, 가장 중시하여야 할 점은 세 번째로 예를 든 고객에 대한 상담창구 즉, 다양화하는 여행상품에 대해서 정확하고 풍부한 정보로서 고객에게 신속하고, 친절하게 조언하는 기능을 충실히 하는데 있다. 그것도 자사의 각 Counter간 각각 균질의 정보를 제공할 수 있는 태세를 확립하는 것이 중요하다. 특히 재방문자층의 확대층에 따라서 앞으로의 Counter Sales의 정보기능의 중요성은 증가할 것이다.

Counter 기능의 요점은 정보서비스에 있다. 그 기능의 충실은 두말할 것 없이 Counter에 고객을 유도하는 효과적인 전술이다. 최근 수년간 Counter 수가 급격히 늘고 있는 반면, 철수작전을 한 여행업자도 있다는 것을 간과해서는 안 된다. 그것은 여러 가지 요인이 있으나 그 이유의 하나로 정보서비스 기능의 약체라는 점이 지적되고 있다. Counter에 고객을 유도하는 구체적인 전술로서 각종 PR활동을 효과적으로 전개할 필요가 있다. 그 방법론은

첫째, Advertising(광고)

둘째, Publicity(홍보)

셋째, Event(행사)

넷째, DM, 전화 PR(우편, 전화의 판매촉진)이 있다.

첫 번째의 Advertising 수법으로 신문에 접어 넣는 광고는 일정 지역에 한정해서 선전할 수 있는 이점이 있다. 좀 더 광범위하게 선전하는 경우에는 신문, 잡지, TV의 지역한정 Space를 활용하면 좋다. 그러나 선전비용과 수익 예상치와의 균형을 잘 계산해 두지 않으면 고비용으로 인해 쓰러질 위험이 크다. 보다 한정된 선정방법으로서 영화관 내에서의 선전(Slide, 간판) 등의 수법도 있다. 판매 지역에 집중적으로 광고하는 방법이 효과적이다. 역시 수익예상과의 균형, 대상시장의 선별방법 등에 따라서 어느 수법이 효과적인가를 검토할 필요가 있다. 최근의 경향으로서는 점포에서의 전단배포는 고객유치전술상 그다지 효과가 없다는 소리가 높다.

두 번째의 Publicity는 PR 전술상 새로운 수법이다. 대중매체의 홍보 프로그램에서 전달할 만한 가치가 있는 정보를 제공하는 등의 것을 말한다. 예를 들면 Counter에서 신발매하는 여행상품이 참신한 것이라면 그 내용이나 특징을 News 소재로 보도할 가치를 지닌다는 것이다. Advertising과 비교하여 적은 비용으로 효과를 발휘할 수도 있으나, 가장 필요한 News 소재를 어떻게 만들어 나가느냐는 담당자의 감각에 달려 있다.

세 번째의 Event 전술은 영업소 내에서 사진전, Poster전, 강연회, 영화 등을 개최하여 사람을 모은다든가, 가두나 근처 회의장 등을 이용해서 동일한 Event 활동을 전개하는 방법이다.

네 번째의 DM, 전화 PR 활동의 중요성은 앞으로 한층 강화될 것이다. 이 PR 활동은 단순히 기다리는 Waiting Sales라기 보다는 적극적으로 파고드는 Push Sales의 일환이다. 지금까지 DM이나 전화작전을 무차별적으로 펴서 성공한 Case도 있었으나 앞으로는 그렇게 안이한 방법으로는 성공률이 매우 낮을 것이다. 이러한 방법론은 Counter Sales도 Push Sales 시대로 변하고 있다는 점을 인지해야 할 것이다. 이러한 PR활동을 통해서 Counter이 지명도를 높이는 것과 동시에, 판매하고 있는 여행상품에 대한 관심도를 높여 나가는 노력을 게을리 해서는 안 된다. Counter를 설치하면 가만있어도 고객이 제발로 찾아오는 시대는 지났다. 현재는 갖가지 수단으로 고객에게 적극적으로 접근하여 어필하려는 노력이 필요하다.

❷ Counter 설계

어떤 Counter에서도 누구나, 언제든지, 자유로이 출입하여 상품을 선택하고, 필요한 정보를 얻을 수 있는 형태를 갖추어야 한다. 점포설계는 Free-Enterance를 염두에 두고 설계하는 것이 무엇보다도 중요하며, Counter까지 고객이 찾아오도록 Window Display를 고려하는 것부터 시작된다.

주력상품에 알맞은 Poster, 사진류의 전시, 상품의 특징을 한눈에 볼 수 있는 설명문 등을 표시하는 POP(Point of Purchase) 광고는 빼놓을 수 없으며, 상품별, 계절별 등과 같은 형태로 끊임없이 새로운 방법을 고안해내야 한다. 점포 내에서는 먼저 밝은 분위기의 실내장식이 기초가 되어야 하며, 관광 Poster, Pamphlet, Brochure 등을 보기 쉬운 장소에 배치하는 것이 중요하다. “마음대로 갖고 가십시오”, “천천히 보십시오”라는 표시를 보기 쉬운 장소에 배치할 것과 그리고 “국외관광은 창구로”라고 하는 정보서비스 표시도 중요하다. Counter에서 판매하는 상품으로써 가장 효과적인 것은 주최관광, 즉 Brand 상품이다. 대규모 Wholesaler가 일반 시장에 선전하고 있기 때문에 고객한테도 예비지식이 풍부하다. 최근에는 Wholesaler를 비롯하여 자사 Brand 상품의 Pamphlet류가 범람하고 있다. 모든 Brand 상품을 모두 진열한다면 그야말로 정보의 범람이라는 말이 적합한 양상을 보이게 될 것이다. 이와 같은 경우에는 상품을 선택하는 측은 물론 파는 측도 어려움을 겪게 된다. 그러한 혼란을 피하기 위해서

Counter에는 유명 Brand 상품을 4, 5종류로 한정해 두는 것이 좋다. 단, 고객의 다양한 요구에 응하기 위해서는 모든 Brand 상품의 정보를 준비해 두어야 한다. 최근에는 Brand 상품을 수집, 정리한 Catalog 잡지가 늘어나고 있다.

❸ Counter 요원의 자세

Counter를 찾아오는 고객은 단순히 팜플렛을 받으러 오는 사람이 아니라 숙박시설이나 관광지별요금 등의 구체적인 관광지정보를 듣기 위해 오는 사람들이다. Counter 요원은 그러한 방문자의 목적을 정확하게 구별하여 적절한 응대를 하여야 한다.

다양한 방문자의 목적 중에는 기후, 관습, 에티켓, 매너 등 일반적인 정보를 물어보기 위해 오는 케이스도 많다. 여기에 대해서 일일이 구두로 응답한다면 시간도 많이 걸린다. 이러한 기초적인 일반정보를 간단한 인쇄물로 준비하는 효율적인 사무처리법을 연구해 둘 필요가 있으며, 앞으로의 Counter 요원에게 요구되는 것은 역시 전술한 바와 같이 정확하고 풍부한 정보관리라고 할 수 있다.

소위 상담여행사라고 할 수 있는 성격이 강화되어야 할 것이다. 이러한 의미에서도 자료류를 자유로이 열람할 수 있는 코너를 설치하는 것도 효과적이다. 관광지 정보는 NTO(National Tourism Organization)가 제공하고 있는 것을 유효하게 관리해 두는 것도 좋은 방법의 하나이다. 재방문자가 늘고 있는 현재, 고객이 요구하는 정보 내용도 상세한 것으로 되고 있다. 여기에 대응하기 위해서는 정보에 대해 특별히 훈련된 요원이 Counter에 상주하는 것이 바람직하다. 또한 이 요원은 경험이 풍부한 사람들로 이루어져야 할 것이다. 정확한 업무지식과 폭넓은 상품지식의 두 가지가 Counter 요원에게 요구되는 필수요건이라는 것은 두말할 나위도 없다. 여행사의 입지조건보다 더할 것은 없으나 앞으로는 단지 입지조건에만 의존할 수 없다는 것이다.

여행사를 거점으로 해 퍼져나가는 판매가 필요하며, 그 능률적 Sales는 Counter에 의해 좌우된다고 하겠다. Counter Sales 요원의 정신자세는 그 점의 인식도에 달려 있다고 할 수 있다.

(2) 방문(Visit) Sales

❶ 의의와 역할

이제 Counter Sales에 있어서도 Push Sales가 기축이 되고 있는 바와 같이 방문 Sales는 여행상품 판매의 근간이라는 점은 변함이 없다. 방문 Sales는 주최, 공최 등의 상품을 불문하고, 어느 것에나 필수 불가결의 방법이다. 개인 관광자의 방문 Sales를 비롯하여, 업무, 수배관광 등도 방문 Sales 없이는 결실을 얻을 수 없다. 이러한 효율적 전개는 앞으로도 최대과제라 할 수 있겠다.

❷ 고객획득전술

보다 과학적인 Sales가 고객획득의 요점이다. 그 구체적인 방법은 시장의 세분화, 고객 목록의 정확한 관리, 수요에 맞춘 상품기획, 상품판매의 효율성, 판매결과의 파악을 들 수 있다.

즉, 다양한 관광수요로 인해 여행상품에 대한 전문성이 필요하다는 것이다. 다양한 관광시장의 요구에 따라 개성화의 길을 걷는 것은 관광시장의 성숙화를 상징하는 현상이라고 할 수 있다. Market Segmentation(시장세분화)이 주목되어온 것은 그러한 의미에서 당연하다고 할 수 있으며, 여행사에 있어서는 적객적 상품을 제공하는 것이 중요하다는 것을 보여준다. 어린이용, 중 · 고생용, 노인용, 그리고 학생, 자영업, 샐러리맨 등 직업별, 관광목적별, 기호별 분류 등 시장의 정확한 세분화와 그 정보 파일의 관리가 무엇보다도 중요하다. 그 고객 파일은 언제든지 신속히 꺼내볼 수 있도록 해두지 않으면 의미가 없으며, 그것도 한 사람의 Salesman 만이 아니라, 누구든지 이용할 수 있는 관리방법을 생각하여야 한다. 방문 Sales를 효율적으로 전개하는 방법으로는 우선, 무모하게 뛰어드는 Sales는 효과가 적다는 것을 염두에 두어야 한다. 고객의 관심을 높이기 위해 DM, 광고 등의 수법에서 접근하는 것이 좋으며, 특히, 사람으로부터 소개를 받는 등의 방법이 효과가 크다. Package 관광자인 경우 자기에게 소개해 준 사람과 동행하고 싶어하는 희망자가 많다. 특히 지방에서는 그 경향이 특히 강하며, 그와 같은 경우에 소개는 강한 무기가 된다. 소개 Sales는 개인에게 뿐만 아니라 Organizer Sales(단체)에게도 큰 효과가 있다.

Organizer Sales의 결정방법은 가격과 상품내용이라고 할 수 있는데, 실제로는 가격 측면에서의 덤핑으로 결정되는 경우가 많다. Organizer Sales에서 가장 중요한 것은 신뢰감을 주어 인간끼리 깊은 연대감을 낳게 하는 것이며, 그것이 모든 Sales에 공통적인 첫째 조건이 된다는 점을 잊지 말아야 할 것이다.

숙박관광 Sales의 결정방법도 일상생활의 인간관계에 있다. 소개자의 인맥, 자사의 역사까지 판단재료가 되는 경우가 있다. 자사의 규모가 적고 역사도 짧다면 그만큼 불리한 입장에서 서게 되는 것이나 그 난관을 뚫고 나갈 수 있는 것은 상품의 우수성, 요금의 적정성과 신뢰감일 것이다.

초대관광 Sales의 포인트는 Sales 대상기업, 단체의 의도를 재빨리 깨닫는 자가 첫째 관문을 뚫는 것이며 그것은 대상기업의 동향을 항상 파악하고 있느냐에 달려 있다. 매스컴 정보에 신경을 쓰는 것도 중요하다.

(3) DM Sales

이 방법은 이미 보급되어 있는 Sales 정책이라고 할 수 있다. 그러나 무모한 비용과 모객율과의 상관비율은 대개의 경우 경험적인 확률에 기초하고는 있지만, 방법론적인 측면에서 반드시 되돌아온다는 것을 전제로 하여야 할 것이다. 앙케이트 방식으로 관광자의 동향이 잠재고객으로부터 환류되는 기법 등을 이용하여야 한다.

(4) 전화 Sales

전화 Sales는 상당히 성공률이 높다. 또한 모객수준이 약간 미달되었을 때, 최후의 목표달성으로 전화 Sales는 효율성 면에서 중시된다. 일상시의 고객과의 접촉, 특히 재방문자 관리방법으로 중요한 수단이 된다. 전화 Sales의 경우 특히 유의하여야 할 점은 새로운 고객에게 정보를 제공하는 것이 오히려 불신감을 낳게 할 수도 있다. 따라서 어떠한 형태로서든 전화 Sales는 과거에 접촉이 있었던 고객에 대해서 행해지는 것이므로 불명확성은 허용되지 않는다.

(5) 통신(Catalog) Sales

일본의 일본교통공상(JTB)는 Wholesales 상품을 중심으로 Catalog를 제작하여 그

것을 유료 판매한 후, 그 Catalog를 보면서 고객이 상품 선택과 구매결정을 할 수 있는 시스템을 개발했다. 미국에서는 이와 같은 통신판매 체계가 널리 보급되어 있다. 이 JTB의 통신판매 체계는 여행사 Counter외에 일반서점 등에서도 Catalog를 시판하고 있어 불특정 다수의 고객에 어필할 수 있는 가능성을 갖고 있다. Catalog 판매의 탄생은 관광이 완전한 상품으로서의 인식을 시장에 심었다고 하는 것을 뒷받침하고 있다. 물론 통신판매는 Brand 상품 Sales가 주체가 된다.

(6) 회원조직

기존의 회원조직이 아닌 여행업자의 임의로 만든 회원조직 Sales를 말한다. 이미 각 사에서 손을 대고 있고 규모도 여러 가지가 있으며, 회원 서비스 방법도 볼 수 있다. 회원 조직의 문제점의 하나는 운영비용에 있다. 대개의 경우 회비는 명목적인 것에 불과하고 모객에 의한 수익으로 운영비용을 조달하게 되는 경우도 있겠지만, 이상적으로는 회원조직만으로의 독립채산제를 함이 바람직하다. 그렇게 하기 위해서는 회비의 인상은 불가피하며, 그 경우 그 회비의 정도에 따른 정보제공 서비스 공급 체계를 확립하는 것이 선결 문제이다. 거기에는 전문종사원의 친절한 서비스도 잊어서는 안 된다.

(7) 대중매체 Sales

신문, 잡지, TV 등을 사용하여 구체적인 Brand 상품을 Sales 하는 방법이 단계적으로 정착, 확대되고 있다. Mass Media Sales는 일본의 경우 JALPAK의 이미지 광고로부터 출발하였다. TV나 활자매체를 통해서 Package 상품의 존재를 널리 일반에게 인식시킨 점에서 유용하다.

그리고 현재에는 모든 회사가 이미지 광고를 하고 있으므로 보다 구체적인 Brand 상품 선전에 대중매체를 사용하여야 할 것이다. 물론 비용 면에서는 비싸지만, 하와이라든가 파리와 같은 단일 관광지 중심의 Brand 상품이라면 적은 스페이스의 광고로도 일단은 모객률을 올릴 수 있다. 대중매체계열의 여행업자인 경우는 광고비용의 특별할인이라고 하는 특전도 있고, 정기적인 선전을 하고 있는 곳도 있다. 또한 자사 발행의 PR지로 고정 시장을 확실히 파악하고 있는 곳도 있다. 대중매체를 이용한 Sales는 폭넓은 대상에 어필할 수 있기 때문에 상품내용이 상세한 설명을 요하는 것이 아니라면 어느 정도의 성과를 기대할 수 있다.

4. 여행상품의 광고

여행상품 광고는 상품화계획의 중요한 부분이며, 판매촉진을 함에 있어서 빼놓을 수 없는 것이다. 판매에 직접 관여하는 담당요원은 인원적 · 행동적 · 능력적인 점에 있어 한계가 있으므로, 이것을 보충하기 위해 효과적인 광고활동을 전개하게 되는 것이다.

여행상품 광고의 궁극적인 목적은 수익과 직결되는 판매증대에 있다. 여행상품은 고객이 직접적인 경험을 통해 만족도를 느낄 수 있으므로 경험할 수 있는 기회를 제공해 주고, 더불어 자사의 수익증대에도 기여해야 한다. 따라서 여행상품에 있어 광고는 고객을 끌어들이는 중요한 역할을 수행한다고 할 수 있다. 이러한 이유로 인해 여행사에서는 대중매체 등의 다양한 광고활동을 적극적으로 시도하고 있는 것이다.

여행상품의 광고기술의 국제화라는 이제까지 경험하지 못한 새로운 상황에서 여행사, 광고주 및 정부가 변화에 적응해야 하는 것은 지상과제이다. 여행상품의 광고기술 개발을 비롯한 광고에 대한 각종 파생결과의 이론터득과 전문인력의 배양이 급선무인 것이다. 이들 인력이 창의적으로 활동할 수 있는 조직의 재구축도 시급한 과제라 할 수 있다. 이제는 낡은 사고방식과 제도로는 여행상품 개발과 판매전략에 관하여 첨단기술로 무장된 외국의 여행사들과 경쟁할 수 없다.

이러한 여행상품 광고는 여행상품 개발 전, 판매 중, 판매 후의 보강광고 등으로 구분지어 설명될 수 있는데, 여행상품 개발 전의 광고는 여행상품에 관하여 고객들이 잘 모르는 시기의 광고로서, 이때가 매우 중요하다고 볼 수 있다. 도달 고객당 비용이 가장 저렴하게 수행될 수 있는 광고를 사용하며, 특별판매 조치와 같은 촉진활동을 통하여 여행상품에 대한 관심과 사용을 격려하는 것이 바람직하다.

여행상품 판매 중의 광고는 구전광고효과가 여행상품에 작용하기 시작하여 자사의 촉진노력을 보완하거나 대체하는 것이 옳다.

제4절 여행상품의 품질관리

1. 여행상품 품질관리의 개념

여행상품의 품질관리는 아주 다의적인 표현으로 받아들여야 한다. 그것은 여행상품의 개별 여행상품 부품 제공자가 제공하는 상품과 서비스의 품질이 여행사가 제조, 생산, 판매와 관계없이 여행상품의 품질을 좌우할 수 있기 때문이다. 특히 품질이라는 것을 평가할 때 어디에 초점을 두고 품질을 결정하느냐에 따라 크게 달라지기 때문이다. 예컨대, 여행상품의 부품 중 관광음식이 다이어트와 일반인에게 있어서 품질은 보편적으로 달라지기 때문이다. 대부분의 사람들에게 있어 관광 중에 먹는 관광음식은 바쁜 여정과 이동을 통한 많은 에너지의 소모로 포만감을 느낄 수 있는 관광음식을 찾으나 다이어트하는 자는 소량의 음식, 간편한 음식을 원하기 때문이다. 더구나 이들에게는 이외에도 음식의 영양가만이 아닌 시설, 청결, 위생, 종사원의 친절, 가격 등 서로 다른 측면에 품질의 중요성을 더 둘 경우에는 보편적인 품질관리책을 찾기란 어려운 것이며, 여러 여행상품의 부품을 조립, 생산하는 여행사에 있어 품질관리란 상당히 어려운 과제임에 틀림없다. 그러나 여행상품의 품질이 관광자의 관광만족에 절대적인 영향을 미친다는 것은 주지의 사실로 품질의 보장, 품질관리 등에 관한 노력을 게을리 할 수 없는 상황이다.

이러한 품질의 복합적이고 다의적인 특성 때문에 명확한 개념이나 분류에 관한 통일된 논리는 존재하고 있지가 않다. 여기서는 보편적이고, 많이 사용되고 있는 개념과 분류에 관하여 설명함으로써 품질에 대한 이해를 돕고 보다 나은 품질관리에 대한 방안을 찾고자 하는데 목적을 둔다. 따라서 품질에 대한 정의는 형이상학적 정의, 제조자 중심의 정의, 고객중심의 정의 등 크게 3가지 방법으로 접근함이 더 합리적일 것이다.

원래 품질을 뜻하는 Quality의 어원은 라틴어 'Qualitas/Qualis' (of what kind)에서 유래된 것으로 철학에서도 Kant는 "The Sensory Side of a Perception"이라고 정의하고 있다. 여러 Perception의 측면 중에서도 신경계를 통하여 느끼는 Sensory

측면을 말하는 것으로 느끼는 정도는 개개인에게 있어 서로 다를 수 있다는 점을 배제할 수는 없다. 그러나 마케팅 접근 자체가 서로 상이한 집단을 동질화, 동질성 파악을 전제로 하기 때문에 마케팅적 품질의 목표는 그러한 서로 다른 품질에 대한 느낌을 동질화시키거나 유사한 점을 수집하여 그에 합당한 품질을 제공함으로써 소기의 목적을 달성할 수 있다고 할 수 있다.

품질은 상품과 서비스에 대하여 고객의 기대치와 지각과의 차이로 다음의 〈표 10-2〉에 해당된다고 할 수 있다. 여행업에 있어 품질관리는 일련의 마케팅 과정에 의한 상품에 대해 고객이 관광소비를 통해 실제로 지각한 품질을 일치시키는 것을 경영활동의 목표로 하는 경영과정이라 할 수 있다.

표 10-2 품질의 종류

품질	내용
Internal Quality	항공, 철도, 전화, 호텔, 백화점, 유원지 등의 설비나 시설 등의 기능을 발휘하도록 보수가 잘 되고 있는지의 여부
Hardware Quality	백화점, 상점 등이 사용자에게 판매하기 위하여 사들인 상품의 품질, 레스토랑 등의 요리, 호텔의 실내장식, 철도, 항공기 등의 좌석 크기나 높이, 조명의 밝기 등
Software Quality	적정한 광고, 청구금액의 착오, 은행의 기장 착오, 컴퓨터의 실수, 배달사고, 항공기, 철도 등의 사고, 전화고장, 상품의 매진, 품절, 오손 등에 관련된 품질이다.
Time Quality	열을 지어 기다리는 시간, 판매점에서 점원이 올 때까지의 시간, 고충이나 수리신청에 대한 회답시간, 서비스요원이 현장에 도착하기까지의 시간, 수리에 요하는 시간 등
Psychological Quality	예의 바른 응대, 환대, 친절 등의 기본적 품질로써 불특정 다수의 고객과 직접적으로 접촉할 종업원에게 매우 중요한 것.

고객이 만족할 수 있는 품질의 상품 또는 서비스를 경제적으로 생산하기 위해서는 사내 모든 부문의 활동을 종합해서 관리할 필요가 있다. 이러한 측면을 강조하는 품질관리가 종합적 품질관리(TQC : Total Quality Control) 또는 전사적 품질관리(CWQC : Company-Wide Quality Control)인 것이다. 즉 TQC란 각 부문이 공통의 목적을

갖고 이를 달성하기 위해서 각 조직 내 각 그룹의 품질개발, 품질유지, 품질개선 노력들을 종합하기 위한 상호유기적인 협력체계로 구축된 시스템이다. 소위 일본식 TQC라고 불리는 모든 부문의 참가와 더불어 모든 계층의 참가 없이는 안 된다는 이른바 전사적 품질관리를 만들어 냈다.

아래의 〈표 10-3〉과 같이 Sullivan은 TQC가 CWQC의 일부분이며, CWQC에 이르기까지 TQC의 단계를 포함하여 7단계로 구분하고 있으며, 그 중 3단계는 미국형의 TQC로 규정하고 있고, 4단계부터 7단계까지가 일본이 미국에 비해 품질이나 비용 면에서 앞서는 주된 이유가 되는 CWQC로 정의하고 있다.

표 10-3 전사적 품질관리

구분	단계	내용
TQC	1단계	제품지향(Product-oriented) - 생산 후의 검사, 완제품의 감사 및 문제해결 행위
	2단계	공정지향(Process-oriented) - SQC와 과실방지 등을 포함한 생산공정상의 품질보증
	3단계	시스템지향(System-oriented) - 설계, 제조, 판매, 서비스 등과 같은 모든 부서에 관계된 품질보증
CWQC	4단계	인간성(Humanistic) - 교육훈련을 통한 모든 종사원의 사고방식의 전환
	5단계	사회지향(Society-oriented) - 저가로 더 큰 기능을 갖도록 제품과 공정설계의 최적
	6단계	비용지향(Cost-oriented) - 품질손실 비용함수의 설정
	7단계	고객지향(Consumer-oriented) - 조작적인 용어로서 품질함수를 소비자의 선택이라 정의

자료 : Sullivan, 1996.

여기서 고객지향은 고객만족경영을 실현하기 위해 고객에게 접근하는 방식을 선택하게 되는데 고객만족을 위해 시장조사를 통해 고객의 요구와 욕구를 파악하고 이에 따라 경영활동을 전개해 가는 경영방식이다. 따라서 시장정보의 획득, 획득한 시장정보의 사내확산, 시장정보에 의한 대응 등을 통해 경영활동을 전개해 가는 경영방식으로 고객만족을 경영의 최우선 과제로 모든 경영활동을 전개해 가는 경영방식으로 이러한 경영방식에 의할 때 여행업 경영의 일차적 목표는 고객의 만족에 있으며, 목표이익의 실현은 고객만족 경영의 결과물로 인식하게 된다.

여행사의 발전에 있어서 이익은 필수요건이다. 그렇지만 이익추구는 장기적인 안목에서 볼 때 품질우의에 의한 경영을 기본으로 하지 않으면 안 된다. 이러한 품질의 범주는 다음과 같은 데에 초점을 두어야 한다.

그림 10-1 품질관리의 범주

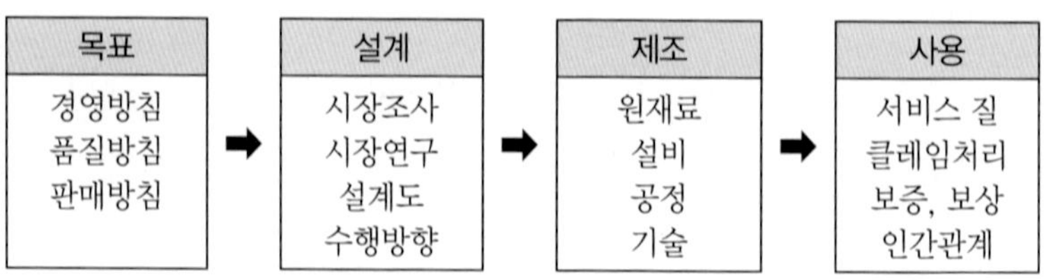

종래의 경영이라고 하면 우선적으로 이익을 올리는 일만이 목적이어서 모든 활동이 이익만을 추구하는 면이 강했다고 할 수 있다. 그러나 여기에는 한계가 있어서 발상의 전환을 하여 품질을 통한 사용자의 이익을 우선으로 하는 것이 결국 자기 회사의 이익에 기여할 수 있다고 판단하게 된 것인데, 요컨대, 고객 내지 소비자가 요구하는 품질의 급부를 산출하는 품질중시의 경영이다.

품질중시의 경영은 현장의 작업자들은 물론 최고경영층에 이르기까지 전체 구성원의 협조가 무엇보다 필요한 것으로 특히 최고경영층의 이해와 적극적인 참여 없이는 소기의 성과를 거두기 힘들다.

2. 여행상품 품질관리의 의의

여행업은 경영의 영세성과 모방의 용이성, 유사성, 무형성 등 여행상품이 가지고 있는 한계로 인하여 수요창출에 있어 그 제한적인 요소가 산재해 있다.

여행업에 있어 초기에는 '만들기만 하면 무조건 팔리던 시대' 로 생산지향적인 시대였으나, 최근의 급속히 변화는 관광시장의 경향으로 볼 때 현대의 관광시장은 여러 과정을 거쳐 고객의 만족 없이는 결코 고객을 유치 할 수 없을 뿐만 아니라 여행사의 유지조차 장담하기 어려운 실정이다. 다시 말해서 지금의 관광시장은 고객만족 경영시대의 양상을 나타내고 있다.

여행상품의 품질관리는 인적자원과 부품조립 과정의 효율적 관리가 수반되는 가운데 Principal과 랜드투어 오퍼레이트와의 효율적 연계가 잘 조성되어 고객에게 제공될 때 소비자의 만족을 창출할 수 있는 점에서 품질의 제한성과 복합성을 견지하고 있다고 사료된다.

현대의 시장경향과 같이 품질지향, 고객지향 시장에서는 품질이 사업성패에 중요한 요건이 되기 때문에 품질이 중요한 사업전략 부분이고, 사업전략 계획의 중요한 요인이 된다. 이러한 여행상품의 품질관리는 사업의 수익성과 여행사의 존립에 지대한 영향을 미친다. 일반 제조업과 마찬가지도 여행사의 품질관리 또한 사업전략 계획, 현대 사업개념에 있어 중요한 분야 중 하나로 체계화되었다. 다시 말해서 여행사의 상품의 품질우열이 관광상품의 상품성, 즉 상품이 될 수 있느냐 없느냐를 결정하는 전제가 되고, 최종적으로 소비되는 것을 목적으로 하고 있다.

3. 효과적인 여행상품 품질관리

여행상품은 인적요소인 서비스 질에 의해 상품 품질의 내용이 차이를 지니며, 상품이 가시적이면서 유형적 재화가 제공되지 않음으로써 구매단계에서 소비자의 지각위험 및 심리적 경제적 정서적 욕구만족에 따른 많은 위험을 동반하는 점에서 관광자의 상품 구매과정이 일반화재와 다른 속성을 견지하고 있다.

또한 여행상품은 관광관련 업체의 사전 판매과정과 상품의 이용단계 및 사후 판매단계에서 이용부품의 대상고객에 부합할 수 있는 효율적인 조립과 이용시설의 시설환경 및 자원환경에 의해 상품의 질이 유지되는 점에서 일반재화와 차별화 된 상품의 품질관리를 위한 노력이 요구된다.

더 나아가서 서비스의 산출과정과 결과에 대한 제내용이 생산자군의 비교와 다양한 소비자 의식 및 수용력과 관계되어 있기 때문에 소비자의 만족수준을 예견하기가 매우 힘들 뿐만 아니라 서비스재의 전달과정과도 관련되어 있기 때문에 더욱 평가하기가 힘들다.

그러므로 여행업체는 업체별 브랜드상품의 개발과 고객이미지의 해당업체에 대한 고착화된 위상의 확보를 위한 노력이 요구되고 있는 실정이다.

이러한 점에서 여행상품의 품질관리는 여행업 종사자의 근무환경 개선의 정착과 우수한 직원의 확보를 위한 신수요 및 기존 고객의 창출과 유지를 위한 노력이 요구되고 있으며, 상품의 개발을 위해 Principal과 랜드투어 오퍼레이터의 적정한 거래선의 확보와 적정 수요예측에 의한 장기계약과 적정 관광자 이용시설의 확보가 아울러 요구되고 있다.

여행업체가 고객수준별, 여행상품의 테마 유형별로 상품을 공급 할 경우, 테마별 대상고객 확보를 위해 여행사는 내외적인 노력을 해야 한다. 고객 기대에 부응할 수 있는 상품을 유기적으로 원활하게 제공하고, 여행상품의 효과적인 품질관리를 한다면 시장에서 경쟁력을 제고할 수 있을 것이다.

행사는 제품별 차별화를 신용도, 가격, 브랜드 명, 소비자의 인지도, 상품조립에 따른 능력, 연구개발에 의한 상품 제공력, 투어코스, 여행상품의 개발능력 등에 의해 고객에게 차별화되어 제공할 필요가 매우 요청되고 있다.

이러한 관점에서 여행사 요원인 인적자원의 효율적인 관리와 고객의 인지도가 확대될 수 있는 브랜드 상품의 개발과 부품조정 과정에서 상위업체들과의 품질관리 연계성의 유지 및 부품 기획조직력의 증대를 기함으로써 상품판매의 극대화를 창출할 수 있는 품질전략 강화방안의 강구가 절실하다.

여행상품의 품질경영의 핵심은 결국 관광자의 Needs를 파악하여 이를 정확하게 일치시켜 계획품질과 구매품질이 오차가 발생되지 않고 고객의 기대에 만족되게 완성된 품질이 결국 고객에게 전달되도록 하는 것이다.

1) 여행업의 관광자 만족

여행상품의 품질은 관광자의 만족과 직결된다. 관광자 만족은 기대와 기대 불일치의 함수이며 만족은 태도변화와 향후 여행상품의 선택속성에 영향을 미친다.

여행업의 관광자 만족이란 관광자에게 상품 및 서비스에 대한 만족을 주기 위하여 그들의 만족도를 정량적, 정기적으로 측정하고 그 결과에 따라 상품 서비스를 관리하고 지속적으로 개선해 나가는 경영활동이다. 관광자 중심의 경영으로 상품과 여행사의 이미지에 대한 관광자 만족이 최우선적인 모든 기업활동을 실행하는 것을 의미한다.

즉, 여행업을 이용하는 관광자의 관광 만족을 위해서는 현장에서 고객과의 '진실의 순간' 에서 고객들의 욕구를 찾아 항상 독창적인 방법으로 충족시킴으로써 고객의 만족 여부를 조사하여 바람직한 방법을 경영자들에게 제안하고 또한 지시를 받으면서 전사적인 관점에서 관리해야 한다.

2) 관광자 만족의 영향요인

관광자의 여행상품 만족에 영향을 미치는 영향요인은 실로 다양하다. 여행자의 욕구는 개개인의 환경, 성격, 컨디션 등 다양한 요소들에 의해 좌우될 수도 있기 때문이다. 또한 여행상품의 만족기준의 설정이 차이가 많기 때문에 보편적인 만족기준이란 존재할 수 없다.

관광자가 관광에 앞서 관광안내원, 과거경험, 구전 등을 통하여 획득한 몇 가지 기대를 가진다는 것은 부정할 수 없고 두 가지 형태의 기대가 있다. 즉, 일반적인 기대와 구체적이고 상세한 기대이다. 일반적인 기대는 좋은 식당, 좋은 기후, 아름다운 해안 등과 같은 것들을 포함하고 구체적인 기대는 혼잡하지 않은 해안, 관광가방분실방지, 친절한 접객원 등을 포함한다. 일반적인 기대는 구체적인 기대보다 더 확인하기가 쉽기 때문에 관광자는 관광에 대하여 완전하게 예측할 필요가 없고 일반적인 기대와 구체적인 기대를 모두 가질 수 있다. 이것은 기대하지 않은 좋은 활동은 더 높은 수준의 만족이 되는 관광경험의 지각된 성과를 향상시킨다.

휘플과 태취(Whiipple, T. W and S. V. Thach)는 나이아가라 폭포를 관광한 자동차 관광자의 관광참여 만족을 연구하였는데, 이들이 이용한 관광자 만족/불만족의 기대불일치 이론은 기대, 성과, 불일치, 만족, 재구매의도를 포함하고 있다. 여기에서 기대는 상품과 상품이용의 결과에 관한 신념이고, 성과는 지각된 편익의 수준이고, 불일치는 기대한 것과 지각한 것과의 3차이고, 만족은 소비경험에 대한 감정적 반응이다. 관광서비스(관광안내 서비스와 출발의 편의성)와 관광자원(자연경관)이 관광자 만족과 재구매의도에 매우 유의적이라는 사실을 도출하였다. 또한 최초 관광자는 경험이 많은 관광자보다 더 높은 기대를 하고 관광 후에 더 낮은 성과를 얻었으며, 게다가 경험수준은 패키지상품의 가치관계에 대한 관광전이나 또는 관광후의 신념에 영향을 미치지 않고, 성과는 기대나 기대불일치보다 제구매의도를 나타내는 더 나은 지표라는 것을 밝혔다.

일반적으로 관광자의 만족에 영향을 미치는 요인들은 여행사의 전체적인 이미지, 여행상품의 이미지, 신속성, 관광행동의 다양성, 관광자의 심리적 안정감, 경제성 등을 들 수 있을 것이다.

3) 여행상품의 품질관리와 관광자 만족의 상관성

여행상품의 전사적 품질관리는 품질은 관광자에 의해 정의된다. 즉 관광자의 욕구에 의해 유형재나 무형재의 특성이 정의되어야 하며, 이것이 진정한 고객 만족으로 이어지고, 더 나아가서는 관광자의 즐거움, 감동을 창출할 수 있다. 그리고, 여행상품의 품질은 관광자 만족을 충족시키는 여행상품을 생산하는데 있어서 과정을 중시하여 인간위주의 경영시스템을 지향하는 것이다.

여행상품의 품질관리는 관광자와 항상 접촉하는 종사원들이 진실의 순간을 통하여 관광자가 원하는 욕구를 파악하여 곧바로 반영하여 서비스 품질을 향상하는데 반영함으로써 급변하는 관광자의 욕구를 충족시키고자 하는 것이다. 따라서 효과적인 여행상품의 품질관리는 관광자를 만족시키기 위한 선행변수로 볼 수 있다.

4) 여행상품의 품질관리 방법

여행상품의 품질은 지각 · 기대 · 만족과 관련지어 설명하는 것이 일반적이다. 여행업에서 여행상품의 품질관리를 위한 구체적인 방법은 2가지로 요약할 수 있다.

(1) 관광자의 Needs 파악

여행업의 경영자나 종사원의 관점에서 여행상품을 제공하는 것이 아니라 관광자의 측면에서 그 특성을 분류하여 상황에 알맞은 상품을 제공하는 것이 여행상품 품질관리의 첫단계라 할 수 있다. 이는 여행상품에 대한 관광자의 기대와 지각의 정도를 파악하여 여행상품을 개발하는 것으로 여행상품을 구성하는 물리적인 상품구성과 인적인 상품구성을 종합하여 제공함이 원칙이다.

(2) 시설업자에 대한 품질관리

여행업과 시설업은 각기 다른 사업체로써 독립적으로 존재하지만 여행상품의 부품을 공급하는 시설업자는 여행상품의 공급시장을 구성하는 중요한 요소이다. 따라서 이들에 대한 관리가 궁극적으로 여행상품의 품질을 관리하는 것이 된다.

여행상품의 유형성 부족은 관광자에게 여행상품의 품질에 대한 확신성을 제공하지 못하기 때문에 대부분의 선행연구자들은 여행상품의 품질관리를 위해서는 여행상품을 구성하고 있는 품질요인이 무엇이냐에 관심을 갖게 되었고, 그 요인을 어떻게 관리하느냐가 여행상품의 품질관리이다.

제11장

여행업 마케팅

제1절 여행업 마케팅의 개념

1. 마케팅의 개념

마케팅의 용어는 이미 20세기 초반에 미국에서 등장한 것으로 알려져 있는데, 대부분의 사람들은 아직까지 판매 또는 광고를 마케팅으로 잘못 생각하고 있다. 판매와 광고는 마케팅 활동을 수행하기 위한 하나의 수단에 불과하며, 마케팅의 개념은 이보다 훨씬 넓은 의미를 지니고 있다. 마케팅에 관련된 정의는 학자에 따라 다양한 형태로 제시되고 있으나, 공통된 내용을 정리하면 '마케팅이란 인간의 욕구와 필요를 만족시키기 위해서 상품과 서비스를 교환하는 것(Marketing is exchange of goods and services to satisfy human needs and wants)' 이라는 개념으로 나타난다. 이러한 마케팅 정의는 욕구 · 필요 · 만족 · 교환 등 중요한 개념이 포함되어 있다. 이러한 개념들을 그림으로 제시하면 〈그림 11-1〉과 같다.

마케팅에 대한 이해는 먼저 인간의 욕구와 필요를 구분하여 이해하는 것으로부터 시작된다. 인간의 필요(Human Need : 기본적 욕구, 1차적 욕구)란 어떤 기본적인 만족이 결핍됨을 느끼는 상태이다. 사람들은 생존하기 위해서 음식 · 의복 · 주거지 · 안전 ·

소속감 · 존경 등을 요구하게 되는데, 기본적 욕구는 그들이 존재하는 사회나 마케팅 관리자들에 의해서 창조되는 것이 아니라 인간의 생리와 조건의 구조에 존재한다. 따라서 인간이 어디인가 관광을 해야 하는 것은 이러한 필요에 속한다고 할 수 있다.

그림 11-1 마케팅의 핵심개념

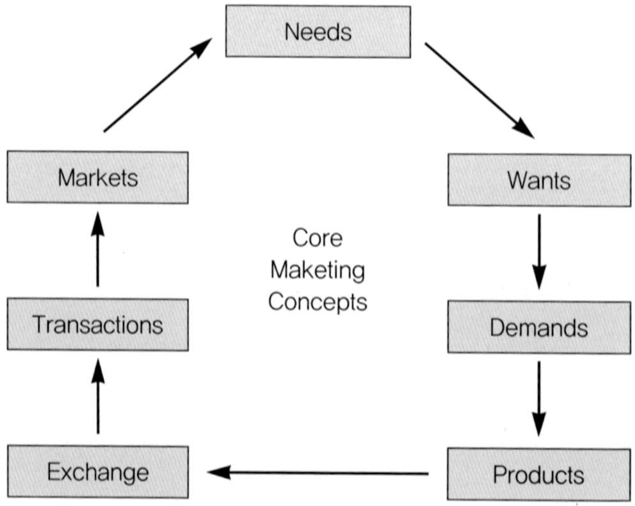

자료 : 윤대순, 1999 : 22.

이에 비해 욕구(Want : 2차적 욕구)란 앞서 제시된 필요를 특별하게 만족시키는 것에 대한 갈망으로 문화와 개성에 의해서 모양이 갖추어진 기본적 욕구를 충족시키기 위한 형태이다. 즉, 서울에서 부산까지 관광을 함에 있어 항공기를 이용하여 이동하고 싶다던가, 철도를 이용하여 이동하고 싶다던가 하는 것은 이러한 욕구에 속한다고 할 수 있다.

만족(satisfaction)은 고객의 기대에 비하여 가치를 전달하는데 있어 상품에 대해 지각하는 성능에 좌우된다. 여름휴가를 위해서 여행사의 상품을 선택하였는데, 고객이 바라던 날짜에 출발하지 못하면 불만족스러운 경험을 하게 된다.

마케팅은 사람들이 교환(exchange)을 통해서 1차적 욕구와 2차적 욕구를 충족하려고 결정하였을 때 발생한다. 교환이란 어떤 대상으로부터 바람직한 목적물을 획득하고 그 대신에 그 대상에게 어떤 것을 제공하는 행위이다. 교환은 사람들이 바람직한 목적물을 획득할 수 있는 여러 가지 많은 방법들 중의 하나이다. 배고픈 사람은 사냥 · 낚시 · 과일채취 등으로 식량을 마련할 수 있다. 그들은 어떤 사람들로부터 음식을 구걸하거나 얻을 수도 있으며, 또는 그 음식에 대해서 돈을 지불하거나 다른 재화나 서비스를 제공함으로서 배고픔을 음식으로 채울 수 있다.

교환은 마케팅의 가장 중요한 핵심개념이다. 교환을 발생시키기 위해서 몇 가지 조건이 만족되어야 한다. 적어도 서로 교환할 수 있는 2개의 대상이 있어야 하며, 서로가 어떤 가치를 지니고 있어야 한다. 서로가 제공하는 대상물에 대해서 수용하기도 하고, 거부하기도 하는데, 결국 이렇게 함으로써 의사소통과 전달이 가능해진다. 이러한 조건들이 교환을 가능하게 한다.

마케팅을 보는 관점은 1930년대 이후로 시작해서 1990년대까지 조금씩 그 관점이 달라지고 있다. 즉, 1930년대는 '상품에 대한 소유권의 변화', '생산지점에서 소비지점에 이르는 제품 및 서비스의 흐름에 관련된 각종 사업활동'이라고 생각하였고, 1960년대는 '생산자로부터 소비자 또는 사용자에 이르는 제품 및 서비스의 흐름을 통제하는 기업활동'이라고 보았으며, 1970년대 이후는 '고객지향의 필연성과 마케팅의 사회성(환경보전)'의 관점으로 보았고, 1985년 미국마케팅협회는 "개인 및 조직의 목표를 만족시키는 교환을 실현하기 위하여 아이디어, 제품 및 서비스의 개념구성, 개발, 가격설정, 프로모션 및 유통을 계획 · 실시하는 과정"이라고 정의하였다. 1990년대에 들어와서 코틀러(Kotler)는 "개인과 집단이 다른 사람과 상품 · 가치의 교환 · 창출을 통해 그들이 필요로 하고 원하는 것을 얻는 사회적 · 관리적 과정"이라고 마케팅을 정의하고 있다.

표 11-1 마케팅을 보는 관점의 변화

구분	단체	마케팅의 정의 내용
1930년대	Ronald Vail	상품에 대한 소유권의 변화(change in ownership)
1940년대	AMA	생산지점에서 소비지점에 이르는 제품 및 서비스의 흐름에 관련된 각종 사업활동
1960년대	AMA	생산자로부터 소비자 또는 사용자에 이르는 제품 및 서비스의 흐름을 통제하는 기업활동
1980년대	AMA	개인 및 조직의 목표를 만족시키는 교환을 실현하기 위하여 아이디어, 제품 및 서비스의 개념구성, 개발, 가격설정, 프로모션 및 유통을 계획 · 실시하는 과정이다.
1990년대	Kotler	개인과 집단이 다른 사람과 상품 · 가치의 교환 · 창출을 통해 그들이 필요로 하고 원하는 것을 얻는 사회적 · 관리적 과정
2000년대		구매자들의 입으로 전하는 구전 마케팅과 입소문 마케팅으로 소비자가 직접 평을 하는 과정. 스마트폰의 확대로 인하여 소셜미디어와 SNS를 통한 홍보 효과가 구매자들로 직접 주문을 유도하기도 함

자료 : 저자 구성

2. 마케팅의 이해

마케팅을 완전히 이해하기 위해서는 판매 · 광고 · 촉진의 좁은 범위를 벗어나야 한다. 마케팅에는 상품판매 · 상품촉진 · 상품광고 등 3가지 활동이 모두 포함되지만, 이러한 활동은 마케팅의 일부분일 뿐이다. 즉, 교환 · 시스템 · 경영철학으로서의 마케팅을 이해해야 한다. 따라서 마케팅을 이해하기 위해서는 인간의 욕구와 필요를 만족시킬 수 있는 상품의 교환, 총체적 경영활동의 관리가 가능한 시스템으로서의 마케팅, 경영철학으로서의 마케팅으로 파악해야 한다.

1) 교환개념으로서의 마케팅

마케팅개념은 기본적으로 인간의 필요와 욕구를 만족시키고자 하는 상품과 서비스의 교환으로서 정의하고 있다. 이러한 교환은 거래라고도 한다.

상품은 눈으로 볼 수 있는 상품이라고 한다. 바꾸어 말하면, 상품은 촉감으로 느낄 수 있는 제품으로서 자동차 · 의류 · 구두 등이다. 서비스는 눈으로 볼 수 없는 상품이다. 즉, 서비스는 촉감으로 느낄 수 없는 상품으로써 콘서트, 항공기를 이용한 한국에서 미국으로 비행, 여행상품의 구매 등이다.

인간의 필요는 인간의 생존에 필요한 그 어떤 것이라고 할 수 있다. 예를 들면, 인간이 생존하는 데 없어서는 안 될 음식과 같은 것이다. 또한 필요는 사람이 반드시 가져야 할 어떤 것, 또는 인간의 복지를 만족시키기 위한 것이다. 물론 이러한 형태는 개개인마다 다양하게 나타나며, 또 감정적 · 정신적 · 물리적일 수도 있다.

인간의 욕구는 동일시된 필요를 만족시키는 특별한 상품 또는 서비스에 대해 소유하고 있는 사람들의 선호나 욕망 등으로 정의될 수 있다. 예를 들면, 우리나라에서 일본으로 관광하고자 할 때(욕구) 보통 비행기를 이용하지만, 관광유람선을 이용하여(필요) 관광하는 사람도 있다.

마케팅은 필요와 욕구를 만족시키기 위해 상품과 서비스를 교환할 때마다 발생한다고 한다. 상품과 서비스는 돈과 교환할 수 있거나 다른 상품과 서비스로 교환될 수도 있다. 고객이 패키지상품을 구매하고자 할 때 관광관련업체의 향후 서비스와 여행사의 서비스를 돈과 교환한다.

고객은 적당한 여행상품을 적당한 가격으로 구매하고자 할 때 여행사는 적당한 여행상품과 적당한 가격으로 판매하고자 한다. 여행사와 고객의 교환 후에 고객은 친절한 상담을 바탕으로 적당한 상품을 구매하기 때문에 고객은 만족하며, 여행사는 고객을 즐겁게 하며 판매를 하기 때문에 여행사 나름대로 또한 만족하게 된다.

2) 시스템개념으로서의 마케팅

시스템은 조직화된 통일체의 형태를 가진 각 요소들의 연결된 집합체이다. 각 요소들은 독립적이다. 만약 한 요소가 연결되지 않거나 소멸하게 되면 시스템은 효과적으로 기능을 발휘할 수 없다. 어떤 의미에서 시스템은 전혀 그 역할을 소화해 내지 못한다.

일상생활에서 시스템의 예는 상당히 많이 존재하고 있다. 자동차 엔진은 좋은 예가 될 수 있다. 각 부품들 중 하나가 없어지게 되거나 제대로 연결되지 못하면 엔진의 기능은 제대로 수행하지 못하게 된다. 요리도 마찬가지다. 많은 재료(요소)들이 연결되어 음식(통일체)의 형태로 나타나게 된다. 연구과제를 작성하는 것도 시스템이다. 조사 · 분석 · 글쓰기(요소) 등이 서로 연결되어 보고서(통일체)로서의 모습을 갖추게 된다. 여행상품도 마찬가지이다. 여행상품은 여러 가지 요소로 구성되어 있다. 숙박 · 편의시설 · 교통수단 · 식음료 등 어느 한 가지 배제할 수 없는 것이다.

시스템 접근방식은 관리적 요소들을 자세하게 분해함으로써 복잡한 상황이 무엇인지를 관리하도록 하는 것이다. 따라서 기업에서의 시스템적 접근은 문제를 해결할 수 있도록 한다. 예를 들면, 자동차가 제대로 작동되지 않으면 새로운 차를 사거나 고장난 부품들은 교환하게 된다. 마찬가지로 기업도 역할과 경영이 제대로 수행되지 않으면 문제를 확인하여 해결할 때까지 분석해야 한다.

결국 마케팅은 상품을 생산하고, 촉진하며, 가격을 결정하고, 유통경로를 설정하는 활동이라고만 생각할 수 없고, 고객의 욕구와 필요를 만족시키는 방법을 함께 첨가한 각 활동의 총체이다.

3) 경영철학 개념으로서의 마케팅

경영철학으로서 마케팅을 이용하는 기업들은 마케팅지향 기업이라고 할 수 있다. 1960년대 이후 기업의 규모와 형태는 다양화되어 마케팅지향을 기업들이 많이 채택하게 되었으며, 시장이 기업의 중심이 되었다.

현대의 기업은 어떻게 생산을 증가시키고, 판매를 증가시킬 것인가에 집중하기보다는 미리 목표를 결정하고, 목표수행에 대한 평가를 한다. 목표설정 없이는 기업이 성공할 수 없고, 성공과 수행의 측정수단 기준이 있을 수 없다.

3. 여행업 마케팅의 개념

앞에서 설명한 마케팅개념을 이용하여 여행업마케팅을 정의하면, 여행업 마케팅이란 "여행업 조직의 목표를 위하여 가치있는 상품을 창조 · 제공하고, 또한 교환을 통해서 개인과 집단이 필요로 하는 것을 그들이 획득할 수 있도록 상품 · 서비스 · 가격 · 촉진 · 유통을 계획하고 수행하는 과정이다"라고 할 수 있다.

여행업 마케팅이 개념은 4가지 중요한 축, 즉 표적시장, 관광자욕구, 통합적 마케팅 및 수익성에 근거한다. 이러한 내용들은 시장지향적인 여행사와 판매지향적인 여행업을 비교함으로써 쉽게 설명된다. 즉, 판매지향적인 여행업은 현존하는 상품에 집중하고, 또한 상품판매가 이익이 되도록 강매와 촉진을 한다. 반면에 시장지향적 여행업은 관광시장을 정의함으로써 출발하여 관광자의 욕구에 집중하고, 관광자에게 영향을 미칠 수 있는 모든 활동을 통합하여 관광자 만족을 충족시킴으로써 이익을 창출한다. 따라서 여행업의 마케팅은 매출액의 감소, 성장의 둔화, 소비자의 구매패턴, 취향, 생활양식 등의 급격한 변화, 시장경쟁의 심화, 마케팅 경비의 급격한 증가와 영업수익의 감소 등 여행업의 내·외적으로 환경이 심하게 변할 때 꼭 필요한 활동이다. 또한 여행업 마케팅 관리자는 여행사 이익의 극대화, 여행사의 생존과 성장인식, 관광시장에서 경쟁상의 강점확보, 사회적 책임을 다하는 선량한 기업시민을 추구해야 한다.

표 11-2 판매지향 여행업과 시장지향 여행업의 비교

구분	생산지향적 여행사	마케팅지향적 여행사
최고경영층	회사 위주의 사고방식 생산 · Operation출신이 중심	고객 위주의 사고방식 마케팅 출신이 최고경영층 장악
상품계열	협소하다. 만든 것을 파는데 중점	폭넓다. 팔릴 수 있는 상품을 만들어 판다.
조직편성	권한집중적이다. 수직적 권한과 통제를 강조	권한분산적이다. 조직계층의 수가 적고, 상품중심의 수평적 권한을 강조한다.
목표	사내 여건이 강한 영향을 미친다. 단기적이고 능률과 방법을 강조한다.	외부환경을 고려하여 책정한다. 장기적이고 전략과 계획을 강조한다.
조사연구	상품생산 관련조사가 중심	마케팅조사와 분석조사가 중심
재무	판매가격보다 원가를 강조 어떻게 싸게 할 것인가를 강조	원가보다 시장가격을 강조 고객의 지불능력 가격과 경쟁업체 반응에 관심
수익창출	판매량을 통하여	고객만족을 통하여
시장조건	판매자 위주의 시장 상품 대 상품 경쟁(허니문 : 허니문)	구매자 위주의 시장 상품 비계열 경쟁(에어콘 : 국외관광)
지향성	직원 및 회사지향적	고객 및 시장지향적
생산개념	이 상품은 우리가 만든 것인데 판매할 수 있는가?	이것이 고객이 원하는 상품인데 경제적으로 생산할 수 있는가?

자료 : 윤대순. 2006 : 558.

여행업 마케팅의 개념을 파악하기 위해서는 〈그림 11-2〉를 참고로 하며, 여행업 마케팅과 관련된 관광조직은 〈표 11-3〉과 같다.

표 11-3 여행업 마케팅과 관련된 관광조직

이동과 관련된 조직	관광과 환대조직	환대조직
• 교통수단 – 항공교통 – 지상교통 – 해상교통	• 관광매력물 • 여행사 소매업 • 투어 오퍼레이터(tour operator) • 여행사 도매업 • 크루즈 오퍼레이터(cruise operator) • 각종 회의 오거나이저(organizer) • 관광지 • NTOs	• 숙박시설 – 호텔 – 리조트 – 모텔 – 야외캠핑 · 카라반 • 레스토랑 · 바 • 유흥시설 • 레저시설

자료 : 윤대순. 2006 : 558.

그림 11-2 여행사마케팅의 개념도

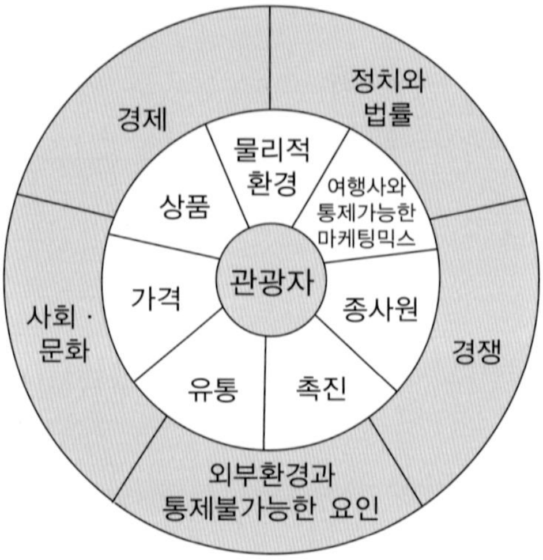

자료 : 윤대순. 2006 : 558.

4. 여행업의 마케팅환경 분석

마케팅은 시장, 즉 고객과 경쟁기업을 늘 의식하고 이들의 변화를 추적, 이에 즉각적으로 대응해야 하는 대외적인 활동이기 때문에 시장중심의 기업경영에서 시장의 변화를 제때 알아차리지 못하거나 인지된 변화에 대한 적절한 대응이 늦어진다면, 변화가 심한 경쟁사회에서 극복하지 못하고 도태하고 만다. 따라서 여행업은 그 자체를 시스템으로 이해하고 기업과 환경과의 관계를 긍정적으로 받아들일 뿐 아니라, 이 둘은 상호의존적이어서 분리해서 생각할 수 없다고 믿어야 한다.

마케팅환경을 구성하는 요인은 그 수가 많고 복잡 · 다양하기 때문에 체계적으로 이해하기 위해서는 일정한 기준에 따른 분류가 있어야 한다. 본 장에서는 기업의 미시환경(기업, 부품제공업자, 고객, 경쟁업체, 공중)과 거시환경(인구통계, 경제, 자연, 기술, 정치, 문화)으로 나누어 설명하고자 한다.

1) 여행업의 미시환경

여행업의 미시환경은 관광자에게 상품과 서비스를 제공하는 능력에 영향을 미치는 영향요인으로 기업과 아주 밀접한 관계가 있는 것으로 여행사, 부품제공업자, 마케팅 중간상 등이 있다.

(1) 여행업

최고경영자는 여행업의 사명, 목표, 전사적 전략 및 방침 등을 수립한다. 마케팅관리자는 반드시 최고경영자가 설정한 계획범위 내에서 의사결정을 해야 할 뿐만 아니라, 그들이 마케팅계획을 실행하기 전에 마케팅계획은 최고경영자의 승인을 받아야 한다.

(2) 부품제공업자

부품제공업자는 여행업의 전반적인 관광자 가치전달 시스템에서 중요한 연결요소이다. 즉 이들은 여행사가 상품과 서비스를 생산하는 데 필요한 부품들을 제공한다. 보통 Principals이라고 하는데, 호텔 · 콘도 등의 숙박시설과 음식을 제공하는 식당 · 항공사 · 철도 · 버스 · 선박 등의 교통관련업체 등이 중요한 부품제공업자이다.

(3) 마케팅 중간상

마케팅 중간상(marketing intermediaries)은 최종구매자에게 상품을 촉진 · 판매 및 유통시키는 과정에서 여행사를 도와주는 관광관련조직이다. 여기에는 마케팅 서비스대행사, 금융기관 등이 있다. 마케팅 서비스대행사는 마케팅 조사기업, 광고대행사, 매체기업 및 마케팅 자문회사 등이 있는데, 이들은 여행사가 표적시장을 선정하고, 그 시장에 상품을 촉진하는 데 여행사를 보조한다. 상기 서비스대행사를 이용할 때는 각 대행사의 창의성 · 품질 · 서비스 및 가격 등이 상이하므로 신중하게 결정해야 한다.

금융기관은 상품의 구입 및 판매와 관련된 위험에 대한 재무거래나 보증을 도와주는 은행, 신용회사, 보험회사 및 다른 경영체를 포함한다.

(4) 경쟁업체

모든 여행업은 다음의 4가지 측면에서 경쟁사들과 함께 경쟁을 하고 있다.

첫째, 동일한 관광자에게 비슷한 가격 · 상품 · 서비스를 제공하고 있는 경쟁업체가 존재한다.

둘째, 경쟁사는 동일한 상품이나 상품계열을 생산하고 있다.

셋째, 동일한 서비스를 제공하는 경쟁사가 있다.

넷째, 동일한 관광자를 표적시장으로 선정하고 있는 경쟁사들이 동일한 서비스를 제공하는 경쟁사보다 훨씬 많다.

따라서 여행사는 시장의 크기, 틈새시장의 유무, 경쟁사의 상품 · 서비스 · 가격전략, 시장점유율, 판매량, 영업수익률, 산업외적인 경쟁환경 등을 고려해야 한다.

그림 11-3 기업의 미시환경 주요요인

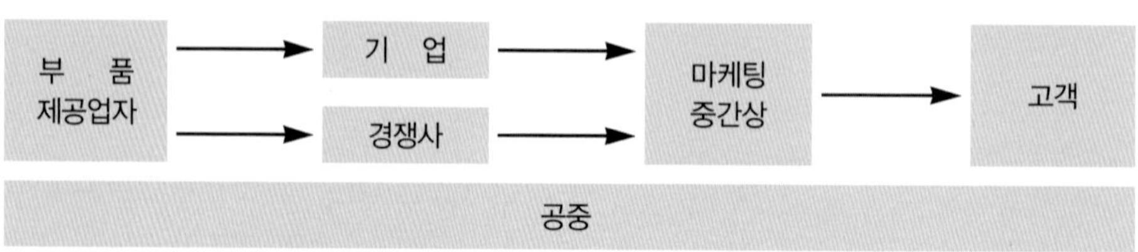

자료 : Kotler, P., J. Bowen and J. Makens. 1996 : 103. 윤대순 : 2006:561 재인용

2) 여행사의 거시환경

(1) 인구통계환경

시장은 사람들로 구성되어 있기 때문에 마케팅관리자가 제일 먼저 고려해야 할 첫째 환경요인은 인구통계이다. 인구통계는 인구 수 · 인구밀도 · 주거지 · 연령 · 성별 · 인종 · 직업 및 기타 등의 통계치를 기준으로 한 인구에 대한 연구를 말한다.

(2) 경제적 환경

경제적인 환경은 여행사뿐만 아니라 모든 기업에서 가장 주목해야 할 기업의 환경이다. 국민소득의 추이, 불경기와 호황기, 주식의 상승과 하락, 부동산의 매매현황, 기업의 상여금, 환율 등을 항상 주시해야 한다.

(3) 자연적 환경

기업이 자연환경 훼손의 가장 큰 주제임을 감안하면, 윤리적 차원이나 법적 차원에서 이 문제에 대한 대처방안이 당연히 마련되어야 할 것이다. 아무리 좋은 상품을 생산하고 마케팅을 위해서라 하더라도 대기 · 수질, 기타 자연환경을 오염하거나 소음으로 시민의 정신건강을 위협할 수는 없는 것이다. 이런 의미에서 여행사들은 환경보존과 관련된 상품을 개발 · 생산해야 하는데, 고객의 취향이 빠르게 변화하는 환경에 대응할 수 있는 그린관광(Green Tourism)이나 생태관광(Eco Tourism) 관련상품에 관심을 가져야 할 때이다.

(4) 기술적 환경

기술적 환경이란 새로운 기술을 창조하고 새로운 상품과 시장기회를 창조하는 데 영향을 미치는 모든 영향력을 말한다. 이러한 기술적 환경은 오늘날 기업의 활동을 좌우하는 가장 중요한 요인이다.

오늘날 각 항공사들의 CRS를 통해서 호텔 · 렌터카 · 항공사 등의 예약이 한 번에 가능해졌다. 상용관광자는 호텔객실에서 2개의 전화선을 이용해서 하나는 일반전화로 이용하고, 다른 하나는 팩시밀리나 컴퓨터 모뎀으로 사용하고 있다. 관광을 자주 하는 사람들은 기술을 통해서 시간을 절약할 수 있지만, 아직까지 대부분의 많은 사람들은 사람을 통해서 상품을 제공받고자 한다. 기술의 이용으로 시간을 절약할 수 있지만, 아직까지는 모든 과정을 기술로 대체할 수는 없을 것 같다.

(5) 정치적 환경

정부는 정책이나 법을 통해 기업활동을 지원하는 기능과 규제하는 기능의 양대 기능을 수행한다. 지원기능은 정부가 여행사와 단독으로 또는 집단으로 수행하기에 힘겨운 일이나, 성격상 정부 고유의 권한이나 책임에 속하는 기능을 수행함으로써 여행사를 돕는 것을 말한다.

정부의 규제기능은 불공정 기업행위로부터 소비자를 보호하고, 자의적인 기업행위로부터 사회의 보다 큰 관심사를 보호하기 위한 것이다. 이익을 창출하고자 하는 기업활동이 항상 생활의 질을 향상시키는 것은 아니다.

전쟁이 일어나지 않는 한 관광현상은 계속되게 마련이다. 최근의 미국 9.11 테러사건은 관광의 아주 큰 악재로 적용하게 되었다.

(6) 사회 · 문화적 환경

사회 · 문화적 환경은 사회와 문화의 성격이 비슷하고, 상호 중복되는 점이 많기 때문에 함께 다루는 것이 관례처럼 되어 있다.

사회적 환경은 연령 · 인종 · 성 · 사회계층 등에 따른 구성원집단 사이의 차이가 관광자로서의 행동에 영향을 미치는 현상을 의미하기도 하고, 소비자 및 생태의 보호 등 기업의 사회에 대한 책임측면을 강조하는 뜻에서의 환경을 뜻하기도 한다. 사회적 환경은 이 두 가지 측면 모두를 포괄해야 그 균형을 잃지 않을 것이다.

문화적 환경은 사회가 지니고 있는 가치관 · 신념 · 풍속 · 관습 · 종교 · 감상 등의 총화로 이것들은 관광자의 행동과 여행사의 행태를 규제한다. 문화는 단기적으로는 안정되어 있지만, 장기적으로는 부단히 변화한다. 그리고 근래에 와서 문화의 변화속도가 빨라지고 있음을 주목해야 할 것이다. 이것은 곧 이 환경요소에 대한 보다 빠른 대처의 필요를 의미하기도 한다.

5. 여행업의 마케팅믹스

마케팅믹스의 개념은 1964년 보덴(Borden) 이후 맥카시(McCarthy)에 의해 일반화된 개념으로 기업이 표적시장에서 마케팅 목표를 추구하는 데 있어서의 도구의 집합을 뜻한다. 이러한 의미는 설정된 목표를 달성하기 위해서 마케팅 관리자가 운영할 수 있는 통제나 관리와 같은 변수들의 집합이라는 의미를 내포하고 있다.

마케팅믹스의 개념을 일반화시킨 맥카시는 마케팅 업무를 상품 또는 서비스의 판매를 통하여 특정소비자집단의 욕망을 충족시키는 것으로 파악하여 이를 위하여 상품(product), 유통경로(place), 가격(price), 촉진(promotion)의 분석 및 믹스가 필요하다고 보았다.

그러나 일반제조업을 기준으로 한 4Ps 믹스들을 서비스업인 관광분야에 적용하는 것은 무리이기 때문에 여기에서는 4Ps에 대해 간략하게 설명하고자 한다.

1) 상품믹스

현대마케팅에서 여행상품은 표적시장 세분화의 필요, 기대, 지불할 수 있는 능력 등을 위해서 끊임없이 조화롭게 적용하고 설계된다. 대부분의 관광관련조직들은 상품을 생산하고 단일상품이 아닌 여러 개의 상품을 생산한다. 예를 들면, 관광기획자는 브로슈어(brochure)의 범위 내에서 여러 상품을 생산하게 되고, 대규모 호텔은 휴가여행을 대비한 단기 패키지상품을 수십 개까지 생산하게 된다.

2) 가격믹스

가격은 생산자의 예상판매량 목표달성과 수익목표, 잠재고객이 추구하는 상품의 돈의 가치 사이에서 서로 상품에 대한 교환작용이 이루어진 협상용어로써 말할 수 있다. 그러나 관광분야에서는 일정한 가격이나 표준가격이 대부분 정해져 있다. 왜냐하면 여행업계의 가장 큰 특성이라 할 수 있는 계절성이나 한정된 수용량 때문에 특정시장조건이나 특정구매자의 세분화를 반영한 할인가격이나 촉진가격을 추진하고 있다.

3) 촉진믹스

여행사의 촉진믹스는 광고, DM(direct mail), 판매촉진, 인적판매, 브로슈어 발행, PR 활동 등을 모두 포함하고 있다. 촉진기술은 잠재고객들이 상품을 인식하도록 하며, 그들의 욕구와 수요를 자극시키는 활동이다. 또 고객이 결정하도록 생산자나 유통채널을 통해 직접 정보와 구매 인센티브를 제공하기도 한다. 촉진기술은 너무 광범위해서 촉진믹스라는 용어로 흔히 실무에서도 사용된다.

4) 유통믹스

일반적으로 유통(distribution)은 여행사마케팅에서 광의의 개념과 협의의 개념 두 가지로 나누어 볼 수 있다. 광의의 개념에서는 여행사 자체가 관광자와 여행상품 구성요소의 공급업체 사이의 중간상으로 존재하여 중요한 유통경로로 이용되고 있기 때문에 여행산업 전반의 핵심적인 유통업자로서 위치하고 있다. 또한 협의의 개념에서 여행업의 유통은 여행상품을 기획하고 생산하는 여행사, 이를 판매하는 기능에 집중하는 여행사 등으로 흔히 도매업여행사와 소매업여행사로 구분하고 있는 경우도 있으나, 이는 기능상의 문제일 뿐 도 · 소매를 병행하고 있는 여행사가 대부분이므로, 이를 여행사를 분류하는 방법으로 사용하기는 곤란하다.

제2절 여행업의 마케팅조사와 마케팅 정보시스템

1. 마케팅조사의 개념

여행업에서 마케팅조사는 경영의사결정을 위한 실행 가능한 정보의 제공을 목적으로 자료를 체계적으로 획득 · 분석 · 해석하는 객관적이고 공식적인 과정이라고 할 수 있다.

마케팅조사는 특정시장에 관해서 수집된 정보를 주의 깊게 분석하는 것이다. 마케팅 정보시스템은 사업과 관련된 어떤 정보의 경영과 자료를 수집하는 것이며, 마케팅을 결정하는 데 있어서 보조역할을 한다.

한 기업의 마케팅조사는 마케팅 정보시스템의 일부분이다. 현대 마케팅시스템이 목표시장의 욕구와 필요를 만족시키는 마케팅 믹스를 설계하는데 그 근거를 두고 있다면 소비자들이 무엇을 원하고 있는지를 찾아내고, 시장에서 어떠한 변화가 일어나고 있는지를 모니터하는 것이 필요하다. 설계가 잘된 마케팅조사와 효율적인 정보관리는 기업이 성장하고 경쟁력이 있기를 원하는 기업에게는 아주 필수적인 요소이다.

여행사가 판매촉진 캠페인 행사를 통해서 어떻게 하면 예약과 기대했던 여분의 수요를 이끌어 낼 수 있을까? 제공하고자 하는 관광지나 관광활동을 관광기획자가 어떻게 결정할 것인가?

이러한 문제들을 해결할 수 있는 것은 여행사가 목표시장을 만족시키고자 할 때 그 효율성을 모니터하고자 할 때 필수적인 요소가 된다. 잘 설계된 마케팅조사는 자료수집과 특정시장의 분석을 위한 기본적인 틀을 제공할 수 있다.

마케팅조사는 시장으로부터 피드백을 획득하는 확실한 방법이다. 즉, 서비스산업에서의 상품, 가격, 유통, 촉진, 조직의 구성원, 물리적 환경 등의 믹스이다.

그림 11-4 마케팅믹스의 결정

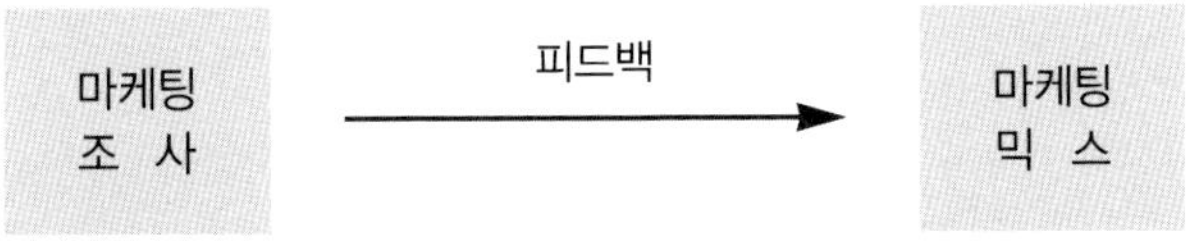

자료 : 윤대순. 2006 : 566.

기업은 마케팅 활동에 관해서 피드백을 수용할 필요성이 있을 뿐만 아니라 시장과 사업을 운영할 때 외부환경을 모니터할 필요성도 있다. 그러한 모니터를 통해서 사업은 마케팅믹스의 변경이 필요한 어떠한 변화에 대처할 수 있다. 이러한 방법으로 기업환경을 모니터하기 위해서는 기업은 정보를 관리하는 효율적인 방법과 유용한 정보에 접근할 필요성이 있다.

2. 마케팅조사의 역할

마케팅조사는 기업의 목표시장과 그 목표시장의 욕구와 필요를 확립시키는데 보조 역할을 할 수 있도록 하며, 기업의 피드백을 제공한다. 그러나 피드백이 어떤 것과 관련이 있으며, 어떻게 이용할 것인가의 문제에 생긴다. 설계가 잘 된 마케팅조사는 기업의 마케팅믹스의 효율성에 대한 피드백을 제공한다. 즉, 마케팅조사를 통해서 성공의 가능성을 평가한다.

1) 상품 피드백

① 제공된 상품의 범위가 목표시장의 욕구와 필요를 만족시키는가?

② 상품범위가 적절하거나 확장 또는 계약이 가능한가?

③ 제공된 서비스의 만족기준이 있는가? 제공된 서비스의 만족기준이 있는가? 제공된 서비스는 고객에게 더 만족시킬 수 있는가?

④ 고객이 여행사가 제공하는 상품범위와 직원이 제공하는 서비스에 대해서 무엇을 좋아하고 싫어하는가?

⑤ 경쟁업체가 제공하는 상품은 무엇인가? 경쟁업체의 고객 서비스 표준은 무엇인가?

2) 가격 피드백

① 목표시장에 가격범위가 적당한가?

② 경쟁업체가 제공하는 가격범위는 무엇인가?

③ 가격을 올릴 수 있는 시장의 매력성은 있는가?

④ 목표시장은 돈의 가치가 있는가?

⑤ 목표이익을 달성할 수 있는가?

3) 유통 피드백

① 여행사에 쉽게 접근할 수 있는가?

② 목표시장에 맞는 시기에 개업할 수 있는가?

③ 여행사 업무시간을 오전 9시에서 오후 5시 30분보다는 오전 10시부터 오후 6시 30분으로 조정할 수 있는가?

④ 여행사지점을 확장할 수 있는가? 확장한다면 어디에 위치할 것인가?

4) 촉진 피드백

① 최근의 광고캠페인은 얼마나 효과적인가?

② 목표를 달성시킬 수 있는 지역연고제 농구팀의 스폰서를 가지고 있는가?

③ 판매기술과 고객서비스 기술 측면에서 최신의 교육과정으로부터 여행사직원이 얼마나 도움이 되는가?

④ 여행사가 계속해서 라디오광고를 할 수 있는가?

⑤ 여행사가 제공하는 지역언론사에 관광관련 기사를 사람들이 실제로 읽고 있는가? 기사를 통해서 문의사항을 더 많이 할 수 있게 할 수 있는가? 직원이 문의한 사람을 예약할 수 있게끔 필요한 기술을 가지고 있는가?

5) 직원 피드백

① 직원이 여행사의 필요한 이미지를 계획하는가?

② 직원이 얼마나 고객에게 표현을 잘 하는가?

③ 상담원은 상품전문지식과 고객서비스 기술을 소유하고 있는가?

④ 커뮤니케이션 기술을 최신화하고 있는가?

6) 물리적 환경 피드백

① 고객이 여행사의 실내장식과 배치에 관해서 어떻게 느끼고 있는가?

② 상품진열은 여행사의 어떤 측면을 전달하는가?

③ 브로셔 진열대에 쉽게 접근할 수 있는가?

④ 여행상품의 유형화를 최대한 이용할 수 있는가?

⑤ 직원들이 회사유니폼은 착용하는가?

3. 마케팅 조사과정

마케팅조사는 사회과학 · 자연과학과 마찬가지로 논리적이고 방법론적인 과정을 따라야 한다.

1) 목표설정

마케팅조사에 앞서서 왜 조사를 하는지에 대한 문제를 확립하고 조사의 목표를 설정해야 하는 이유에 대해서 언급할 필요가 있다. 모든 기업들은 나름대로의 문제점들을 가지고 있지만 존재하고 있는 문제들을 규명하고 인식하기는 상당히 어렵다. 복잡 · 다양한 문제점들을 규명하는 것보다 간단 · 명료한 문제의식을 가지고 조사하는 것이 중요하다. 그러나 문제점들을 쉽게 확립하는 것은 마케팅 조사 · 연구를 설계하는데 있어서 올바른 행동이 아니다.

연구를 시작하기 전에 목표가 무엇인지를 설정하는 것이 필요하다. 바꾸어 말하면 조사연구자들은 '내가 무엇을 달성할 것인가?', '나의 목표는 무엇인가?' 라는 질문을 스스로 할 필요가 있다. 목표를 설정함으로써 조사자들은 연구의 틀을 설정할 수 있고, 연구의 기본 가이드라인을 설정할 수 있다. 목표는 연구형식의 틀을 형성하는데 도움을 준다.

2) 조사방법 결정

일단 문제를 확립하고 목표를 설정했으면, 연구자들은 조사방법을 결정해야 한다. 여행사는 데스크 조사와 현장조사를 선택할 수 있다.

관광시장을 조사하는 이유는 관광과 관련된 의사결정을 위해 실행가능한 정보제공을 목적으로 자료를 체계적으로 획득 · 분석 · 해석하는 객관적이고 공식적인 연구과정을 수행하기 위해서이다. 즉, 과거와 현재의 현상을 조사 · 분석함으로써 미래를 예측하여 여행사의 마케팅계획 수립의 지침서를 제공하기 위함이다.

(1) 데스크 조사

데스크 조사는 조사자가 2차 자료를 책상에서 기존자료를 수집하기 때문에 데스크 조사라고 한다. 정보를 쉽게 구할 수 있고 자료가 가까이 있으면, 조사자는 현장조사를 할 필요가 없다. 마케팅 관리자에게 필요한 정보를 수집하기 위해서는 마케팅 조사자는 2차 자료나 1차 자료 또는 양자 모두를 수집할 수 있다. 2차 자료는 이미 다른 목적으로 수집되어 있는 기존의 자료를 말하며, 1차 자료는 특정의 목적을 위하여 별도로 수집하는 자료를 말한다.

1차 자료는 우편 · 전화 · 대인면접 등을 통해서 수집된 결과이다. 수집된 1차 자료는 적합성 · 정확성 · 적시성 · 불편(不偏)성을 가지도록 주의를 기울여야 한다. 2차 자료는 일반적으로 손쉽고 비용이 적게 든다. 기업내부의 각종 보고자료, 연구소나 경제단체에서 발행하는 간행물, 관광관련협회나 단체에서 발행한 간행물, 통계청 간행물 등이 여기에 속한다. 따라서 2차 자료는 사내의 내부 자료원으로부터 먼저 구한 후, 사외의 외부 자료원으로부터 구하여야 한다.

(2) 설문조사

설문조사는 특수한 문제에 대해서 근간이 되는 자료를 수집하기 위해서 사용된다. 자료의 수집은 1:1 면접, 전화나 우편 등의 면접이 있는데, 1:1 면접은 값이 비싸고 시간이 많이 소비되는 반면에 전화나 우편면접보다 더 정확하다는 장점이 있다. 전화면접은 1:1 면접과 우편면접보다 관리하기 쉽고 비용과 시간이 적게 소비되지만, 효율적인 면접이 되기 위해서는 짧고 간단 · 명료한 면접이 요구된다.

우편면접은 잠재응답자집단을 선정해야 하는 어려움이 있다. 응답자들은 설문지에 기입하고, 다시 우편으로 보낸다. 겉장은 연구의 목적을 설명하고 설문지를 완성할 수 있도록 해야 한다. 우편조사는 응답자들이 익명으로 응할 수 있기 때문에 1:1 면접과 전화면접보다 더 호의적으로 이루어지지만, 회신율이 너무 저조할 수 있다.

표 11-4 자료수집방법의 장 · 단점

구분	우편	전화	개인면접
1. 신축성	열등	우수	매우 우수
2. 자료수집량	우수	보통	매우 우수
3. 면접자의 영향에 관한 통제	매우 우수	보통	열등
4. 표본통제	보통	매우 우수	보통
5. 자료수집속도	열등	매우 우수	우수
6. 응답률	열등	우수	우수
7. 비용	우수	보통	열등

자료 : 송용섭 · 김형순. 1998 : 159. 윤대순: 2006 : 571 재인용

❶ 설문지설계와 사전조사

설문지조사의 가장 중요한 부문 중에 하나가 설문지설계와 사전조사이다. 설문지는 1:1 면접, 전화나 우편조사에서 사용되어질 자료수집형식이며, 그 형식을 설계할 때는 몇 가지 일반적인 규칙을 따라야 하는 것이 중요하다.

❷ 표본설계

표본은 모집단에서 전체를 대표할 수 있는 어떤 집단의 일부분이다. 즉 여행사는 한 지역의 모든 집단을 조사할 필요가 없다. 모집단의 타당한 표본조사는 그 표본이 대표성을 나타낸다. 표본이 대표성이 있기 위해서는 같은 비율을 포함하고 있어야 하는데, 남자와 여자, 어른과 아이, 독신자와 결혼한 사람, 젊은 부부, 늙은 부부, 교사, 간호사, 공무원, 경영자 등 많은 모집단이 있다.

표본은 무작위방법과 작위방법 등이 있는데, 작위방법 중 대표적인 것이 할당표본이다. 여행사는 고객의 국외관광 관광지를 근거로 해서 할당표본을 결정할 수도 있다. 예를 들면, 여행사의 예약기록부 분석을 통해서 6개월 동안의 아웃바운드(outbound) 추이를 알 수 있는데, 북아메리카 20%, 중국과 일본 15%, 유럽 25%, 동남아 40%를 예약했다면, 고객 100명의 할당표본은 북아메리카를 관광한 사람은 20명, 중국과 일본 15명, 유럽 25명, 동남아 40명이 관광을 했다고 할 수 있다.

3) 자료수집과 분석방법

데스크 조사방법을 사용하게 되면 문제들과 직접적으로 관련 있는 기록들과 보고서 등을 이용하며, 현장조사를 하게 되면 설문지를 통해서 조사가 이루어지도록 한다. 현장조사를 할 때 조사자는 연구의 목적을 인식하고 있으며, 응답자의 어떠한 질문에도 대답할 수 있는 능력을 가지고 있어야 한다. 또 항상 응답자에게 예의 있고 존경스러운 자세를 취해야 한다. 일단 1차 자료와 2차 자료가 수집되면, 자료를 분석하고 해석해야 한다. 즉, 그 자료가 어떤 의미가 있는지를 파악하는 것이다.

자료분석 방법은 복잡 · 다양하고 이해하기 어려운 용어가 많기 때문에 빈도분석, 분산분석, 요인분석, 군집분석, 다차원척도법, 컨조인트분석에 관해서 짧게 설명하고자 한다.

(1) 빈도분석

도수분포표의 산출과 변수값들이 이루는 분포의 특성을 파악하는데 이용된다. 빈도분석(frequency)의 결과에 따른 분포상태는 각종 그래프로 나타낼 수 있는데, 막대그래프(bar chart), 히스토그램(histogram), 꺾은 선 그래프(polygon) 등이 사용된다.

(2) 분산분석

2개 모집단 이상의 평균값 차이를 검증하는데 이용되는 방법으로서 일원량 분산분석과 다원량 분산분석방법이 있다. 일원량 분산분석은 독립변수가 1개일 때이고, 다원량 분산분석은 독립변수가 2개 이상일 때이다. 분산분석(ANOVA : Analysis of Variance)의 기본원리는 어떠한 원인(독립변수)에 의해서 종속변수의 변화(분산)가 어느 정도 그리고 어떻게 변화하는지 분석하는 것이다. 즉, 종속변수의 전체분산(변환)은 특정한 변수와 함께 변화하는 부분과 그 이외의 부분으로 나누어 볼 수 있다.

(3) 요인분석

요인분석(factor analysis)은 요인들 간의 상관관계를 이용하여 여러 변수들로 측정된 자료를 보다 이해하기 쉬운 형태로 축소하거나 요약하는데 주로 이용된다.

(4) 군집분석

군집분석(cluster analysis)은 다양한 특성을 지닌 대상들을 유사성이 높은 또는 동질적인 집단으로 분류하는데 이용되는 분석방법이다. 성별이 남녀구분이나 연령 또는 교육정도 등처럼 구체적인 분류기준이 존재하며, 대상들을 분류하는 경우보다는 명확한 분류기준이 없는 대상을 분류하는데 사용되는 분석방법이다.

(5) 다차원척도

각 대상의 종합적인 순위평가에 의한 자료를 이용하여 평가의 기준이 되는 차원을 찾아내고, 각 차원에서 평가대상들의 위치를 규명함으로써 평가자의 심리적 평가공간을 가시적으로 나타내는 기법이다. 다차원척도(MDS : Multidimensional Scaling)는 제4장에서 설명한 지각도(perceptual map)를 작성하는데 주로 활용된다.

4) 보고서 준비

자료분석과 해석이 끝나면 조사자는 사업을 결정할 수 있는 보고서를 준비한다. 보고서 세부사항은 연구 프로젝트의 목표와 분석된 정보의 양에 의해서 결정된다. 보고서는 길지 않는 것이 좋다. 이해하기 쉽고, 논리적이며, 다음과 같은 방식으로 정리하여 읽기 쉽게 작성한다.

① 제목

② 프로젝트 목적

③ 사용된 연구방법 언급

④ 선택한 표본설명

⑤ 자료분석

5) 최종보고서

보고서 작성은 마케팅 조사자가 마케팅 조사수행의 마지막 과정에서 정보이용자와 의사소통하는 과정이다. 조사의뢰자는 보고서를 통하여 조사결과를 전달받아 의사결정에 필요한 자료를 얻게 되며, 또한 이를 통하여 조사의 결과를 평가하게 된다. 최종보고서를 제출하게 되면 일반적으로 자신들의 임무를 다하는 것이며, 이를 통하여 자신들의 조사를 평가받게 된다.

4. 마케팅 정보시스템

마케팅조사와 마케팅 정보시스템은 정보를 취급하고 있다. 일반적으로 마케팅조사는 마케팅활동의 평가와 같이 이미 발생한 상황에 대해서 기업의 내부정보를 처리하는 것이다.

마케팅 정보시스템(Marketing Information System : MIS)은 마케팅 의사결정을 위해 적당한 시기에 정확하고도 필요한 정보를 수집 · 분석 · 평가 및 공급할 목적으로 마련된 미래지향적인 사람 · 장비 및 절차가 계속적으로 상호작용하는 체계이다.

제3절 여행업의 전략적 마케팅계획 수립

1. 마케팅계획 수립의 필요성

모든 기업은 한 곳에 머물러 있기를 원하지 않는다. 과거의 과정에 의존할 수 없고 현존하는 상품 · 시장 포트폴리오의 구조와 수익성 수준, 심지어 2년의 짧은 기간 동안의 구조를 예상할 수 없다. 수익성 있는 상품 · 시장 포트폴리오는 끊임없는 경쟁적 압력에서 이루어질 것이며, 최신의 것으로 만들어야 하고, 변화하는 고객의 욕구를 충족시키기 위해 상품을 계속적으로 증가시켜야 한다. 환율변동과 같은 다른 상황에도 대응해야 하며, 필요조건이나 기술에서의 변화에도 대응해야 한다. 마케팅지향 기업체들은 그들의 포트폴리오를 계속해서 검토하여야 하며, 미래의 수익을 위한 성장 또는 개발방법을 연구하여야 한다. 성장을 위한 선택은 광범위하다. 그러나 안소프(Ansoff)에 의해 고안된 모델에서 간단하게 요약될 수 있다.

그림 11-6 상품 · 시장 성장전략

	현존상품 (Existing Products)	신상품 (New Products)
현존시장 (Existing Markets)	1. 시장침투 (Market penetration)	3. 상품개발 (Product development)
신시장 (New Markets)	2. 시장개발 (Market development)	4. 다각화 (Diversification)

자료 : 윤대순. 2006 : 577.

각 전략은 본질적으로 마케팅에 대한 다른 암시를 나타낸다. 이 모델에서의 4가지는 전형적인 여행과 관광에서 다음과 같은 예로 설명될 수 있다.

1) 여행시장 침투전략

여행사경영자는 현 여행시장에서 현존여행상품의 시장점유율을 증가시키는 방법을 모색해야 한다. 이러한 시장점유율을 증가시키는 3가지 접근방법은 다음과 같다.

첫째, 자사의 관광자가 자사의 여행상품을 더 많이 구매하도록 유인하는 방법으로 1년에 한 번 구매하는 관광자처럼 여행상품구매의 빈도가 적은 관광자에게 아주 효과적인 방법이다.

둘째, 경쟁사의 여행상품을 이용하는 관광자를 자사의 여행상품을 구매하도록 유도하는 방법이다.

셋째, 자사뿐만 아니라 경쟁사의 여행상품을 이용하지 않는 잠재관광자들을 세분화하고 표적화할 수 있는 여행사의 능력이 있어야 한다.

2) 여행시장 개발전략

여행사경영자는 현존하는 여행상품과 관광자의 욕구에 부합될 수 있는 새로운 여행시장을 찾아야 한다. 잠재관광자그룹을 자극시킬 수 있는 여행상품을 현 판매망에서 동일화하도록 시도하며, 현 여행시장에서 부가적인 유통경로를 찾을 수도 있어야 한다.

대부분의 여행사는 특정 여행사에서 새로운 여행상품이 출시되었을 때 이를 직접 판매하는 것보다 각 여행사를 통해서 여행상품을 폭넓게 판매하여 잠재관광자에게 좀 더 용이하게 접근할 수 있다.

3) 신상품 개발전략

신상품의 개발은 여행사의 안정과 발전을 촉진시키며, 기존 여행상품의 대체가능성에 대한 전략적 대응수단을 제공하며, 시장구조변화에 대한 적응력을 제공하기 때문에 여행사의 신상품개발은 필수적인 요소이다.

우리나라 여행사의 경우 규모의 영세성과 여행상품 모방의 용이성 때문에 여행상품 개발의 적극적인 선재전략보다는 수동적인 전략의 하나인 모방전략을 많이 이용하고 있는데, 급변하는 관광자의 욕구를 만족시키기에는 역부족이다.

따라서 새로운 시장수요의 창출과 기존 관광자의 유치를 위하여 능동전략으로 신상품을 개발해야 한다.

4) 다각화 전략

다각화 전략은 여행사의 외부환경 중 기회요인을 찾아서 여행사가 성장하도록 전략을 수립하는 것이다. 이러한 다각화는 몇 가지 전략이 있는데 첫째, 집중적 다각화 전략으로 여행상품을 새로운 관광자 계층에 소개할 수도 있지만, 여행사는 현존하는 여행상품계열 중심으로 신상품을 개발하는 것이다.

둘째, 수평적 다각화 전략으로 기술적으로 현 여행상품 계열과 아무런 관계가 없지만, 여행사가 관광자에게 소구할 수 있는 신여행상품을 개발하는 전략이다. 여행산업에서 이러한 전략을 많이 사용하게 되는데, 여행사는 자사의 로고가 새겨진 여행용 가방과 여행용품을 판매함으로써 여행사의 수익성을 높이고, 훌륭한 광고매체 역할을 할 수 있게 된다.

2. 마케팅계획 수립과정

현대의 여행사를 둘러싸고 있는 환경을 가장 잘 특징짓는 것은 바로 '변화'와 '경쟁'이다. 이러한 변화와 경쟁의 시대에 살아남고 번영하려면 무엇보다도 자사의 독특한 강점을 최대한으로 살리면서 경쟁사의 도전을 물리치고 관광자들을 계속 끌 수 있는 전략을 세우고, 그것을 밀고 나가야 한다. 곧 이것이 철저한 마케팅계획의 수립과 시행이 필요한 이유이다.

이를 구체적으로 살펴보면 다음과 같다. 첫째, 미래의 환경변화를 체계적으로 예견하여 적절하게 대응하도록 허용하며 둘째, 합리적인 목표와 정책을 수립하고 구체화하기 위한 근거를 제공하며, 셋째, 다양한 부문의 활동을 조정하고 통제하기 위한 성과표준을 제시하는 기능을 수행한다.

여행사경영의 전략적 계획업무를 검토한 후 각 사업단위 경영자에게 직면한 전략적 계획업무에 대해 보다 자세하게 조사한다. 사업단위의 전략적 계획과정은 〈그림 11-6〉처럼 9단계로 이루어져 있다.

1) 여행업 목표의 설정

여행업은 무엇인가를 성취하기 위하여 존재하는데, 그 무엇을 여행사의 목표라고 할 수 있다. 여행업 설립 초기에는 분명한 목표를 가지고 있지만, 시간이 흐름에 따라 불분명하게 된다. 따라서 다음과 같은 점을 고려하여 여행사목표를 확립해야 한다. 즉, '우리가 현재 수행하고 있는 사업은 무엇인가?', '우리의 표적고객은 누구인가?', '고객이 가치가 있다고 생각하고 있는 것은 무엇인가?', '우리가 앞으로 해야 할 사업은 무엇인가?' 등이다.

그림 11-6 전략적 마케팅 계획

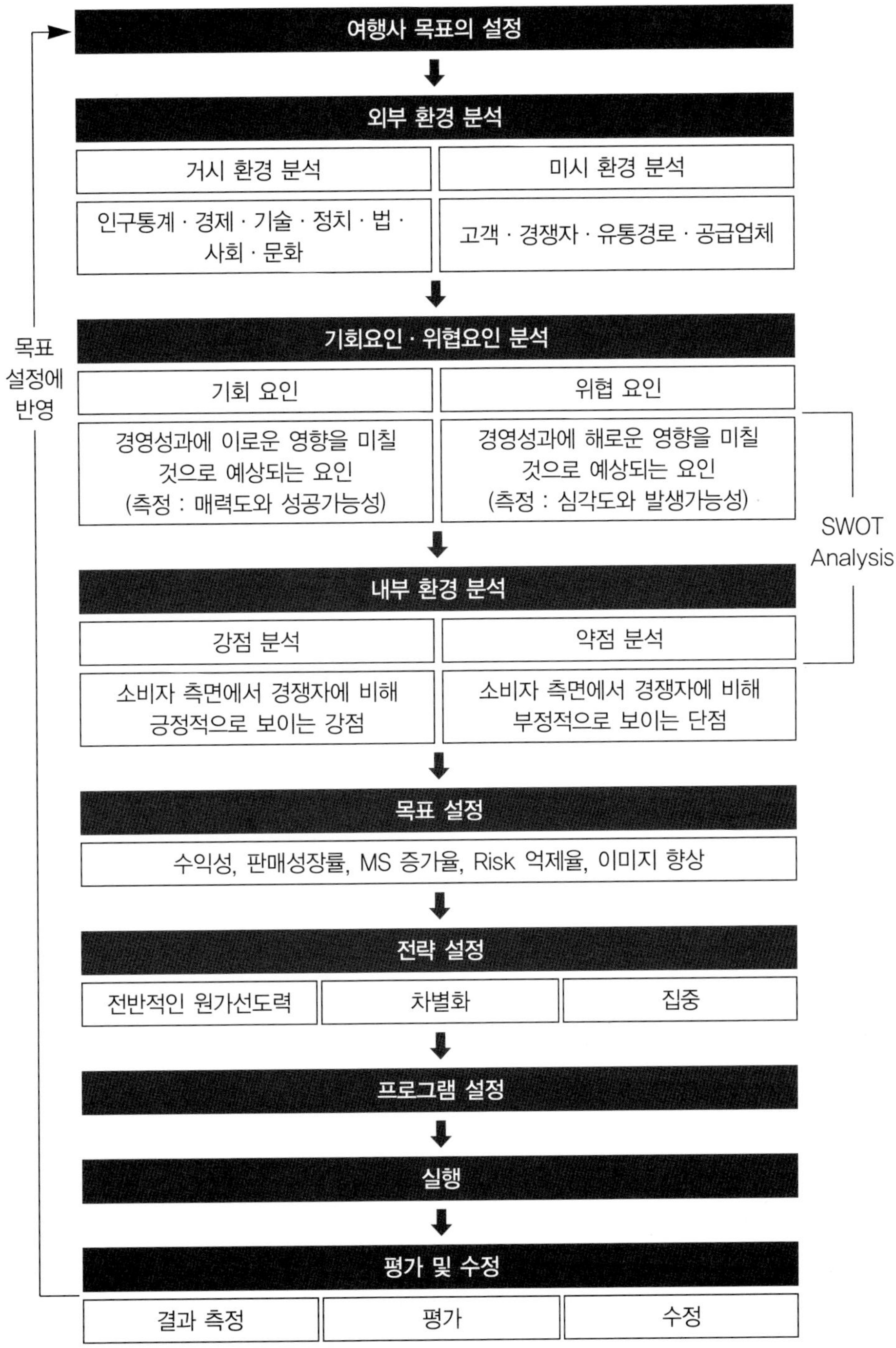

자료 : 윤대순. 2006 : 580.

2) SWOT 분석

기업의 외부환경요인과 내부환경요인을 분석하는 것을 일반적으로 SWOT 분석이라고 하며, SWOT 분석은 여행사의 경영환경에 있어 여행사환경의 내부적 요소인 강점과 약점 및 각 사례업체에 적용하고 있는 여행사환경의 외부적 요소인 기회와 위협요소를 인식하여 이에 적절히 대처해 나가기 위한 방법이라 할 수 있다.

그림 11-7 SWOT 분석

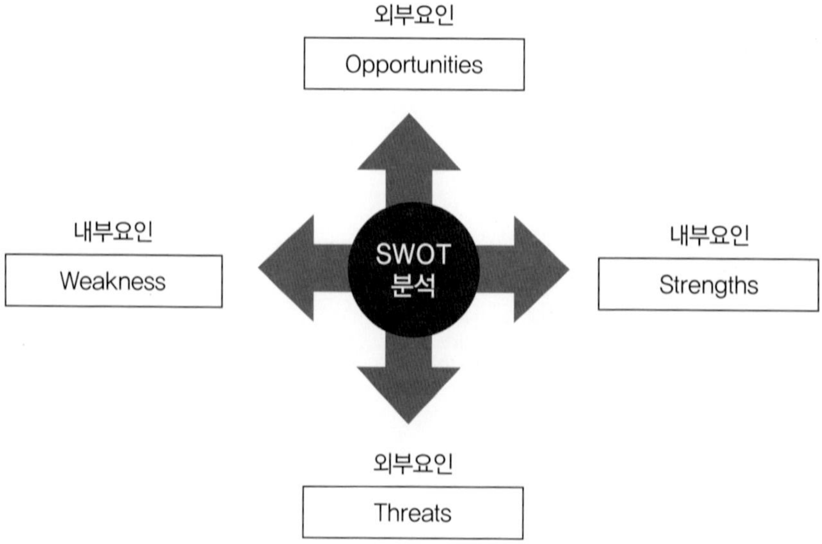

(1) **외부환경분석**(기회요인 · 위협요인분석)

사업의 목표를 달성하기 위해서 경영자는 통제되고 있는 환경부문을 알고 있어야 한다. 일반적으로 사업단위는 시장에서 수익을 획득할 수 있는 능력에 영향을 미치는 거시환경요인(인구통제적 · 경제적 · 기술적 · 정치적 · 법적 · 사회 · 문화적 요인)과 미시환경요인(고객 · 경쟁자 · 유통채널 · 공급자)을 주시해야 한다.

❶ 기회

환경조사의 목적은 새로운 기회를 인식하기 위해서이다. 마케팅기회를 정의한다면 "마케팅기회는 기업이 업무를 수행할 때 수익성이 있도록 할 수 있는 필요의 영역"이라고 할 수 있다. 기회는 여행사의 활동성과 성공가능성에 따라 분류될 수 있다. 여행사의 성공가능성은 여행사의 강점이 표적시장에서 운영되고 있는 핵심성공요소를 조화롭게 할뿐만 아니라 경쟁사의 능력을 초과할 수 있느냐의 여부에 따라 판가름난다. 가장 훌륭한 여행사는 단 한 가지 가장 위대한 고객가치를 생산하고 그것을 계속 유지시키는 여행사만이 가능하다.

❷ 위협

외부환경 측면에서 어떤 개발은 위협을 나타낸다. 환경의 위협을 정의하면 "환경의 위협은 마케팅행위의 부재측면에서 판매를 유도하지 못하거나 수익성을 저하시킬 수 있는 개발이나 호의적이지 못한 반대의 경향에 의해서 나타나는 도전"이라고 할 수 있다. 이러한 의미에서 사업의 단위를 4개 그룹으로 분류할 수 있다.

① 이상적인 여행사는 기회가 높고 위협이 낮다.

② 관망하고 있는 여행사는 기회와 위협 모두 높다.

③ 일반적인 여행사는 기회와 위협 모두 낮다.

④ 위험에 처한 여행사는 기회는 낮고 위협은 높다.

2) **내부환경분석**(강점과 약점분석)

각 사업단위는 주기적으로 강점과 약점을 평가해야 하는데, 경영자는 그 사업의 마케팅 · 재무 · 제조 및 조직능력을 검토하며, 각 요인들을 최상의 강함, 약간 강함, 중간수준, 약간 약함, 매우 약함 등에 따라서 평가한다.

그러나 각 사업의 약점 모두를 개선할 필요도 없고, 또 장점 모두를 충분히 활용할 필요도 없다. 즉, 그 사업단위가 현재 요구되는 강점을 가지고 있는 경우, 그러한 기회를 이용하는데 한계가 있느냐, 또는 어떤 강점을 필요로 하거나 향상시켜야 할 더 좋은 기회를 고려해야 하느냐 하는 것이 더 중요하다.

표 11-5 SWOT 분석 실시의 예

SWOT		내용	예
내부	Strengths	소비자의 측면에서 보았을 때 다른 경쟁자에 비해 긍정적으로 보이는 강점	직원의 업무 숙련도와 전문성, 서비스 수준, 상품의 종류, 업장디자인, 회사이미지
	Weakness	경쟁자와 비교하여 부정적으로 보이는 단점	
외부	Opportunities	경영성과에 이로운 영향을 미칠 것으로 예상되는 기회요인	해당지역에서의 새로운 상권의 형성, 인구통계학적 특성의 변화, 경영비용의 상승요인, 정치불안정
	Threats	경영성과에 해로운 영향을 미칠 것으로 예상되는 위협요인	

자료 : 윤대순. 2006 : 583.

표 11-6 각 여행사의 SWOT 분석 예

	A 여행사	B 여행사	C 여행사	D 여행사
강점	• 지속적인 광고능력 • 성장 위주의 경영전략 • 다수의 유통망	• 안정된 계열기업 • 다양한 제품 포트폴리오 • 숙련된 업무조직	• 시장선도의 기획력 • 다양한 제품 포트폴리오 • 숙련된 업무조직	• 경제적인 영업조직 • 효율적인 업무체계 • 안정된 거래선
약점	• 광고비로 인한 재무악화 • 안정되지 않은 조직 • 의사결정의 집권화	• 경영성과로 인한 재무악화 • 종업원의 업무 매너리즘 • 조직구성원의 변동	• 종업원의 업무 매너리즘 • 사업의 계절성 한계	• 단순한 영업의 영역 • 수동적인 신규사업 참여
기회	• 지속적인 기업이미지의 우위 확보 • 전국 유통망의 증가	• 신뢰있는 기업 이미지 • 정부기관관광 및 기업 관광의 확산	• 신뢰있는 기업 이미지 • 축적된 고객자료	• 항공권 구매수요의 증가 • 안정적 판매수입원
위협	• 광고주력형 신규 여행사의 출현 • 광고비용의 증가와 사업수익의 감소	• Inbound 수요의 감소 • 경영성과 악화에 따른 조직 위축	• Inbound 수요의 감소 • 안정위주의 경영전략	• 항공권 Consolidato 등장 • 거래선의 발주다원화

자료 : 이경모. 1996 : 9. 윤대순 : 2006 : 583 재인용

3) 목표설정

SWOT 분석을 수행한 후 계획기간에 대한 구체적인 목표와 목적을 수립하게 되는데, 이 과정이 마케팅의 목표설정이다. 마케팅의 목표설정은 계획과정의 전(前) 단계로부터 논리적으로 도출되며, 실행과정에서의 행동과 목표는 회사의 목표와 전략에 연관되어야 하며, 상품과 시장세분화에 대한 명확한 차별화가 이루어져야 하며, 목표가 달성되어지는 기간의 시간조건이 명확해야 하며, 예산능력에 관하여 시장경향의 조건에서 현실성이 있어야 하며, 직접 또는 간접으로 측정이 가능해야 하고, 예측결과에 대해 관리자의 의견과 책임을 설계하는 마케팅 프로그램에 반영되어야 한다. 만약 언급한 내용들이 완전하게 관철되지 못하면, 마케팅 대상들이 사업의 성공을 결정하는 데 있어 적합성이 감소하며, 마케팅 프로그램을 구체적으로 사용하고 평가하는데 더 많은 어려움에 봉착하게 된다.

여행사의 목표를 설정하는 데 있어 정확성을 주장하는 중요한 이유 중 하나는 결과의 측정이 가능해야 된다는 것이다. Tour Operator의 경우 적어도 다음과 같은 내용들이 포함되어야 한다. '계획된 수용능력에 대한 매주 단위의 예약흐름', '광고행위와 관련된 판매반응', '여행사에 의한 판매거래 노력에 대한 반응', '고객만족에 의해 측정된 상품의 질에 대한 고객의 만족평가' 등이다. 대부분의 사업단위들은 수익성, 판매성장, 시장성장률 향상, 위험감수, 혁신성 및 명성 등을 포함한 목표들을 추구한다. 사업단위는 이러한 목표를 설정하고, 그 목표에 의해서 관리(MBO)한다. 이러한 시스템을 운영하기 위해서 다음의 4가지 기준을 충족해야 한다.

① 가장 중요한 것으로부터 중요하지 않은 것으로 목표를 계층적으로 정리한다.

② 가능하다면 모든 목표는 정량적으로 표시한다. '투자수익률(ROI)의 증가' 라는 목표보다는 '15%의 투자수익률의 증가', 또는 '2년 이내에 15%까지 투자수익률의 증가' 라고 목표를 정하는 것이 더 정확하다.

③ 그 목적에 대한 현실적인 목표를 설정한다. 즉, 목표는 바람직한 생각이 아니라 사업단위의 기회와 강점에 대한 분석을 기초로 하여 정해져야 한다.

④ 여행사의 목적은 일관성이 있어야 한다. 판매와 이익을 동시에 극대화하는 것은 불가능하다.

4) 전략설정

목표는 어떤 사업단위가 성취하고자 하는 것을 나타낸다. 전략(strategy)은 그곳에 도달하는 방법에 대한 계획이다. 모든 사업단위는 그 목표를 달성하기 위해서 전략을 수립해야 한다. 전략유형은 여러 가지 있지만, 포터(Porter)는 3가지 유형, 즉 원가선도력, 차별화, 집중을 제시하였다.

그림 11-8 전략유형

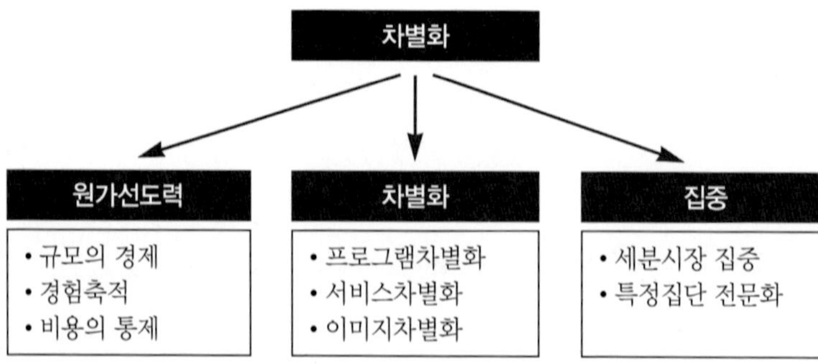

(1) 전반적인 원가선도력

경쟁사보다 가격을 더 낮게 하며, 시장점유율을 확보하기 위하여 생산 및 유통비율을 최저로 한다. 그러나 다른 경쟁사들도 계속해서 낮은 원가로 전략을 취하고 있으며, 계속해서 상대적으로 높은 원가에 안주하는 여행사들을 공격한다. 이와 같이 유사한 차별화와 집중전략을 채택한 경쟁자들 중에서 여행사가 성공하기 위해서는 최저의 원가를 실천해야 하는 어려움이 있다.

(2) 차별화

시장에서 가치가 있는 중요한 고객편익분야에서 보다 우월하게 성과를 달성하는데 집중한다. 즉, 서비스선도자, 품질선도자, 스타일선도자, 기술선도자 등이 되도록 노력할 수 있다.

(3) 집중

전체 시장을 추구하기보다는 하나 또는 그 이상의 조그만 세분시장에 집중해야 한다. 여행사는 이러한 세분시장의 욕구를 간파하고, 또한 그 표적세분시장에서 원가선도력 또는 어떤 형태의 차별화를 추구해야 한다.

포터(Porter)에 의하면, 동일한 세분시장을 지향하기 위해서 동일한 전략을 추구하는 기업들은 전략적 집단을 구성하는데, 그러한 전략을 최적으로 수행하는 기업이 최고의 이익을 성취할 수 있다. 확실한 전략을 추구하지 않는 기업, 즉 중간 정도의 기업은 최적의 기업이 된다고 제시하고, 이들 기업은 항상 탁월한 전략을 수립하지 못한다고 하였다.

5) 프로그램 설정

일단 사업단위가 목표를 달성하기 위한 기본적인 전략을 수립하게 되면, 이러한 전략을 수행할 보조적인 활동 프로그램을 개발해야 한다. 이러한 프로그램 개발에는 여행사의 주요마케팅 믹스인 상품 · 가격 · 유통 · 촉진 및 보조적 수단의 믹스 요소도 포함되어야 한다. 여행사가 서비스 선도력을 달성하고자 결정하였다면 정확한 종사원 교육과 고객의 불평 · 불만의 신속한 처리 프로그램을 개발해야 한다.

6) 실행

확실한 전략과 구체적이며, 보조적인 프로그램이 수립되는 것만으로 충분하지 못하다. 즉, 여행사는 실천하지 못할 수도 있다. 여행사가 성공적으로 전략을 실행하기 위해서는 여행사의 모든 구성원들은 어떤 공통적인 행동과 사고를 공유해야 하며, 여행사의 전략을 이해하고 믿어야 하며, 여행사는 직원들과 전략을 의사전달하고 전략의 실행을 이해시켜야 한다. 따라서 여행사가 전략을 실행하기 위해서는 전문적인 기술을 갖춘 직원과 자원을 소유하고 있어야 한다.

7) 평가 및 수정

여행사가 전략을 수행함에 따라 여행사는 그 결과를 추적 · 조사하고, 또한 내 · 외적 환경의 새로운 개발이 있어야 한다. 어떤 환경은 거의 매년 안정적인 반면에, 다른 환경은 예측할 수 있을 정도로 서서히 변화하며, 또 어떤 환경은 너무나 빨리 변화하여 예측이 불가능할 때도 있다. 여행업의 예측할 수 있는 유일한 것은 환경은 언제나 변화한다는 것이다. 따라서 여행업은 실행, 프로그램, 전략 경우에 따라서는 목표까지도 조정하고 변경해야 한다.

제4절 여행시장 세분화와 표적시장의 선정

관광자와 조직체 시장에 상품을 판매하고 있는 여행사들은 시장에 있는 모든 구매자들의 주의를 끌 수 없다는 것, 즉 최소한 모든 구매자들에게 동일한 방법으로 소구할 수 없다는 것을 너무나 잘 알고 있다. 그 이유는 구매자들은 그 숫자가 너무나 많고, 넓은 지역에 흩어져 있으며, 욕구 및 구매행동이 서로 다르기 때문이다. 따라서 여행사는 전체시장에 경쟁하고, 우월한 경쟁업체들에 대항하여 경쟁하기보다는 여행사가 최상으로 제공할 수 있는 부분시장을 확인 · 규명해야만 한다.

〈그림 11-9〉는 표적 마케팅의 세 가지 주요단계이다.

첫 번째 단계는 시장세분화로서 하나의 시장을 상이한 상품이나 마케팅믹스가 필요하다고 기대하며 상이한 욕구 · 특성 또는 행동을 하는 구매자집단으로 나눈 것이다. 여행사는 시장을 세분화하는 상이한 여러 방법들을 확인하고, 또한 세분화된 세분시장의 프로파일을 개발 · 작성한다.

두 번째 단계는 표적시장의 선정으로서 각 세분시장의 매력성을 평가하고, 여러 세분시장 중에서 기업이 진출하고자 하는 하나 또는 그 이상의 세분시장을 선정하는 과정이다.

세 번째 단계는 시장 포지셔닝인데, 이는 그 상품에 대해 경쟁적인 위치를 선정하고 또한 이를 실행하기 위한 세부적인 마케팅믹스를 창안하는 단계이다.

그림 11-9 시장세분화, 표적화 및 포지셔닝 단계

Segmentation		Targeting		Positioning
• 세분화 기준설정 • 세분시장 프로필작성	➡	• 세분시장 매력도 측정 • 표적 세분시장 선정	➡	• 표적시장별 포지셔닝 전략 개발 • 표적시장별 마케팅믹스 계획수립

자료 : Kotler, P., J. Bowen and J. Makens. 1996 : 244에서 논자 재구성. : 2006 : 590

1. 시장세분화의 개념

시장에 대하여 마케팅믹스를 제공하는 전략은 크게 대중 마케팅(mass marketing)과 표적 마케팅(target marketing)으로 나눌 수 있는데, 대중 마케팅이 전체시장을 한 군집(동질적인 소비자들의 집합)으로 간주하는 데 반하여, 표적 마케팅은 전체시장을 여러 군집(이질적인 소비자들의 집합)으로 간주한다.

표적 마케팅을 수행하기 위해서는 전체시장을 비슷한 욕구를 보여주는 특정한 그룹으로 분류한 후 세분화된 시장을 비교 · 분석하여 표적시장을 결정하고, 마지막으로 똑같은 표적시장을 대상으로 공급되는 경쟁상품과의 포지셔닝을 해야 한다. 이러한 표적시장별 마케팅에서 시장세분화(market segmentation)는 시장을 정의하고, 목표시장의 욕구특성에 적합한 마케팅전략을 개발하는데 있어서 중요한 마케팅 도구로 여겨지고 있으며, 유용한 세분을 선정해 내는 과정은 시장접근의 효과성을 높이기 위하여 필수적 요소이다.

일반적으로 시장세분화는 같은 구매행동을 나타내는 특징들을 지니고 있는 잠재적 관광자들을 집단적으로 묶어 줌으로써 분할된 시장에서 관광자들과의 거래에 있어 효율적인 전략을 구상하여 시행하자는 측면에서 이루어진다.

2. 여행시장 세분화 방법

효과적인 세분화를 위해서는 측정 · 접근 · 활동성이 가능해야 하며, 실질적인 도움이 될 수 있어야 한다.

첫째, 측정가능성은 세분화 규모와 구매력이 측정될 수 있는 정도를 말한다. 부모에게 반항하기 위해 술을 마시는 10대의 세분화 규모는 측정하기 힘들다.

둘째, 접근가능성은 세분화가 접근할 수 있고, 제공될 수 있는 정도를 말한다. 대학식당 고객의 20%가 단골고객이라는 연구결과가 있었다. 그러나 단골고객은 일반적인 특성의 결핍이 있었다. 교수 · 교직원 · 학생들이 모두 여기에 속한다. 정직원과 아르바이트 직원의 구별이 없었고, 학생들의 세분화도 이루어지지 않았다. 시장세분화가 확립되었지만 가장 많이 이용하는 집단을 파악하지 못하고 있었다.

셋째, 실질적으로 시장으로서 제공한 가치가 있을 만큼 충분하거나 규모가 있는 정도를 말한다. 대도시 지역에서는 다양한 나라의 이국음식을 제공할 수 있지만, 소도시에서 태국 · 베트남 · 모로코 음식 등을 판매하는 식당은 살아남을 수 없다.

넷째, 활동가능성으로 세분화 유인과 제공을 위한 효과적인 프로그램을 설계할 수 있는 정도를 말한다. 소규모의 항공사는 7개의 시장세분화를 하고 있지만, 그 항공사의 직원과 예산은 너무 적어서 각 세분화를 위한 마케팅 프로그램을 개발할 수 없다.

〈그림 11-10〉은 5개의 그룹의 구매자를 설명하고 있다. 각 구매자는 잠재적으로 특별한 욕구와 필요에 따라 시장이 분리되어 있다. 〈그림 11-10〉 (a)는 세분화가 되어 있지 않은 시장이며, 〈그림 11-10〉 (b)는 세분화가 완전히 이루어진 시장으로서 판매자가 각 구매자에 대해서 분리된 마케팅 프로그램을 설계하고 있다.

〈그림 11-10〉 (c)는 1, 2, 3계층 간 소득수준별로 세분화한 시장으로서 소득에 의한 세분화는 3가지로 나누었는데, 1의 계층이 가장 많은 소득을 차지하고 있다. 〈그림 11-10〉 (d)는 A와 B의 연령별로 세분화한 시장으로서 각 3개 부류의 구매자가 있다. 〈그림 11-10〉 (e)는 소득과 연령별로 시장을 세분화한 경우로서 도매업자는 연령과 소득을 병행하여 시장을 세분화하기를 선호하고 있다.

그림 11-10 시장에서의 세분화 차별

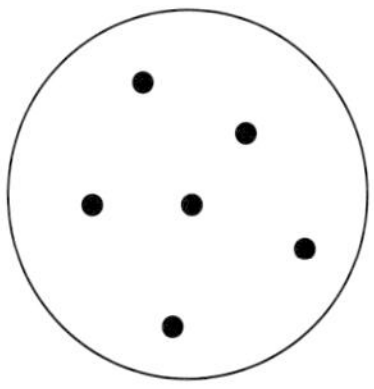

(a) 세분화 없는 시장

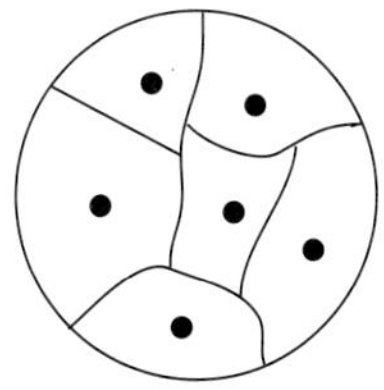

(b) 완전한 세분화

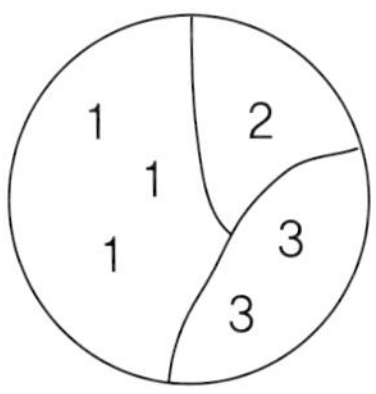

(c) 1, 2, 3의 소득수준별 시장세분화

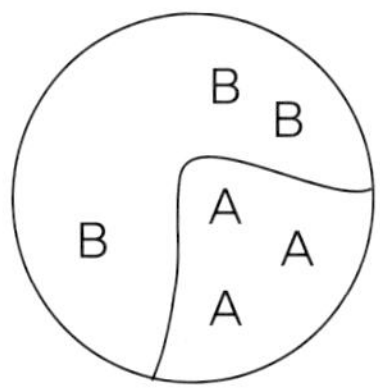

(d) A와 B의 연령별 시장세분화

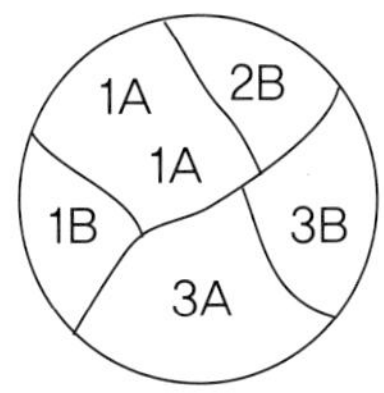

(e) 소득과 연령별 시장세분화

자료 : 윤대순. 2006 : 592.

표 11-7 시장세분화 주요변수

변수	예	변수	예
지 리 적	• 지역 • 도시규모 • 밀집도 • 기후	사이코 그래픽	• 사회계층 • 라이프스타일 • 개성
인 구 통계학적	• 연령 · 성별 • 가족규모 • 가족 라이프 사이클 • 소득 · 직업 • 교육 · 종교 • 인종 · 국적	행동학적	• 특별한 일 • 소비자 상대 • 이용률 · 충성도 • 구매자 준비상태 • 상품태도 • 편익수준

자료 : 윤대순. 2006 : 592.

1) 지리적 세분화

지리적 세분화는 시장을 서로 다른 지역단위로 세분화를 요하는 것으로서 국가 · 주 · 지역 · 지방 · 도시 · 주변지역 등으로 세분화한다. 같은 상품이라도 지역마다 선호하는 경향이 다를 수도 있다. 또 같은 신혼여행상품이라도 목적지를 달리함으로써 상품을 세분화할 수도 있다.

지리적 세분화는 세분화과정이 간단하고 시장규모의 측정과 시장의 접근이 매우 쉽다는 장점이 있다. 또한 상대적으로 적은 비용으로 효과적이며 집중적인 마케팅 활동을 전개할 수 있다.

2) 인구통계학적 세분화

인구통계학적 세분화는 나이, 성별, 가족 라이프스타일, 수입, 직업, 교육, 종교, 인종, 국적 등과 같은 인구통계학적 변수를 근거로 해서 시장을 그룹화하는 것이다.

인구통계학적 요인은 고객의 그룹을 세분화하는데 가장 널리 사용되는 방법이다. 그 이유는 첫째, 고객의 필요 · 욕구 · 이용률 등이 인구통계학적 변수들을 다양하게 나타낼 수 있으며, 둘째, 인구통계학적 변수는 다른 변수형태보다 더 쉽게 측정할 수 있기 때문이다.

(1) 연령과 라이프사이클 세분화

관광자의 욕구와 필요는 연령에 따라 변한다. 아메리칸 익스프레스(American Express)는 성인들의 여행산업의 예약률이 70% 이상 차지하기 때문에 이들을 대상으로 마케팅전략을 세우고 연령을 세분화한다. 윌리암스버그(Williamsburg)와 올드 살렘(Old Salem)과 같은 역사유적지는 고령자의 버스 투어가 상당한 비중을 차지하고 있다. 그러나 연령과 라이프사이클 변수는 잘못 판단될 수도 있다. 사우스웨스트항공(Southwest Airlines)은 많은 고령자들이 심리적으로 젊게 행동하고 싶다는 것은 이해하기 시작하여 고령자 요금에 대한 광고도 보다 활동적인 고령자들의 모습을 게재하였다.

(2) 성별세분화

마케팅에서 성별세분화는 의류 · 잡지 · 미용실 등에서 오랫동안 사용되어 왔다. 1970년대 여성은 상용관광자의 1% 미만이었지만, 현재는 약 40%를 차지하고 있다. 호텔들은 이제 여성고객을 위해서 객실을 다시 설계하고 있는 추세이다.

(3) 소득세분화

소득세분화는 자동차 · 보트 · 의류 · 화장품 · 여행업과 같은 상품과 서비스의 마케팅관리자들이 오랫동안 사용해 왔고, 주어진 상품과 서비스를 구매하는 고객들을 항상 예측할 수 없다. 소득세분화는 일반적으로 가격전략에 영향을 미치는 1차 변수로 생각한다. 가격은 소득에 의해서 결정되는 것이 아니지만, 밀접한 상관관계를 가지고 있다.

한 연구에 의하면 싱가포르를 방문하는 관광자들의 소득은 방문목적만큼이나 세분화 변수로 강력하지가 않다고 하였다. 이것은 소득이나 다른 세분화 변수는 모든 시장에서 동등하게 중요하다고 생각한 것으로 아주 위험한 발상이기도 하다.

표 11-8 **인구통계학적 세분화**

Variables	Typical Breakdowns
나이	12세 미만, 12~18세, 19~25세, 26~29세, 30대, 40대, 50대, 60대 이상
성별	남성, 여성
가족수	1, 2, 3~4, 5 이상
가족 라이프사이클	① 미혼단계(Young, Single) ② 신혼부부 : 결혼해서 첫아이 출생 때까지 ③ 젊은 부부 : 첫 자녀 출산~막내자녀 입학 ④ 중년부부 : 모든 자녀가 학교에 다니는 시기 ⑤ 장년부부 : 첫 자녀 학교졸업~막내자녀 결혼 ⑥ 노년단계 : 모든 자녀가 결혼해 독립 ⑦ 사별 후 독신 : 거의 자녀가족과 함께 생활
수입	연 2000만 원 미만, 2000~3000만 원, 3000~5000만 원, 5000만 원~1억, 1억 이상
직업	회사원, 전문직, 자영업, 학생, 주부, 실업
교육수준	고졸, 대재, 대졸, 대학원졸
종교	기독교, 가톨릭, 불교, 유교 외
국적	한국, 일본, 유럽, 미국, 중국과 화교, 기타 동남아

3) 사이코그래픽 세분화

사이코그래픽 세분화는 구매자를 사회계층, 라이프스타일, 개성들의 특성에 따라 서로 그룹을 세분화하는 것이다. 인구통계학적 그룹들과 같은 것이라고 생각할 수 있으나 매우 다르다.

(1) 사회계층

사회계층은 소득 · 직업 · 재산 · 교육수준 등이 반영된 복합적 개념으로서 상류층 · 중류층 · 하류층으로 구분되거나 더욱 세분화되기도 한다. 고가격의 골프상품이나 장거리 유럽상품, 크루즈상품은 상류층을 목표고객으로 선정할 수 있다. 그러나 이러한 상품생산에 대한 다른 고객의 반응은 아마도 기분 좋게 받아들이지 않을 수도 있으므로 마케팅담당자의 세심한 주의가 필요하다.

(2) 라이프스타일

마케팅관리자들은 고객의 라이프스타일에 따라 세분화하는 것을 점차 증가시키고 있다. 독일의 켐핀스키(Kempinski) 호텔은 뉴욕, 보스턴, 워싱턴에서 사회계층과 라이프스타일을 바탕으로 해서 시장을 세분화하였다. 캠핀스키 호텔은 구식 서비스와 함께 소규모 유럽식 호텔을 이용하고자 하는 고급 상용관광자를 위한 틈새시장을 개발하였다.

(3) 개성

마케팅담당자들은 상품을 고객의 개성과 일치시키기 위해서 개성을 세분화하기도 한다. 노령인구의 증가로 고령자의 관광자도 증가추세에 있다. 고령자의 관광형태도 바뀌고 있는데, 이들은 젊은 층의 사고방식에 접근하려고 노력하고 있다.

4) 행동세분화

행동세분화에서 구매자들은 상품에 대한 지식 · 태도 · 이용 · 반응 등을 바탕으로 분리하기도 한다. 많은 마케팅 담당자들은 행위변수가 시장세분화를 구축하는데 최선의 출발점이라고 믿는다.

(1) 특정한 날

구매자들은 그들이 생각하고, 구매하고, 상품을 사용할 때 특정한 날에 따라 그룹화 될 수 있다. 특정한 날을 세분화하는 것은 관광자가 상품을 사용할 수 있도록 도와준다. 어버이날, 근로자의 날 등이 연휴로 이어지면 단기간의 관광을 즐길 수 있다. 허니문 시장은 아주 좋은 잠재력을 지니고 있다. 허니문 패키지를 부모님이나 친지들이 선물로서 최고급의 상품과 서비스를 마련해 줄 수도 있기 때문이다.

(2) 편익추구

구매자들은 그들이 추구하는 상품에 따라 그룹화 될 수 있다. 편익에 의한 시장세분화가 관광자의 목적과 인식을 파악함으로써 목적지에서 관광자의 욕구를 충족시켜 줄 수 있는 상품들을 개발하는 데 도움을 줄 수 있고, 또 많은 유용성 때문에 아직까지 매우 효과적인 시장세분화 기법으로 활용되고 있다.

(3) 소비자상태

많은 시장은 상품의 비(非)이용자, 전(前)이용자, 잠재이용자, 처음이용자, 규칙적인 이용자 등으로 세분화된다. 시장점유율이 높은 항공사들은 특히 규칙적인 이용자를 관리하고 잠재이용자를 유인시키는데 관심을 가지고 있다. 잠재이용자와 규칙적인 이용자들은 차별화된 마케팅 어필(appeal)이 필요하다.

(4) 이용률

시장은 이용률이 낮은 고객, 중간 정도의 고객, 이용률이 높은 고객 등으로 그룹화 될 수 있다. 이용률이 높은 고객은 시장에서 적은 비율을 차지하지만, 전체구매비율 중 많은 부분을 차지하고 있다. 여행상품을 자주 이용하는 고객들을 관리하기 위한 프로그램의 유지비용은 많이 들지만, 고객들은 그 프로그램을 사용하고 있는 여행사를 자주 찾게 되어 더 효과적일 수 있다. 마케팅 담당자들은 단골고객을 유치하기 위해 노력하고 있고 그들을 유인하기 위해 마케팅믹스를 수행하고 있는 것이 사실이다.

(5) 애호도

구매자들은 2~3가지의 브랜드를 선호할 수도 있고, 하나의 브랜드만 선호할 수도 있다. 그러나 다른 브랜드를 구매하기도 한다. 구매자들은 가장 값싸거나 편리한 브랜드가 무엇이든지간에 다양하거나 간단한 것을 원한다. 여행업에서 마케팅 담당자들은 관계마케팅을 통해서 브랜드 애호도를 구축하기를 시도하기로 한다. 제조업이 고객들과의 직접적인 접촉이 부족한 반면에, 여행사 마케팅 관리자들은 고객들과 직접 접촉할 수 있다. 따라서 고객 데이터베이스를 개발하고, 이러한 정보를 이용해서 고객과 상호관계를 유지한다.

(6) 구매자 준비단계

어떤 주어진 시간에서 사람들은 상품을 구매할 준비단계가 서로 다른 상태에 있다. 어떤 사람은 상품에 대해서 모를 수도 있고, 어떤 사람은 잘 이해할 수도 있으며, 상품에 대한 정보를 가지고 있을 수도 있으며, 상품을 원하는 사람도 있고, 구매할 의향이 있는 사람도 있다.

그룹 투어 오퍼레이터(Tour Operator)는 보통 가까운 거리의 목적지를 구매하는 인센티브 Tour Planner들에게 장거리 여행상품을 판매하고자 한다. Tour planner들은 장거리 여행상품을 알고 있지만 별 관심이 없다. 그룹 투어 오퍼레이터는 직접 마케팅 캠페인을 수행하여 단거리 여행상품을 장거리 여행상품으로 바꾸고자 노력한다. 그 캠페인을 통해서 여행박람회에 투어 오퍼레이터 부스에 Tour Planner가 방문하게 되고, 그곳에서 Tour Planner는 장거리 여행상품으로 결정하게 된다.

3. 여행시장 표적화

세분화는 기업에 이용가능한 시장기회를 제공한다. 그 다음에 기업은 목표를 달성할 수 있는 마케팅전략에 대한 표적시장을 공급하는 가장 매력적인 세분화를 선택하게 된다.

1) 시장범위 선택

일반적으로 기업은 3가지 시장범위전략 중 하나를 선택하게 된다. 즉, 비차별적 마케팅, 차별적 마케팅, 집중 마케팅 등이다.

(1) 비차별적 마케팅

비차별적 마케팅을 사용하는 것은 여행사가 시장세분화의 차별화를 무시하며, 하나의 시장이 전체시장의 욕구와 필요를 대변한다고 생각하고 있는 경우이다. 즉, 특정집단이 아닌 일반고객들의 필요가 무엇인가에 관심을 가지고 있다. 가장 많은 구매자의 수에 접근할 수 있도록 마케팅계획을 설계한다. 대중유통과 대중광고는 고객의 마음에 보다 우월한 이미지를 창출하는 기본도구로서 공급하게 된다.

비차별적 마케팅의 가장 큰 장점은 비용의 절감이다. 광고 · 운송 · 상품비용 등이 절감되고, 마케팅조사와 상품개발비용을 최대한 억제할 수 있다. 그러나 사실상 한 가지 상품으로 모든 고객을 상대할 수 있는 경우는 매우 드물다. 고객의 욕구는 다양하며, 또 시대가 급변할수록 다양해지기 때문이다.

(2) 차별적 마케팅

차별적 마케팅전략은 여행사가 표적시장을 몇 개의 시장으로 나누고 각 시장을 분리해서 설계한다. 차별적 마케팅은 전형적으로 총판매량이 비차별적 마케팅보다 많지만, 비용도 그만큼 많이 든다. 마케팅계획과 조사 · 예측, 판매분석, 촉진계획, 광고 등 많은 작업을 수행해야 하기 때문이다. 따라서 여행사는 차별적 마케팅전략을 고려할 때 증가된 판매량과 함께 균형을 맞춰야 한다.

(3) 집중 마케팅

집중 마케팅은 여행사의 자원이 제한되어 있을 때 주로 이용하는 방법이다. 큰 시장의 적은 점유율에 대응하기보다는 작은 시장의 큰 시장점유율을 추구한다. 집중 마케팅은 시장의 불확실성에서 오는 위험이 크다는 점이 가장 큰 단점으로 지목되고 있다. 모든 마케팅 노력을 하나의 세분시장에만 집중하고 모든 영업성과를 그 시장에만 의존하므로, 만일 그 시장에 중대한 수요의 변화가 초래되면 기업은 엄청난 타격을 입게 된다.

2) 시장범위전략 선정

여행업은 시장범위전략을 선정할 때 몇 가지 요인을 고려해야 한다. 즉, 여행업의 자원, 상품의 동질성 정도, 시장의 동질성, 경쟁사의 전략 등이다. 여행업의 자원이 제한되어 있다면 집중 마케팅을 최대한 활용해야 하며, 비차별적 마케팅은 상품이 동일하다면 가장 적합한 전략이다.

4. 여행시장 포지셔닝

표적시장을 선택하게 되면 그 다음 과제는 원하는 표적고객들에게 여행업의 상품을 어떻게 부각시키느냐 하는 것이 된다. 상품의 위치란 고객들이 그 상품을 어떻게 인식하고 있느냐 하는 점이며, 고객들이 여러 경쟁상품을 비교하는 기준을 속성(attribute)이라고 한다. 고객은 상품과 서비스에 관한 정보에 많이 노출되어 있기 때문에 상품을 수매할 때마다 상품을 재평가할 수 없다. 구매의사결정을 간략하게 하기 위해서 고객은 상품을 어떤 기준에 의해서 분류하게 된다. 따라서 고객은 상품을 어떤 기준에 의해서 분류하게 된다. 따라서 고객은 상품과 여행사를 나름대로 마음속으로 포지션하게 되는 것이다.

1) 포지셔닝전략

(1) 특별상품 속성

마케팅 관리자들은 몇 가지 포지셔닝전략을 수행하게 되는데, 특별한 상품속성을 바탕으로 상품을 포지션한다. 모텔 6은 저가전략, 힐튼은 입지조건을 강조하고 있다.

(2) 편익과 필요를 충족시킬 수 있는 상품

상품은 상품이 제공하는 편익이나 필요를 충족시킬 수 있도록 포지션된다. 베니건스는 이성과의 미팅장소로 이미지를 촉진시키는 흥미로운 장소로 광고한다.

(3) 고객계층 분류

최근에 여성 상용관광자가 급속하게 증가함으로써 각 호텔들은 여성들을 위한 객실을 다시 설계하는 경향이 있다.

(4) 현존하는 경쟁사 대응

경쟁사에 대응하기 위해서 상품을 포지션하기도 한다. 버거킹은 맥도날드와 대응하기 위해서 사람들이 튀긴 햄버거보다는 불에 구운 햄버거를 더 선호한다는 내용의 캠페인 광고를 하였다.

2) 포지셔닝전략의 선택과 수행

포지셔닝 직무는 3단계로 구성된다. 포지션 구축을 통해서 얻을 수 있는 경쟁적 이점을 확립하는 것, 올바른 경쟁적 이점 선정, 신중하게 선택한 표적시장에 선정된 포지션을 효과적으로 커뮤니케이션하고 전달하는 것 등이다.

클럽 메드(Club Med)는 팁, 주문, 와인선택, 테니스 레슨, 관리인에게 도움을 청할 때 등 젊은 층에게 익숙하지 않는 요인들을 세분화하여 모든 서비스를 제공하는 성공적인 묶음전략을 사용하였다. 모든 상품과 서비스를 묶어서 리조트에서의 돈을 사용하는 것을 없애 버렸다. 달러, 페소, 프랑의 화폐단위 대신 클럽 메드 관광자들은 체크인할 때 구슬을 줌으로써 음료를 구입할 수 있도록 하였다.

(1) 상품 차별화

여행사는 상품을 차별화하거나 경쟁사의 유사한 상품을 제공하기도 한다. 오늘날 기업은 대부분의 상품을 경쟁사의 상품과 차별화를 시도한다.

극단적으로 어떤 여행사는 거의 차별 없이 고도로 표준화된 상품을 출시함으로써 차별화가 가능하다. 저가의 상품보다는 특급호텔과 고품질의 여행상품을 개발하여 다른 경쟁사의 상품보다 비싼 가격의 상품을 출시하는 경우도 있다.

(2) 서비스 차별화

여행상품도 하나의 무형상품이기 때문에 서비스의 차별화는 필수적이다. 고객의 불평·불만을 최대한 신속하고 정확하게 처리한다. 표적시장에 편익을 주는 서비스를 제공함으로써 기업은 차별화를 달성할 수 있다.

(3) 직원 차별화

여행사는 경쟁사보다 우수한 인재를 고용하고 훈련시킴으로써 경쟁적 우위를 확보할 수 있다. 직원 차별화를 위해서는 고객접촉 직원을 신중하게 선별하고 잘 교육시켜야 한다. 고객들과 항상 밝은 웃음으로 대하고 고객들의 질문이나 전화문의에 신속하고 정확한 대응이 필요한 인재를 육성해야 한다.

(4) 입지 차별화

여행사의 위치는 다른 어떤 업종과는 비교도 안 될 만큼 중요한 요소이다. 여행사의 업무에 따라서 약간의 차이는 있으나 여행사의 위치를 정하는 데 있어서 고려되어야 할 여러 가지 요소들이 있다. 접근하기 쉽고, 크기, 지역성장, 공간 디자인, 외관 등이 중요한 요인이다.

도시의 중심지이고 보행자의 통행이 많은 곳이 좋고, 빌딩 내에 위치할 경우 1층 로비 위치에 여행사의 카운터 설치가 용이하여야 한다. 교통량이 많고 사람들의 이동이 많은 곳과 관공서 · 외국공간 및 항공사의 사무소가 가까운 곳이어야 한다.

(5) 이미지 차별화

경쟁사가 거의 동일한 상품과 서비스를 제공하더라도, 구매자들은 여행사의 이미지에 의해서 차이를 지각할 수도 있다. 따라서 경쟁사와 차별화할 수 있는 이미지를 창출하도록 노력해야 한다.

중앙 4대 일간지의 여행사 광고는 모두 여행상품과 가격을 가득 채운 내용밖에 없다. 여행사의 상품을 부족한 지면에 모두 게재하려고 하니까 잠재고객들의 눈에 확 뜨이지 않는 경우가 대부분이다. 따라서 여행상품보다는 여행사의 이미지 광고를 시도해 볼만도 하다.

3) 지각도

마케팅전략을 구체화하는 포지셔닝을 효과적으로 하기 위해서는 지각도(perceptual map)에 대해서 충분한 지식이 있어야 한다. 지각도는 동종상품군에 대해서 고객들이 몇몇 평가기준에 따라 각 상품의 위치를 어떻게 인식하고 있는지를 나타낸 것으로 표적 시장의 특성을 시각화한 것이다. 지각도의 용도 중 하나는 현재 시장 내에 있는 경쟁상품이 수용하지 못하는 영역을 발견하여 그 영역에 적합한 상품을 포지셔닝할 수 있는 기회를 얻을 수 있다는 점이다.

그림 11-11 국외여행상품 지각도의 예

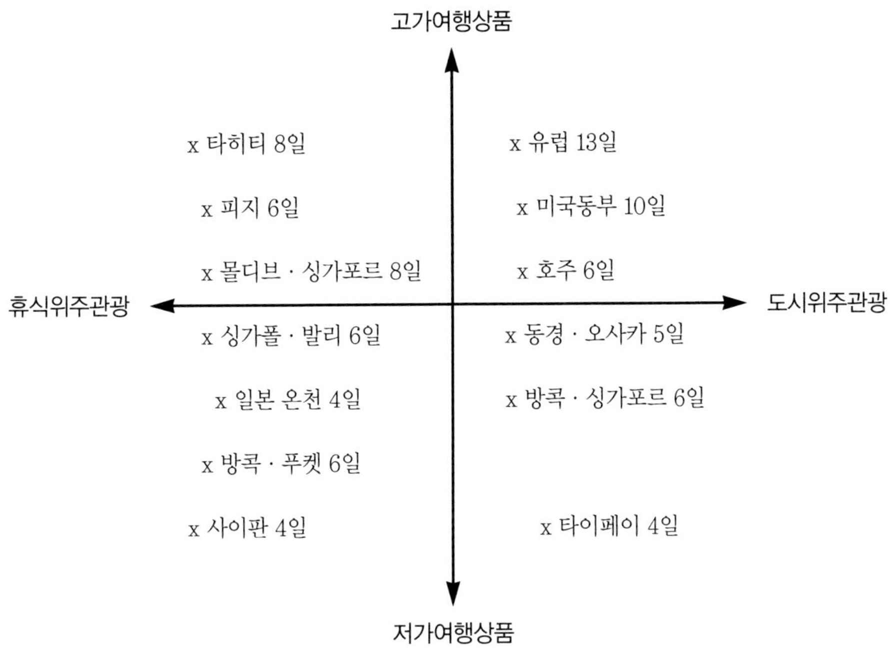

자료 : 윤대순. 2006 : 603.

제5절 여행사의 마케팅믹스 전략

1. 상품 믹스전략

상품 믹스(product mix)란 기업이 판매하고자 제공하는 모든 개별상품들의 집합을 말한다. 상품 믹스의 구조는 상품의 넓이(width of product mix), 깊이(depth of product mix), 길이(length of product mix)로 이루어져 있다. 상품의 넓이는 여행사가 취급하고 있는 상품계열의 수로써 신혼여행상품, 휴가여행상품, 종교여행상품, 이벤트여행상품 등이며, 상품의 깊이는 상품계열 내의 각 상품이 제공하는 품목의 수로서, 신혼여행상품 중에서도 목적지가 중국, 유럽, 동남아, 호주 · 뉴질랜드, 미국 등의 여러 상품이라 할 수 있다. 여행사의 여행상품의 깊이와 넓이에 대해서 설명한 예를 살펴보면 〈표 11-9〉와 같다.

표 11-9 여행사의 상품 깊이와 넓이의 예

상품의 넓이	상품의 깊이
직원	• 관광관리자 • 비즈니스 관광의 전문기술을 갖춘 노령층 관광상담원 • 국내 · 외래관광 상담원 • 국내관광 상담원
전문기술	• 여행사연혁 33년 • 모든 직원이 국내 · 외 관광의 경험이 풍부 • 폭넓은 상품지식 • 훌륭한 고객서비스 기술 • 전문관광자격증 소지 • 모든 직원이 정기교육과 최신교육과정 참석 • 모든 직원이 CRS 교육
비즈니스관광	• 국내 · 외 항공서비스의 세부지식을 갖춘 전문직원 • 상업회계능력을 갖춤 • 인센티브 관광을 제시할 수 있는 전문지식 • 컨벤션 관광기획력 • 호텔에 관한 세부지식 • 렌트카 서비스 세부지식

상품의 넓이	상품의 깊이
레저 · 휴가관광	• 국내 – 겨울 : 스키리조트와 국내휴양지 – 여름 : 해변과 섬 관광지 – 1~2시간 교통수단이용의 주말 패키지상품 • 국제 – 아시아 · 태평양 FIT 상품 – 아프리카 FIT 상품
보조 서비스	• 여행자수표 • 보험 • 여권과 사진 • 서류준비보조 • 지방에 티켓과 기타 서류전달
기타 상품	• 필요하다면 유럽과 남아메리카 상품을 제공할 수 있는 표적시장을 만족시킬 수 있는 레저 · 휴가여행상품 • 제한된 상품의 형태로 인하여 항공기를 이용한 국내 · 외 관광은 일정한 규칙이 있지만, 지상과 해상교통은 필요하다면 수배가 가능하다.

1) 상품계열 확대전략

여행사가 기존의 상품계열 이외에 새로운 상품계열을 추가하는 것을 말한다. 예를 들어 국외여행업체가 기존의 신혼여행상품계열 이외에 이벤트여행상품을 추가한다면 새로운 상품계열을 추가한다는 의미와 새로운 사업영역에 진출한다는 의미를 동시에 가지고 있다.

2) 상품계열 축소전략

여러 개의 상품계열을 생산하고 있는 여행사가 포트폴리오 분석을 통해 수익성이 낮거나 성장가능성이 없는 상품계열을 제거하는 것을 말한다.

3) 상품계열의 분할 및 통합전략

여러 개의 여행상품계열을 소유한 여행사가 기존의 상품계열을 재편하는 것을 말한다. 즉, 기존의 상품계열을 분할하거나 통합하는 전략을 의미하며, 현재 취급하고 있는 상품은 변화시키지 않고 단지 상품계열의 수를 줄이거나 늘리는 것을 말한다.

4) 기존상품의 개조

신상품을 개발하여 특정상품계열의 깊이를 깊게 하는 것도 좋지만, 상품관리자는 자사의 기존상품을 참신한 관점에서 검토할 필요가 있다. 때로는 경쟁사나 자사의 기존상품을 개량하는 것이 신상품을 개발하는 것보다 유익하고 훨씬 위험부담이 적어서 바람직한 경우가 있다. 특히 여행상품은 특허권이 유명무실하고 모방성이 강하기 때문에 더욱 그러하다.

5) 상품계열전략

상품계열전략은 크게 상품계열확장(product line stretching)과 상품계열충원(product line filling)이 있다. 상품계열확장은 특정여행사가 커버하고 있는 상품범위를 넘어서 상품계열의 길이를 길게 하는 전략이다. 또 상품계열충원은 현재의 상품계열의 범위 내에서 품목 수를 추구하는 전략이다. 여기에서 상품계열 확장전략을 살펴보면 다음과 같다.

(1) 하향확장전략

하향확장(downward stretching)은 고가 · 고품질의 상품계열을 생산하던 여행사가 저가 · 저품질의 상품을 추가로 생산하는 것을 말한다. 그 이유는 첫째, 초기에는 고품질의 이미지를 구축하기 위하여 상층시장에 진입하며, 그 이후에는 하향확장하게 된다. 둘째, 경쟁사의 상층시장에 대한 공격을 방어하기 위하여 하층시장에 진입할 수도 있다. 셋째, 가만히 놓아두면 경쟁사가 진입하게 될 공백시장을 메우기 위하여 저급상품을 추가할 수도 있다.

(2) 상향확장전략

상향확장(upward stretching)은 하향확장과는 반대의 개념으로서 저가 · 저품질시장을 목표로 하던 기업이 고가 · 고품질시장을 목표로 상품계열을 확장하는 것을 말한다. 이러한 전략을 채택하는 이유는 고급상품시장이 빠르게 성장하거나 높은 이익을 가져다 줄 수 있기 때문이다. 예를 들면, H 여행사는 국외관광의 붐이 일어나서 기존의 업계가 저가 · 저품질의 상품위주로 판매한 형태로 접어들자 업계 최초로 서비스 품질 보증제도를 실시하여 숙박은 특급호텔을 이용하고, 옵션투어를 배제한 고가 · 고품질의 상품을 개발하였다.

(3) 양면확장전략

양면확장(two-way stretching)이란 중급시장에 위치한 여행사가 고급상품이나 저급상품을 추구하는 전략을 말한다.

2. 가격 믹스전략

여행상품가격이란 관광자가 여행사의 관광서비스를 통해 얻는 가치에 대하여 지불하는 대가를 말한다. 여행사에서는 관광상담서비스를 제외하고 제공되는 모든 서비스에 대하여 화폐의 지불을 통한 상품과 관광서비스의 교환이 이루어진다. 특히 관광예약금의 지불은 여행상품의 소유권을 여행사에서 관광자에게 옮겨 놓는 중요한 역할을 한다.

여행사의 마케팅믹스 중 여행상품 · 유통 · 촉진 등 세 가지는 모두 여행사의 입장에서 비용을 유발시키는 요소라고 할 수 있다. 그러나 오직 가격이라는 마케팅 요소만이 여행사에게 수익이 되는 요소라고 볼 때, 여행상품의 가격은 건실한 경영의 토대가 될 수 있는 중요한 마케팅 요소라고 할 수 있다.

여행상품가격은 여행사와 관광자 두 집단의 관점에서 볼 수 있다. 여행사의 입장에서는 여행상품의 생산과 판매를 위해 소요되는 비용에 대한 대가로 관광자로부터 지불받게 되는 것이 가격이므로 여기에는 여행사의 경영 및 여행상품 생산에 필요한 고정비용과 변동비용이 포함되어 있다고 할 수 있다. 관광자의 입장에서는 세 가지 방법으로 여행상품을 구매하며, 각기 다른 방법으로 가격이 결정된다.

첫째, 일반 패키지 여행상품과 같이 신문광고 등을 통해 모든 관광자에게 동일한 수준으로 적용되는 관광요금의 형태라고 할 수 있다.

둘째, 유연단체의 조직자를 통해 여행사와 협상에 의한 가격이라고 할 수 있다.

셋째, 정부기관 또는 공공기관의 입찰을 통해 결정되는 가격이라고 할 수 있다.

어떠한 형태로 가격이 결정되던 여행사의 입장에서는 비용의 개념이 관광자의 입장에서는 관광서비스의 수준과 가치의 개념이 우선적으로 지배하고 있어, 이 두 가지 각 집단의 이익이 어느 정도 충족되는 선에서 여행상품의 가격이 결정되는 것이 가장 바람직하다.

1) 여행상품의 가격결정에 영향을 미치는 요인

여행상품의 가격결정에 영향을 미치는 요인은 여행사에서 통제할 수 없는 외부의 요인과 여행사의 통제가 가능한 내부의 요인으로 분류할 수 있다.

그림 11-12 가격결정에 영향을 미치는 요인

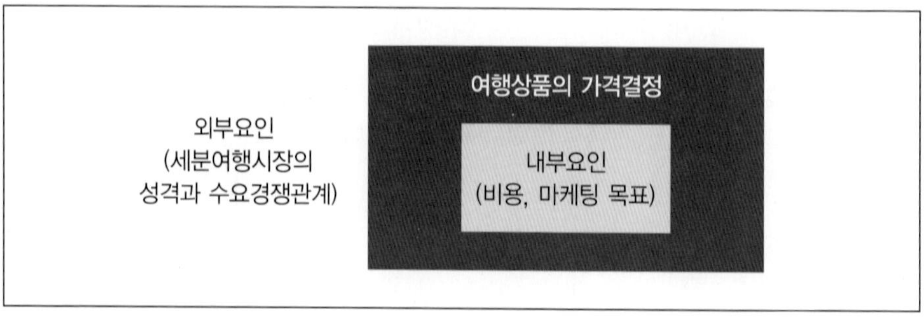

자료 : 윤대순, 2006 : 607.

(1) 외부요인

❶ 세분여행시장의 성격과 수요

여행상품은 수요의 가격탄력성이 높은 상품으로 가격변화에 따른 수요의 변화가 민감하다. 특히 위락위주(pleasure-oriented)의 여행상품의 경우이거나 항공과 숙박만을 제공하는 에어텔 등 상품의 구성이 단순하여 가격경쟁력이 중요시되는 여행상품의 경우, 가격변화에 따른 수요의 변화, 즉 수요의 가격탄력성이 매우 높다고 할 수 있다.

$$수요의\ 가격탄력성=\frac{(Q_1-Q_2)/Q_2 \quad \Delta P/P_1}{(P_1-P_2)/P_2 \quad \Delta P/P_1}$$

수요의 가격탄력성이란 위의 식에 나타난 것처럼 여행상품의 가격이 P_1에서 P_2로 변화했을 때의 가격증감률($\Delta P/P_1$)에 따라 판매량이 Q_1에서 Q_2로 변화하는 수용증감률($\Delta Q/Q_1$)을 나타낸다. 따라서 여행상품의 가격을 결정할 때 추구하고 있는 세분여행시장에서의 현재여행상품가격을 기준으로 수요의 가격탄력성이 충분히 고려되어야 한다.

❷ 경쟁관계

일반적으로 경쟁은 〈표 11-10〉에서와 같이 완전경쟁, 독점적 경쟁, 과점적 경쟁 및 완전독점의 네 가지 형태로 분류할 수 있는데, 이러한 경쟁관계는 여행상품의 최고가격을 얼마로 설정할 수 있을지를 결정짓는 요인이라고 할 수 있다. 여행시장에서 대부분의 상품은 독점적 경쟁인 경우가 많지만, 일반적으로 정형화되어 있어 가격과 상품의 질을 구분하기 힘든 여행상품의 경우 완전경쟁의 성격을 띠는 경우도 있다고 할 수 있다.

또한 과점적 경쟁은 항공사의 경쟁관계에서 많이 나타나고 있지만, 여행사의 경우에도 특정세분시장 내에서 전문적 지식이 요구되어 경쟁여행사의 수가 제한되어 있는 경우에 나타날 수 있는 경쟁형태라고 할 수 있다.

완점독점이란 여행시장에서는 존재하지 않는다고 할 수 있는데, 과거 구소련의 인투어리스트(intourist)나 중국의 CITS 등의 여행사들이 독점적 지위를 누렸으나, 지금은 이러한 여행사들도 체제의 변화로 인해 수많은 군소여행사들과 경쟁해야 하는 입장에 처해 있다. 따라서 여행상품과 세분시장의 성격 등에 따라 형성된 여행시장에서의 경쟁관계는 여행상품의 가격결정에 많은 영향을 미친다고 할 수 있다.

표 11-10 경쟁관계의 분류

분류	경쟁 형태
완전 경쟁 (pure competition)	많은 수의 판매자들이 많은 수의 구매자를 대상으로 정형화된 상품으로 경쟁하고 있는 형태
독점적 경쟁 (monopolistic competition)	많은 수의 판매자들이 많은 수의 구매자를 대상으로 가격과 내용이 서로 다른 상품으로 경쟁하고 있는 형태
과점적 경쟁 (oligopolistic competition)	적은 수의 판매자이지만, 서로의 가격결정과 마케팅전략에 대하여 민감하게 반응하고 있는 형태
완전 독점(pure monopoly)	특정상품에 대하여 독점적 판매자가 존재하여 경쟁이 없는 형태

자료 : 윤대순. 2006 : 609.

❸ 기타 외부요인

여행상품 구매자들이 인지하고 있는 여행상품의 가격과 가치는 여행상품의 가격결정에 영향을 미치는 또 다른 요인이라고 할 수 있다. 이는 여행사에서 뛰어난 아이디어로 특정기획 여행상품을 개발하여 시장에 출시하였다 해도 이와 유사한 형태의 여행상품에 대하여 구매자가 이미 인지하고 있는 가격대와 상품의 가치가 존재하고 있다면 이를 벗어나기 힘들기 때문이다.

경쟁하고 있는 여행사에서 판매하고 있는 상품의 가격과 관광 조건 등도 여행상품의 가격을 결정하는데 충분히 고려해야 하는 사항이므로 가격결정에 영향을 미치는 요인이라고 할 수 있다. 즉, 여행상품의 성격과 세분시장의 성격 및 여행사의 경영목표 등에 따라 경쟁여행사에서 제공하고 있는 상품의 가격과 관광조건이 다르기 때문에 유사한 여행상품을 출시할 경우 이 가격의 범주를 벗어나기 힘들기 때문이다.

그 이외에도 인플레이션과 환율의 변동 등에 따른 경제적 요인, 정부의 규제와 개입 및 사회문화적인 요인 등의 다른 환경요인들도 여행상품의 가격을 결정하는데 영향을 미치고 있다.

(2) 내부요인

❶ 비용

여행사에서 지출하는 여러 가지 비용은 여행상품의 가격을 결정하는 데 최저판매가를 얼마로 설정할 수 있을지를 결정한다고 할 수 있다. 일반적으로 비용은 임대료 · 관리자급여 · 조험료 · 감가상각비 등의 고정비와 여행상품 판매직원, 안내직원 및 임시직의 급여, 마케팅비용 등의 변동비로 구분할 수 있다.

여행사의 경우 비용의 구조측면에서 초기투자비용보다는 회사 설립 후에 발생되는 변동비용이 많은 부분을 차지하고 있어 이에 대한 관리가 무엇보다 중요하다고 할 수 있다. 즉, 이러한 변동비를 철저히 관리함으로써 여행상품의 가격경쟁력을 확보할 수 있는 것이다.

특히 여행업 마케팅에서 고려해야 변동비 중에는 각종 할인과 여행대리점에 지급하는 판매수수료 등의 유통관련비용과 광고, 인적판매에서의 접대비 등의 촉진비용, 인적자원에 의존할 수밖에 없는 여행사인력의 급여비용이 있다.

❷ 마케팅목표

여행사가 추구하고 있는 마케팅목표의 설정에 따라 여행상품의 가격이 달라질 수 있다. 이러한 마케팅 목표는 여행사의 경영목표에 근거하는 것으로 목표 자체는 시간의 흐름에 따라 변할 수 있으며, 경영자의 의지에 따라 변화하는 경우도 있다. 여행상품의 판매가격에 영향을 미치는 마케팅목표는 다음과 같다.

가. 여행사의 생존(Survival)

경기불황 및 거시적 사업환경이 좋지 않아 관광의 수요가 매우 미약하여 당장 기업의 영속성을 유지하여야 하는 마케팅목표를 설정했을 때에는 마케팅비용을 줄이고, 가격인하 등을 이용하여 수요를 유발시켜야 한다.

이를 통해 성수기가 돌아올 때까지 여행사의 현금흐름을 적정수준으로 유지시켜 부도를 방지하고, 여행사운영에 필요한 최소의 자금을 확보하여 기업활동을 유지시켜 나가야 한다. 따라서 이러한 목표를 설정한 경우에는 여행상품의 가격은 여행사의 경영을 유지해 나갈 수 있는 매우 낮은 수준으로 책정해야 할 것이다.

나. 단기수익의 극대화(Current Profit Maximization)

여행사 경영에 있어 장기적인 경영성과보다는 양호한 현금흐름과 투자수익률의 확보 등 단기적인 재무성과를 높이기 위한 마케팅목표를 설정한 경우이다.

이와 같이 단기수익의 극대화가 목표인 경우 현재 여행상품의 경쟁상황 내에서 가장 높게 책정할 수 있는 가격으로 상품가를 이끌어 나갈 수 있다. 그러나 이 경우 여행사에서 경쟁우위를 점하고 있는 특정세분 여행시장이 존재하거나 상표충성도가 강한 고객을 확보하고 있는 경우에 한하여 고가의 판매정책을 실행할 수 있다.

여행시장에서는 완전독점 또는 과점적 경쟁형태의 상품이 존재하기 힘드므로 단기수익의 극대화를 이루는 동시에, 시장점유율을 높이기는 어려운 현실이다. 따라서 여행시장에서는 단기수익의 극대화와 시장점유율의 증대는 서로 상쇄관계에 있다고 할 수 있으며, 이를 균형적으로 취하여 효율적인 비율을 찾아내는 것이 중요하다.

다. 시장점유율의 증대(Market-share Leadership)

시장점유율의 증대가 미래의 저비용지출과 장기수익률에 기여한다고 판단될 경우 이를 마케팅목표로 설정할 수 있다. 이렇게 시장점유율의 증대를 추구할 경우 가장 손쉽게 사용할 수 있는 전략은 여행상품가격의 인하 또는 경쟁여행사에 비하여 저렴한 여행상품가격의 제공일 것이다.

이러한 목표를 설정한 경우 어느 정도의 시간이 지난 후 시장점유율을 얼마나 높일 것인가에 대한 구체적인 시간과 비율의 목표가 병행되어야 하며, 목표성취도에 따라 가격변경전략이 뒤따라야 할 것이다. 그러나 가격변경은 여행상품 구매자에게 신뢰도를 낮추고, 영업활동의 어려운 점을 제공할 수도 있으므로 신중하게 결정되어야 한다.

라. 양질의 여행상품 추구(Product Quality Leadership)

위에 언급된 마케팅목표와 상관없이 양질의 여행상품을 관광자에게 제공하는 높은 서비스지향의 마케팅목표를 설정한 경우 여행상품의 고품질을 유지해야 한다.

이렇게 여행상품의 높은 품질을 유지하기 위해서는 관련된 서비스인력의 고급화, 양질의 여행상품 구성요소의 제공 및 기타 서비스관리비용의 추가로 인해 고비용이 발생하게 되며, 이로 인해 다른 여행상품의 판매가격에 비해 높은 가격을 책정하게 된다.

그러나 우리나라의 경우 대부분의 여행상품 구매자들은 상품의 질보다는 가격지향적(price-oriented)인 성향이 강하므로, 설령 여행사에서 고가의 특정 여행시장에서 우위를 지니고 있더라도 이러한 목표가 설정된 경우, 여행상품의 서비스품질에 대해 매우 치밀한 관리가 요구된다.

(3) 기타 내부요인

여행상품의 가격결정에 영향을 미치는 여행사 내부요인으로 마케팅믹스 전략을 들 수 있다. 이는 직접 판매와 간접 판매의 비율 등 유통망의 형성, 촉진활동의 정도에 따라 결정되어지는 촉진비용 및 여행상품의 각 구성요소를 어느 정도의 수준에 맞출 것인가에 해당되는 원가부문 등에 따라 여행상품의 가격이 달라질 수 있을 것이다.

그 외에도 여행사는 자사의 상품을 취급하고 있는 유통업체나 여행상품을 운영해 주고 있는 여행관련업체의 성격이나 그들과 맺고 있는 관계 등에 따라 여행상품의 가격결정에 영향을 받는다고 할 수 있다.

2) 여행상품의 가격결정요소

(1) 여행상품 원가구성요소

여행상품 원가구성요소는 여행상품의 가격에 가장 커다란 영향을 미치는 요인이다. 그러나 원가구성요소만이 여행상품의 가격에 영향을 미치는 요인이라고 할 수는 없으며, 마케팅비용이나 일반관리비용도 커다란 영향을 미치는 요인이라고 할 수 있다. 여행상품의 구성요소를 갖추기 위하여 여행사가 공급업체로부터 구매하는 것들은 다음과 같다.

❶ 교통 부문

일반적으로 국외여행사의 경우 항공권의 구매와 관련된 항공요금, 외래관광에서는 국내 육상교통비용 등을 떠올리는 경우가 많으나, 관광에서 이동과 관련하여 가장 중요한 요소인 교통부문의 원가구성 형태는 매우 다양하다고 할 수 있다. 여기에는 항공권, 철도요금, 선박요금, 전세버스요금, 렌터카요금 등 다양한 형태의 교통비용이 존재하고 있다.

항공요금의 경우 관광시기, 관광구성원의 종류와 규모, 관광조건, 여행사의 연간 항공권 구매량의 크기 등에 따라 서로 상이한 금액으로 항공사로부터 제공받고 있다. 여기서 여행사가 간과해서 안 될 것은 항공료 지불에 대한 궁극적인 목적인 '항공편을 이용한 관광지로의 이동'이라는 효과는 항공료의 차이에 따라 변화하지 않는다는 것이다. 따라서 얼마나 경쟁력 있는 항공요금의 원가를 가져올 수 있느냐가 결국 관광서비스의 질을 낮추지 않고, 가격경쟁력을 유지할 수 있는 중요한 결정요인이라는 것이다. 이는 결국 선박 · 전세버스 · 철도 등 교통편의 구매원가에도 동일하게 적용된다.

❷ 현지 지상비 부문

여행상품의 가격에 영향을 미치는 현지 지상비 부문은 관광서비스의 질을 좌우하는 매우 중요한 요소이므로 구매와 원가산정에 매우 신중해야 할 필요가 있다. 현지 지상비 부문에 대해서는 여행사에 따라 숙박(호텔), 현지교통, 식당의 식음료, 안내서비스를 각각의 공급업체와 직접 계약하여 구매하는 경우도 있으나, 국외관광의 경우에는 대부분 현지 지상수배업자를 통해 구매하는 것이 일반적이고, 국내관광과 외래관광의 경우에는 각각 계약하여 구매하는 것이 일반적이라고 할 수 있다.

구매가 어떤 형태로 이루어지건 관광지의 지상서비스에 대한 구매는 서비스의 질이 충분히 감안된 상태에서 협의되어야 한다. 이는 판매가격의 경쟁력을 갖기 위하여 현지 지상서비스 부문에서 무리한 원가절감을 꾀하여 오히려 여행사의 고객에게 불만족을 제공함으로써 장기적 측면의 경영실패로 이어질 수 있기 때문이다.

❸ 기타 부문

위에서 언급된 것 이외에도 여행상품가격의 원가구성요소에는 안내원의 안내경비, 원만한 관광의 진행을 위한 예비비, 각종 공항세, 각종 수속경비, 여행자보험, 특정대회 참가비 등이 있다. 안내원의 안내경비는 여행사마다 다소 상이하며, 또한 안내원의 분류나 경험 등에 따라 다르게 적용되기도 한다. 예비비란 관광 중 위급한 상황 또는 예상외 지불요인, 원만한 진행을 위한 추가지불요인 등에 대비하여 안내원에게 지급하는 경비로 대부분 관광종료 후 안내원에 의해 상세명목과 함께 정산된다.

각종 공항세와 각종 수속경비는 선택적 조건으로 관광자에게 포함여부를 제시하는 것이 관례인데, 수속경비 중 관광자보험의 경우 대부분 판매가격에 이를 포함시키고 있고, 여행사에 따라 단체관광자에게 비교적 좋지 않은 조건의 관광보험상품을 포함시키고 있어 우려를 낳고 있다. 또한 대부분의 경우 안내원 팁은 판매가격에 포함시키지 않고 있어 이를 관광자에게 사전에 주지시키는 것이 중요하다.

(2) 마케팅비용

❶ 유통비용

여행사의 상품유통형태도 여행상품의 가격에 영향을 미치는 요인이라고 할 수 있다. 비교적 유통단계가 적어 관광자에게 직접 판매를 하는 여행사의 경우, 여행대리점을 주대상으로 마케팅 활동을 전개하는 여행사보다 유통비용이 적게 소요되기 때문이다. 그러나 관광자를 대상으로 직접 마케팅 활동을 전개하는 여행사는 상대적으로 촉진비용, 특히 광고비용의 지출이 높아 어느 쪽이 가격경쟁력에서 더 유리하다고 단정적으로 말할 수는 없다.

❷ 촉진비용

1990년대 들어, 일반 패키지관광을 운영함에 있어 상품가격에 영향을 미치는 가장 중요한 요인 중 하나는 광고비용이다. 많은 여행사들이 광고비용을 가격결정요인이 아닌 별개의 비용으로 취급하여 결국 경영위기에 처하거나 기업의 영속성을 잃어버리고 마는 경우가 발생했다. 여행상품의 촉진비용은 여행설명회 개최비용, 광고비용, 판촉 경품비용 등 여러 형태로 나타날 수 있으나, 가장 큰 비중을 차지하는 것은 국외관광의 경우 광고비용, 외래관광의 경우 판매촉진비용이라고 할 수 있다. 따라서 이러한 비용은 여행상품의 판매가격에 반영되어 나타나게 된다.

❸ 여행상품 개발비용

국외여행상품의 경우, 특정상품의 개발을 위해 1회 또는 수회에 걸쳐 현지답사나 현장점검, 요금협의 등의 목적으로 현지를 방문하게 되는데, 이러한 비용의 지출은 그 규모에 따라 판매가격에 반영된다. 여행상품은 일반제조업체의 상품개발비용에 비해 재무적 부담이 매우 낮은 편이나 상품에 따라 개발에 따른 비용을 감안할 필요가 있다. 특히 기획성 여행상품으로 전세항공기 등을 이용해 관광자에게 비교적 생소한 지역이 관광목적지인 상품의 경우 사전답사 · 요금협의 · 현지상주 등에 따르는 비용부담이 있어 이를 기획여행상품의 판매가격에 반영할 필요가 있다.

(3) 일반관리비용

여행사의 주된 일반관리비는 직원급여와 사무실 관리비용이라고 할 수 있으며, 그 외에도 통신비, 광열비, 예약시스템 운영관리비 등이 포함된다. 여행사의 급여는 일반관리비용 중 가장 큰 부분을 차지하는 것으로 급여의 산정은 여행사의 인적 자원관리에 중요할 뿐 아니라, 여행사경영의 재무적 균형에도 매우 중요한 요소라고 할 수 있다. 특히 여행사경영의 성패를 좌우하는 것이 뛰어난 인적 자원의 확보와 효율적인 인사관리임을 감안할 때 적정급여를 책정하는 것은 여행사직원의 사기진작과 대고객 서비스 정신함양에 기초가 된다.

그러나 과도한 급여의 책정은 급여지출을 위한 무리한 영업수익 확보를 초래하고, 결국은 여행사 경영의 재정적 부담을 주어 판매가격의 경쟁력을 잃게 하는 결과를 낳게 된다. 따라서 급여의 책정은 인적 자원의 관리와 판매가격의 경쟁력 확보라는 요인이 충분히 감안된 상태에서 이루어져야 할 것이다.

(4) 인플레이션과 환율

❶ 인플레이션

대부분의 여행사에서는 차기년도의 여행상품을 출시할 경우 일정비율의 인플레이션을 감안하여 상품가격을 결정하게 된다. 이는 국외여행상품의 경우 해당 관광지역의 인플레이션을 감안하게 되고, 외래여행상품의 경우 우리나라의 인플레이션을 감안하게 되는데, 이는 가격에 결정을 미치는 요인을 바람직하게 고려하고 있는 것이나, 실제 여행상품의 가격결정에서는 그렇지 않는 경우도 많다. 이는 시장에서 형성된 해당여행상품의 가격범위를 벗어나지 않음으로써 가격경쟁력을 유지하려 하는 것인데, 5년 전의 유럽여행상품의 가격이 지금과 별 차이가 없는 이유도 바로 이러한 점들 때문이라 하겠다.

그러나 이렇게 인플레이션이 감안되지 않은 여행상품은 매년 눈에 보이지 않는 수준으로 서비스의 질이 떨어지고 있는 것을 알 수 있다. 이는 관광지역의 인플레이션은 진행되고 있으나, 이런 현상이 가격에 반영되지 않음으로써 이를 관광서비스의 질 저하로 상품의 원가를 맞출 수밖에 없기 때문이다. 5년 전 유럽 패키지여행상품의 숙박호텔 등급은 대부분 특급(deluxe class, five star) 또는 상위 1급(semi-deluxe class, four star plus) 수준이었으나, 최근의 유럽 패키지여행상품은 1급(first class, four star) 수준의 호텔인 것은 바로 이런 점이 반영되고 있다고 보아야 할 것이다.

❷ 환율

환율의 예측은 국외관광과 외래관광과 같이 국제관광현상에서 여행사의 수익관리에 매우 중요한 요소이다. 국제관광에서 일본의 엔화, 미국의 달러 및 유럽 화폐의 환율변화는 여행사의 상품가격과 수익에 커다란 영향을 미치고 있다고 할 수 있는데, 이는 여행사의 일반적인 영업수익률이 10% 내외인 것을 감안할 때 여행상품의 계약이 이루어진 시점으로부터 관광대금이 회수되는 시점까지 환율의 변동이 유리한 쪽으로 10%였다면, 이는 수익률이 2배로 증가한 것을 의미하며, 불리한 쪽으로 10%의 변동이 있었다면, 이는 영업수익이 전혀 발생되지 않는다는 것을 의미하기 때문이다.

우리나라의 경제가 IMF의 관리체제로 연결된 1997년 말 심한 환율의 변화로 외래관광사업자와 국외관광사업자 사이에 희비가 엇갈렸던 것은 환율변동으로 인한 수익률 변화가 얼마나 심했는지를 보여 주는 좋은 예라 할 수 있다. 따라서 여행사의 마케팅 담당자의 환율의 변화를 예측하거나 장기환율변동을 분석할 수 있는 능력을 갖출 필요가 있으며, 여행상품의 가격도 외국화폐로 계약할 것인지, 또는 우리 화폐로 계약할 것인지를 상품출시 전에 연구할 필요가 있다.

(5) 영업수익률

대부분 여행사의 영업수익률은 10% 내외라고 할 수 있으나, 직접 판매에서 발생되는 할인과 간접판매에서 발생되는 유통비용을 감안할 때 실제 영업수익률은 70% 내외인 경우가 많다. 따라서 여행상품을 출시할 때 영업수익률의 범위를 얼마로 할 것인지의 여행사 수익률정책은 여행상품의 가격을 최종적으로 결정짓는 요인이라고 할 수 있다.

일반적인 여행상품의 경우 영업수익률의 범위를 10% 내외로 책정하고 있으나, 단거리 여행상품이나 출시 당시 시장에서 유행되고 있는 여행상품처럼 수요자가 가격에 민감한 상품의 경우 영업수익률은 5% 내외로 조정되기도 한다. 그러나 시장에서 찾아보기 어려운 여행상품이거나 기획여행상품 또는 1회성 전세기 여행상품의 경우 영업수익률이 15%를 상회하기도 하여 이는 시장의 여건에 따라 조정될 필요가 있다.

3) 여행상품의 전략적 가격결정방법

(1) 수요 중심 가격결정

❶ 인지된 가치기준 가격결정방법

인지된 가치기준 가격결정방법(perceived value pricing)은 일반적으로 여행상품 구매자들이 인지하고 있는 여행상품의 가치를 기준으로 이에 대한 고객의 지불의사를 측정하거나 추정하여 가격을 결정하는 방법이다.

예를 들어, 국외여행상품의 경우 일반적으로 관광자들은 로스앤젤레스를 왕복하는 항공요금이 싱가포르를 왕복하는 항공요금보다 비쌀 것이라고 인지하고 있는 경우가 많다. 그러나 이 두 관광지로의 항공요금은 연중 성 · 비수기 및 관광조건 등의 이유로 어느 관광지의 항공요금이 더 비싸다고 절대적으로 말할 수는 없다.

따라서 여행상품의 가격을 결정할 때 해당상품에 대하여 관광자가 어느 정도 수준의 가치로 그 상품을 인지하고 있느냐에 따라 여행사의 원가에 상관없이 적정판매가보다 다소 높게, 또는 다소 낮게 그 가격을 결정할 수 있다.

❷ 위신가격기준 가격결정방법

위신가격기준 가격결정방법(prestige pricing)은 여행상품 구매자가 가격에 민감하지 않고, 여행상품의 가격에 의해 상품구매를 결정하는 경우 여행상품의 가격을 정상보다 높게 책정하여 판매하는 방법으로 실제 여행상품의 서비스품질보다 다소 높게 책정하는 것이 바람직하다.

이 방법은 가격결정 전 두 가지의 전제조건이 있는데, 하나는 여행상품가격에 민감하지 않은 세분시장이 존재하여 이러한 수요가 주류를 이루고 있는 여행시장에 상품을 출시할 경우에 사용할 수 있다는 것이다. 또 하나는 높게 책정된 가격에 알맞은 비율로 관광의 서비스 수준을 높여야 한다는 것이다. 만약 특정여행사의 고객이 관광 도중 자기보다 훨씬 저렴한 가격으로 여행상품을 구매한 다른 관광자가 동일하거나 유사한 서비스를 제공받는 것을 목격한다면, 이는 중요한 고객을 잃게 되는 기회를 제공하기 때문이다.

❸ 수요자협상 가격결정방법

수요자협상 가격결정방법(negotiated pricing)은 관광의 수요자 또는 수요자 그룹과의 협상을 통해 가격을 결정하는 방법으로 대부분의 유연단체(affinity) 및 일과성 단체(ad-hoc group)에게 여행상품을 판매하는 경우에 사용하는 방법이다.

일반적으로 유연단체의 경우 구매자는 기존에 가까운 관계에 있는 여행사에게 관광의 조건을 알려 주어 상품의 견적을 의뢰하거나, 또는 나름대로 설정된 기준에 의하여 몇몇 여행사를 선정한 후 복수견적을 의뢰해 가격과 관광의 조건, 여행사의 성격 및 객관적인 업무수행능력 등을 평가하게 된다.

이 경우 최종적으로 여행사를 선정하는 과정에서 오거나이저라 통칭되는 구매결정자 또는 구매결정그룹과의 협상을 통해 최종적인 여행상품의 판매가격을 결정하게 된다. 따라서 구매자가 사전에 수립한 관광의 예산범위가 매우 중요하므로 가능하다면 오거나이저의 관광예산 수립과정부터 여행사가 관련되어 관광의 계획 · 실행업무를 함께 수행해 나가는 것이 가장 바람직하다.

(2) 원가 중심 가격결정방법

❶ 원가가산 가격결정방법

원가가산 가격결정방법(cost-plus pricing)은 여행사에서 여행상품을 실시하기 위해 필요한 각종비용을 합산하여 여행사의 상품원가를 산정한 후, 각 상품의 단위비용에 일정비율의 영업수익금 또는 일정금액의 마크업(markup)을 설정하여 가격을 결정하는 방법이다.

이 방법은 단기적으로는 이익의 극대화에 기여하고, 상품의 판매와 운영에 있어 정해진 가격에 판매하며, 주어진 예산비용 내에서 지출이 이루어지면 되기 때문에 안전한 가격결정방법이라고 할 수 있으나, 수요량에 따른 원가의 변화 및 가격의 변화에 따른 수요량의 변화 등 현재와 미래의 수요요소를 무시한다는 단점을 가지고 있다.

따라서 원가가산 결정방법만을 사용하여 여행상품의 가격을 결정하는 것은 단기적으로는 무리가 없으나, 시장경쟁상황과 여행상품 구매자의 지불능력을 고려할 경우 장기적으로는 다른 가격결정방법을 병행하여 사용하는 것이 바람직하다고 할 수 있다.

❷ 목표수익기준 가격결정방법

목표수익기준 가격결정방법(target-profit pricing)은 여행상품의 고객이 어느 정도 확보될 때까지 여행사에서 투자되는 비용에 대하여 기회비용을 감안한 적정투자수익금을 감안하여 상품의 가격을 결정하는 방법이다.

이 방법을 사용하기 위해서는 우선 일정기간동안 판매될 여행상품의 예상판매인원수 또는 판매목표인원수를 예측하고, 여행상품에서 관광자 1인당 소요되는 평균가변비용과 일정 기간 투자하고자 하는 마케팅비용 및 기타 투자비용을 산정하여야 한다. 여행사를 경영함에 있어 장기적으로 어느 정도의 투자를 시행하고, 이에 따라 얼마의 투자수익을 목표로 할 것인지를 점검해 볼 수 있는 좋은 방법이다. 하지만 외부환경에 많은 영향을 받는 여행상품의 예상판매인원수를 정확히 예측하고, 투자비용을 계획하는 것이 쉽지 않으므로 시장상황에 대한 치밀한 분석과 계획이 요구된다.

❸ 경험곡선기준 가격결정방법

경험곡선기준 가격결정방법(experience-curve pricing)은 여행상품의 판매량 증가에 따라 상품의 원가요인인 총평균비용 감소를 고려하여 이를 여행상품의 판매가격에 반영하는 방법이다.

예를 들어, 국외관광을 취급하는 여행사의 경우 여행상품의 판매량 증가에 따라 항공요금, 호텔숙박비를 포함한 현지체재비 등의 원가요인을 낮출 수 있으며, 국내관광 및 외래관광을 취급하는 여행사도 여행상품의 판매량 증가에 따라 숙박비 · 식사비용 등의 원가비용을 일정한계까지는 계속해서 줄여나갈 수 있다. 아울러 여행상품의 판매량이 증가하면 여행사 운영비요의 가장 많은 부분을 차지하고 있는 인력비용에서도 상품운영에 따른 단위인력비용, 즉 노동생산성을 향상시킬 수 있다.

❹ 시장스키밍 가격결정방법

시장스키밍 가격결정방법(market skimming pricing)은 많은 여행사들이 경쟁사가 시행하지 않았던 공산권 여행상품, 크루즈 여행상품, 기획성 챠터여행상품 등으로 높은 가격으로 시장에 진입했다가 경쟁여행상품이 출시되면 가격을 다시 낮추는 형태로 가격을 결정하는 방법이다.

이 방법은 단기이익 마진을 최대화할 수 있다는 장점이 있는 반면, 경쟁업체에서 유사상품이 출시되면 상품의 가격을 대폭 인하하여야 한다는 점에서 장기적으로는 여행사의 신뢰도와 이미지를 손상시키는 위험이 따르는 방법이다.

따라서 시장스키밍 가격결정방법을 사용하기 위해서는 일정 기간 특정여행상품에 대하여 GSA나 Exclusive Contract 등으로 판매독점권(sales exclusivity)을 지니고 있거나, 수요가 공급을 초과하는 특정여행시장에서 영업활동을 수행하고 있거나, 특화된 여행상품으로 관광 도중 그 여행사만이 제공할 수 있는 독특한 특징이 내재되어 있는 경우, 기획여행상품 또는 계절성 여행상품으로 한시적으로 시행되는 일회성 상품인 경우, 그리고 고객로열티를 무시할 수 있는 상품이거나 고가비탄력성이 존재하는 여행상품인 경우에 적용이 가능하다고 할 수 있다.

(3) 경쟁 중심 가격결정방법

❶ 시장침투 가격결정방법

시장침투 가격결정방법(penetration pricing)은 시장스키밍 가격결정방법과 반대 개념으로 단기적으로 발생되는 이익을 포기하고 장기적인 이익가치를 추구하는데 목적을 둔 방법으로, 경쟁업체가 보유하고 있는 시장점유율을 획득하기 위한 목적으로 주로 시장진입 시에 사용한다.

따라서 이 가격결정방법을 사용하기 위해서는 고객의 로열티가 강한 상품이어야 하며, 경쟁에 있어 대안적 상품이 많은 경우, 상품의 차별화가 용이하지 않은 경우, 고객의 구매가 연속적으로 이루어질 가능성이 많은 경우에 이용될 수 있다.

❷ 모방적 가격결정방법

모방적 가격결정방법(going rate pricing)은 여행상품이 유사한 시장 내에서 경쟁자의 가격과 상품편익을 그대로 적용하는 방법으로 신상품출시가 이루어질 때 시장선도 여행사의 가격결정에 따라 상품가격을 결정하는 모방적인(imitative) 방법이다.

이 경우 선도업체는 일반적으로 수천 원에서 수만 원 정도의 차이로 가격이 높은 것으로 나타났는데, 이는 여행상품의 원가부문에서 경쟁업체들끼리 유사하기 때문이기도 하지만, 추종업체에서 원가와 상관없이 선도업체의 판매가에 일정금액을 감하여 출시하는 경우가 많기 때문이다.

❸ 경쟁입찰 가격결정방법

경쟁입찰 가격결정방법(competitive bid pricing)은 정부, 공공기관, 교육기관 등의 연수 · 시찰관련사업 시행 시 사용하고 있는 방법으로 경쟁입찰이 시행되는 여행사업의 규모는 1회성 기준으로 최소 수십 명에서 최대 수천 명의 관광인원을 대상으로 하는 것이 일반적이며, 모든 입찰은 보증보험을 동반하는 것이 일반적이다. 관광과 관련된 경쟁입찰의 방법은 최저가입찰과 예가입찰 등이 있으며, 관광총인원에 대한 총액으로 결정하는 방법과 1인당 관광경비를 산출하여 결정하는 방법이 있다.

4) 여행상품의 전술적 가격결정방법

(1) 심리적 가격결정방법

❶ 단수가격 결정방법

단수가격 결정방법(odd pricing)은 관광자들의 구매심리를 이용하여 상품가격의 끝자리수를 조정하여 가격을 결정하는 방법이라고 하며, 미국에서 흔히 사용하는 방법이다. 여행상품 구매자들은 일반적으로 10만 원, 50만 원, 100만 원에 여행상품을 구매하는 것보다 끝자리를 홀수로 하여 99,500원이나 499,000원 등으로 하는 것이 더욱 싸다는 심리적인 인상을 갖게 된다.

❷ 계층별 가격결정방법

계층별 가격결정방법(hierarchical pricing)은 세분여행시장에서 각 시장의 지불능력과 지불의사를 기준으로 차별을 두어 상품의 가격을 결정하는 방법이다. 이 방법은 세분여행시장에 따라 상이한 여행상품을 제공하여 가격을 결정하는 방법과 거의 동일한 상품으로 구성요소의 서비스 수준을 달리하여 계층별로 가격을 결정하는 방법이 있다.

예를 들어, 여행상품 중 크루즈 여행상품의 경우 동일한 일정, 동일한 관광조건 등 상품의 구성에는 별 차이가 없으나, 캐빈(cabin)의 이용등급에 따라 관광가격을 달리하고 있기 때문에 대표적인 예이며, 최근에는 여행사에서 동일한 여행상품계열에서 항공좌석의 등급, 숙박호텔의 등급 및 관광 중 식사내용의 등급을 다소 차별화하여 계층별로 관광요금을 차별화하는 경우가 있는데, 이 또한 계층별 가격결정방법의 하나라고 할 수 있다.

❸ 위장표현 가격결정방법

위장표현 가격결정방법(camouflage pricing)은 여행상품에 대한 각 구성요소의 내용을 자세히 밝히지 않고, 구매자에게 매력적인 특정내용만을 부각하여 상품이 심리적으로 싸게 보이도록 하는 가격결정방법이다.

이는 포괄관광요금의 매력을 활용하여 상품내용을 복합시키는 방법이라고 할 수 있는데, 이러한 방법으로 여행상품 구매자에게 가격을 제시할 경우 구매자는 관광조건을 기준으로 다른 여행상품과 비교하기가 힘들어지는 것은 물론, 심리적으로 제시된 여행상품의 장점만을 받아들이게 된다.

❹ 이중가격 결정방법

이중가격 결정방법(two-part pricing)은 관광자가 여행상품가격이 싸다는 이미지를 갖게 하기 위하여 여행상품의 일정요소만을 상품에 포함시키고 나머지를 선택구매하도록 하여 구매자가 심리적으로 상품의 가격이 싸다는 인상을 갖게 하는 방법이지만, 여행사의 이미지를 손상시킬 수 있는 매우 위험한 가격결정방법이라고 할 수 있으므로 경쟁이 매우 치열한 상황에서도 신중히 사용해야 하는 방법이다.

(2) 촉진적 가격결정방법

❶ 유인가격 결정방법

유인가격 결정방법(leader pricing)은 특정여행상품에 대하여 한정수량의 매우 저렴한 가격을 제공하고, 이를 관심의 대상으로 잠재수요를 유인하여 판매량을 증가시키는 데 목적이 있다. 흔히 예약순서별로 한정된 인원에게만 매우 특별한 요금을 적용한다는 광고의 내용이 바로 이런 유인가격이라고 할 수 있다.

이렇게 유인가격을 이용하는 방법은 관광의 잠재수요를 자극하는 데에는 유용한 방법이기는 하나, 한정된 인원에게만 판매할 수 있기 때문에 충성도가 높은 고객에게 실망감을 안길 수 있고, 일반고객에게도 상대적인 피해의식을 줄 수 있어 조심스럽게 사용해야 하는 방법이라고 할 수 있다.

❷ 복수단위 가격결정방법

복수단위 가격결정방법(multiple unit pricing)은 여행상품의 구매단위별로 가격을 책정하는 방법으로 관광자의 동반자에게 적용하는 요금, 일가족에게 적용하는 요금, 소규모 단체에게 적용하는 요금 및 단체규모로 예약 시 적용하는 요금 등이 있다.

기존에 몇몇 여행사에서 동반자 할인요금이라는 이름으로 이용되었으나, 2인 기준 요금으로 비교했을 때 시장에 형성된 요금과 크게 다를 바 없어 큰 반응을 불러일으키지 못했다. 따라서 2인 이상 예약 시 판매의 사전확보에 따르는 이익을 예약자에게 환원해 준다는 의미에서 할인이 적용될 필요가 있으므로 실제 시장형성가보다 다소 못 미치는 낮은 가격수준에 판매할 필요가 있다.

❸ 차등가격 결정방법

차등가격 결정방법(discriminatory pricing)이란 같은 여행상품에 대하여 고객별·용도별·계절별 및 지역별로 차등요금을 적용하여 판매하는 방법을 말한다. 이는 여행상품의 구성요소를 공급하는 업체인 항공사나 호텔 등의 규정에 따라 적용되는 경우가 대부분이다.

예를 들어, 계절별 차등가격의 설정은 매우 일반화되어 있는 추세로 성수기에는 높은 판매가격을, 비수기에는 낮은 판매가격을 적용함으로써 여행사에서는 수요의 관리가 용이해질 수 있고, 관광자의 입장에서는 성수기를 피하여 관광비용을 절감할 수 있는 효과를 불러온다.

5) 여행상품의 가격변경과 할인

(1) 여행상품의 가격변경

❶ 여행상품의 가격인하

일반적으로 여행사에서 여행상품을 운영하다 보면 가격인상보다는 가격을 인하하는 경우가 더 많이 발생하게 된다. 여행상품의 가격을 인하하는 첫 번째 이유는 여행상품 개발자가 일정량의 재무적 영업수익을 기대하고 상품을 출시했으나, 시장에서의 지속적인 경쟁환경의 변화 시장경쟁력을 갖기 위해 조정하는 경우이다. 이는 특히 여행상품의 수명주기에서 시장도입기에 있을 때 많이 발생하며, 누가 시장점유율을 높여 지배적인 시장지위를 갖느냐가 주된 이유가 된다.

둘째로는 원가의 변동, 즉 낮은 가격대의 사입이 가능해 질 때 발생한다. 새로운 항공노선이 개설되어 항공요금이 매우 낮아짐으로써 원가의 변화가 발생한 경우, 지속적인 관광자 송출로 인해 호텔로부터 연간 특별요금을 제공받는 여행사의 경험곡선효과를 갖게 된 경우 등은 원가의 변화로 판매가격을 인하할 수 있게 되는 것이다. 또한 여행상품의 가격인하는 판촉의 성격을 띠고 있는 경우가 있다. 즉 판매를 촉진시켜 현금흐름을 좋게 하고, 비수기의 자금난을 타개할 목적으로 시행되는 경우이다. 이러한 가격인하는 대개의 경우 할인과 함께 시행되는 경우가 많다.

❷ 여행상품의 가격인상

여행상품의 운영에서 가격을 인상하는 경우는 그리 많지 않다. 우선 가격인상은 기존예약자의 불평을 초래하고, 여행사의 신뢰도에 좋지 않은 영향을 미치므로 신중히 선택되는 것이 좋다. 여행사에서 여행상품의 가격을 인상하는 가장 주된 이유는 환율의 변동과 원가요소의 사입가격 상승에서 비롯된다.

외국의 대형 여행사처럼 여행산업에서 특정유형 자산을 소유하고 있지 않은 여행사의 입장에서는 항공요금의 인상이나 호텔숙박요금의 인상 등 원가구성요소의 사입가격 인상은 즉각적으로 판매가격을 인상시켜야 하는 문제에 직면하게 된다. 환율의 변동은 여행사에서 상품의 판매가격을 인상시켜야 하는 주된 요인이 된다.

상품출시에 비해 환율이 불리한 방향으로 과도하게 조정된 경우 여행사는 전혀 영업이익을 실현할 수 없을 뿐더러 상품의 적자운영을 감수해야 하는 경우가 발생되므로 이때는 환율변화로 인한 가격의 인상이 불가피해진다. 따라서 여행상품의 판매계약 시 환율변동에 따른 가격의 변동은 여행사의 입장에서 중요한 계약조건이 될 수 있다.

(2) 여행상품의 가격할인

❶ 현금할인

여행상품에 가장 많이 적용되고 있는 형태로 조기예약할인, 동반자할인, 재구매할인 등이 있다.

조기예약할인이란 여행사가 여행상품의 판매를 조기에 마침으로써 얻을 수 있는 여러 가지 양질의 성과를 갖기 위해 시행하는 것으로, 특히 크루즈 여행상품 또는 기획여행상품 등에 많이 적용되고 있다.

동반자할인이란 서로 관련이 있는 관광자가 동시에 예약을 행할 때 두 번째 예약자에게 할인을 해 주는 방법으로 여행사에서는 다량의 관광구성원의 확보를 위해 시행한다. 이는 동반자할인을 하더라도 증가된 관광구성원 수로 인한 경제적 혜택이 있기 때문이라고 할 수 있다. 그러나 몇몇 여행사에서는 동반자할인가격을 적용하여 관광자 2명의 평균관광가격을 산출했을 때 가격이 시장에 형성된 일반적인 가격과 유사해 할인 심리를 이용한 충동구매라는 지적을 받고 있기도 하다.

여행시장에서 재구매자는 여행사의 촉진비용을 절감시킬 수 있는 양질의 자원이라고 할 수 있다. 따라서 이러한 혜택을 구매자에게 환원한다는 의미에서 시행되고 있는 할인방법이 재구매할인이다. 일반적으로 재구매할인의 시행은 고객의 데이터관리가 효율적으로 시행되고 있어야 한다는 전제조건이 있다. 다시 찾아온 고객이 언제, 어느 상품을 구매했었는지를 확인하는 과정이 필요하기 때문이다.

❷ 수량할인

여행상품의 수량할인에는 누적수량과 비누적수량에 기준을 두고 있는 경우로 나눌 수 있다. 우선 비누적수량 할인은 일시에 여행상품을 구매하는 관광자의 수에 따라 그 할인의 폭을 결정하는 방법이라고 할 수 있다. 이는 관광자수의 범위를 개인관광자, 소단위 단체규모, 일반단체의 규모 등으로 나누어 할인을 적용하는 경우보다 그때그때의 상황에 따라 협상에 의한 할인 폭을 결정하는 경우가 많다는 것이 특징이다.

대부분의 항공사는 승객의 탑승누적실적에 따라 마일리지 보너스라는 상용승객 프로그램(FFP : Frequent Flier Program)을 운영하고 있다. 이와 유사한 개념의 할인이 여행상품의 누적수량할인이라고 할 수 있다. 이는 관광자가 특정여행사를 통해 구매한 누적실적에 때라 일정금액 이상의 구매가 이루어진 후 판매가격의 할인 또는 무료관광의 제공 등을 통해 할인을 실시하는 방법이다. 이러한 할인 프로그램을 실행하기 위해서는 고객의 구매기록을 철저히 관리할 수 있는 고객 데이터베이스 시스템을 필요로 한다. 고객관리시스템이 갖추어지지 않은 상태에서 누적할인을 적용하는 것은 엄청난 혼란과 고객의 불평을 동반할 수 있기 때문이다.

3. 유통 믹스전략

여행상품은 무형성의 생산과 소비의 동시성으로 소비자와 고객이 관광지와 리조트에 직접 방문하지 않으면 소비할 수 없기 때문에 관광서비스나 상품은 공급자 및 여행사로부터 구입할 수밖에 없다. 즉, 여행상품은 유통경로를 통해서 항공사, 철도, 버스, 호텔, 식당, 관광시설, 레크레이션이나 스포츠, 미술관 등과 같은 공급자와 이곳에 종사하는 직원 등에 의해서 구성되어 있는 상품으로 이것을 직접 구매한다는 것은 매우 어렵기 때문에 여행사나 여행사의 유통경로를 통해서 구입하는 것은 고객의 입장에서 매우 편리하다.

1) 여행사 내부환경

여행사 내부의 어떤 조건에 따라 유통경로를 선택할 것인가, 선택한다면 어떤 경로를 선택할 것인가를 결정할 수 있게 되며, 특히 여행사의 인적자원과 재무적인 가용자원은 이를 결정하는 매우 중요한 요소라고 할 수 있다.

재무적으로 가용자금이 충분하여 마케팅비용의 지출능력이 있고, 직원들의 영업능력이 뒷받침된다면, 다소 비용이 많이 들더라도 직접 마케팅을 통한 영업활동으로 목표를 달성할 수 있으며, 고객의 브랜드 인지도를 높이는 부수적인 효과도 얻을 수 있다. 그러나 재무자원이 부족하거나 인적판매에서 열세에 있는 경우에는 대리점을 통하여 판매하는 것이 유리하다고 할 수 있다.

2) 관광자와 여행상품의 특성

여행상품의 표적시장 내 고객들의 특성은 유통경로를 관리하는데 매우 중요한 역할을 한다. 예로 상품의 조건 하나 하나에 매우 민감한 신혼여행시장의 고객의 경우 여행상품을 개발한 여행사에 직접 예약하는 것을 선호하는 편이지만, 친목모임의 관광자인 경우 해당모임의 대표자가 추천하는 여행사를 별 무리 없이 받아들인다는 특성이 있다.

따라서 관광상담에 많은 시간과 노력을 기울여야 하는 관광자의 경우 직접 판매가 유리하다고 할 수 있으나, 위락추구의 관광자인 경우 유통경로를 이용하여 판매하는 것이 바람직하다고 할 수 있다. 또한 유통경로를 이용해 여행상품을 판매하는 경우에도 고객의 구매습성을 파악하여 유통경로를 결정하는 것이 바람직하다.

배낭여행, 산업전시여행, 크루즈여행 등 전문적인 지식을 가지고 있어야 운영과 판매가 가능한 여행상품의 경우에는 유통경로의 선택이 많이 제한되는 편이며, 해당유통경로를 매우 신중히 선택할 필요가 있다.

3) 수수료율

여행상품의 유통에 있어 수수료율(commission rate)은 무엇보다 중요한 관리요소라고 할 수 있다. 일반적으로 여행상품 유통상의 판매수수료는 10%이지만, 반드시 동일한 수수료율을 적용할 필요는 없다. 수수료는 여행상품의 소매를 위주로 하는 여행사의 경우 주 수입원이 되기 때문에 민감한 부분이 되는데, 상품을 공급하는 여행사의 입장에서는 상품가에 대한 비율이 중요하겠으나, 이를 판매하는 여행사의 입장에서는 1인 판매 시 수익이 되는 수수료의 금액이 더 중요하다고 느낄 수 있다.

따라서 상품판매에 소요되는 시간과 노력 등의 기회비용에 대하여 지불되는 판매수수료의 금액이 적절한지가 점검되어야 한다. 또한 다른 여행사에서 유사한 여행상품에 대하여 어느 정도의 수수료율을 책정하고 있는지도 감안될 필요가 있다. 아울러 여행상품의 희소성에 따라 그 비율을 조정할 필요가 있으며, 무엇보다 중요하게 고려되어야 하는 것은 판매수수료로 인해 시장에서 형성된 판매가격보다 높게 판매되어서는 안 된다는 것이다.

곧 가격이 매우 민감한 상품이거나 가격경쟁이 치열한 상품의 경우 일반적인 수수료율인 10%보다 훨씬 낮은 수수료율을 적용하여 시장경쟁력을 갖추는 것이 중요하다. 또한 수수료 지불에 있어 세금계산서의 발행 여부도 관심이 되는 경우도 있으나, 여행업의 발전과 업체의 성장을 위해서도 세금계산서의 발행은 반드시 수반되어야 한다.

4) 직접 판매와 간접 판매의 비율

여행사의 내부환경과 조건에 따라 직접 판매와 간접 판매의 비율을 설정할 수 있는데, 직접 판매의 경우 광고비용과 인적판매비용이 고려되어야 하며, 간접 판매의 경우 유통경로에 지급되는 판매수수료인 유통비용이 고려되어야 한다. 따라서 여행상품을 개발하여 운영하는 여행사는 직접 판매와 간접 판매의 비율을 어느 정도로 할 것인가의 계획을 상품별로 수립할 필요가 있다. 일반적으로 패키지 여행상품이라고 불리는 위락

추구 여행상품의 경우 전문적 지식을 갖추어야 하는 여행상품에 비해 간접판매의 비율이 높은 편이다.

또한 여행사의 정책에 따라 직접 판매와 간접 판매의 비율을 정하기도 하는데, 도매를 위주로 영업활동을 수행하는 여행사와 상품을 개발하여 직접 소매하는 여행사의 경우 그 비율이 크게 차이나는 것을 알 수 있다. 우리나라의 경우 국외관광이 자유화되면서 도매를 위주로 영업활동을 하는 여행사가 등장하여 성공을 거둔 바 있으나, 이러한 여행사도 직접 판매를 병행하는 것을 알 수 있다.

5) 구매자와 관광자의 일치 여부

기업의 출장여행, 연수교육여행, 전시회 참가여행과 각종 협회의 시찰여행, 일반관광자의 효도여행 등은 상품의 구매자와 실제관광자가 다른 경우가 대부분이다. 이 경우 관광자가 선호하는 상품의 속성과 함께 주의를 기울여야 하는 것이 구매자의 구매습성과 관련된 유통의 형태이다.

기업의 출장담당자, 즉 여행상품의 실제 구매자는 지속적인 거래관계를 갖고 있는 여행사로부터 상품을 구매하기도 하고, 해당 여행상품의 경쟁력 있는 여행사를 조사해 새로운 거래관계를 형성시키는 경우도 있다. 따라서 상품의 실제 구매자에 따라 어떠한 유통경로를 선택할 것인지를 결정해야 한다.

6) 향후 관광자 구매행동의 변화

관광자의 구매행동은 여행상품의 유통관리에 가장 커다란 영향을 미친다고 할 수 있다. 과거 구전(word-of-mouth)으로 상품구매에 많은 정보를 습득했던 관광자들은 1990년대 이후 많은 인쇄홍보물과 광고 및 컴퓨터 통신 등을 통해 더욱 많은 양의 정보를 얻고 있으며, 신용카드사의 DM 및 홈쇼핑 등 다양한 방법으로 구매행동의 변화가 일어나고 있다.

최근 들어, 사이버시장의 크기가 매우 빠른 속도로 성장하면서 인터넷이나 PC통신 등을 통해 정보를 얻고, 여기에서 구매로 연결시키는 형태도 발전하고 있다. 이는 여행사의 입장에서 향후 유통경로의 선택에 커다란 변화를 가져다 줄 수 있는 요인으로 기존의 여행사에서 가지고 있던 상담 후 판매의 기능을 컴퓨터가 대신하는 형태로 발전될 수 있는 것이다. 즉, 항공사는 항공사대로 별도의 사이버 영업활동을 수행하고, 호텔은 호텔대로 사이버공간에서 영업활동을 수행함으로써 여행사의 유통경로가 위축될 가능성이 높다는 것을 의미한다. 따라서 여행사의 유통관리를 효율적으로 운영하기 위해서는 향후 관광자의 구매행동변화를 충분히 연구하고 조사하여 이를 반영시켜야 한다.

4. 촉진 믹스전략

새로운 상품을 출시하거나 기존 상품의 품질을 개선하여 생산하였다면 이것을 어떻게 소비자에게 알리고 구매하도록 권유할 것인가를 다루는 것이 촉진전략이다. 촉진전략의 방법은 다양하지만 대체로 판매촉진, 광고, 인적판매, 홍보 등으로 나누어지며 이들을 어떻게 조합하여 활용하는 것이 가장 효율적인가가 연구의 중요 관심사이다. 촉진은 이러한 수단의 효율적 조합에 의해 주로 이루어지지만 가격, 위치, 유통 등과 연결되어 있으므로 종합적으로 고려해야 한다.

촉진전략은 일반적으로 목표시장 선정, 촉진목표의 설정, 매체와 메시지의 결정, 예산의 확보, 촉진수단을 최적으로 조합, 촉진방안에 대한 평가 및 피드백 등 6가지의 단계로 형성되며, 여행사에서의 촉진활동은 여행상품, 상품의 가격, 구매방법 등의 여행상품과 관련된 정보를 잠재적으로 관광자에게 전달하여 실제 구매가 이루어질 수 있도록 하는 활동으로 여행사에서는 주로 광고나 인적판매 등을 통해 업무를 수행하고 있다.

1) 여행상품촉진 믹스 결정요인

(1) 여행상품과 시장의 형태

여행상품의 촉진믹스를 결정하는 요인 중 가장 먼저 고려해야 할 사항은 여행상품과 시장의 형태라고 할 수 있다. 곧 시장의 형태에 따라 광고와 인적판매, 판매촉진 중 어느 분야에 비중을 둘 것인가가 결정될 수 있다. 소규모 지방에서는 인적판매에 의한 촉진활동이 광고보다 더욱 효율적일 수 있으며, 여행시장이 지리적으로 확대되어 감에 따라 광고에 의한 의존성이 높아진다.

우리나라 여행사 중 위락추구의 국외여행상품을 판매하는 대형 여행사들의 대부분이 서울에 위치하고 있고, 이들 여행사들이 여름과 겨울 성수기 기간 중 신문광고에 많은 투자를 하고 있는 것은 바로 여행시장의 형태를 감안하여 촉진믹스를 결정하고 있음을 보여준다.

아울러 여행상품의 성격에 따라 촉진믹스를 달리 할 필요가 있다. 신혼여행상품의 경우 광고와 판매촉진활동이 병행되는 것이 바람직하며, 기업체 출장여행과 연수여행은 광고보다 인적판매에 의존하는 것이 더 효율적이다. 그러나 위락추구 여행상품의 경우 광고를 위주로 한 촉진믹스의 결정이 바람직하다고 할 수 있다. 또한 우리나라 여행사의 경우 재무적 위험이 높거나 모객이 어려운 이벤트 여행상품보다 매출액을 단기간에 증가시킬 수 있는 일반패키지 여행상품과 허니문 여행상품에 더 많은 광고비용을 할당하고 있는 것은 촉진믹스의 배분이 여행상품의 성격에 따라 달라지고 있음을 나타내고 있다.

(2) 촉진전략

촉진전략에는 푸쉬전략(push strategy)과 풀전략(pull strategy)이 있다. 푸쉬전략과 풀전략을 그림으로 나타내면 〈그림 11-13〉과 같다.

푸쉬전략은 여행상품의 유통경로상에 있는 각각의 구성원들이 그 다음 단계의 구성원을 설득하는 전략을 말한다. 이 전략은 여행상품을 기획하여 시장에 출시한 도매여행사가 여행상품을 각 소매여행사에게 판매하고, 각 소매여행사는 제공된 여행상품을 관광자가 구매하도록 설득하여 판매하는 방법으로 이루어진다. 따라서 푸쉬전략은 여행상품을 관광자에게 판매하는 소매여행사의 인적판매활동이 매우 중요하며, 도매여행사의 광고활동의 비중은 줄어든다.

풀전략은 직접 잠재적 관광자를 자극하려고 할 때 이용되는 방법으로서 신문이나 TV 등의 전국광고를 통해서 관광자가 어느 정도 인지가 높을 때 사용한다. 곧 여행상품을 기획한 도매여행사가 상품출시와 함께 광고활동을 수행하고, 이를 고객이 인지하여 각 고객이 거래하고 있는 여행사에 광고되고 있는 여행상품을 주문하도록 하는 전략이다. 따라서 풀전략은 인적판매의 비중이 줄어들고, 관광자 광고활동의 비중이 높아지게 된다. 유람선을 이용한 금강산관광 여행상품과 같은 경우 많은 정보를 관광자가 인지하고 있기 때문에 관광자가 각 소매여행사에 직접 상품에 대한 문의나 구매를 시도하고 있는 것은 풀전략의 한 형태라고 할 수 있다.

그림 11-13 촉진전략

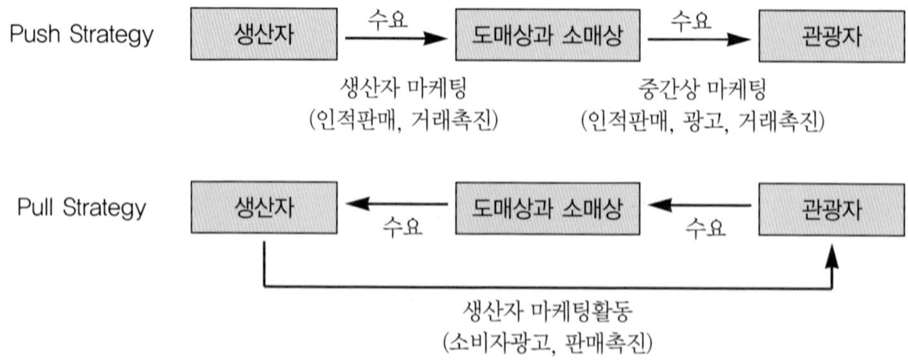

자료 : Kotler, P., J. Bowen and J. Makens. 1996 : 508. 윤대순 : 2006 : 631

(3) 구매의사결정과정의 단계

구매의사의 합리적인 과정은 여행상품에 대한 충분한 정보를 수집하여 브랜드를 평가하고 최선의 대안을 선정하는 등 모든 과정을 거쳐서 구매하는 과정이다. 이러한 과정에서 촉진의 초기에는 광고, 홍보, PR 등 대중매체를 이용해서 빨리 많은 고객에게 정보를 확산시키는 일이 중요하다. 그러나 고객이 평가단계에 진입했다고 판단이 되면 인적판매를 통해서 설득시키는 것이 중요하다고 할 수 있다. 물론 인적판매로 인한 높은 비용 때문에 항상 주의해서 수행되어져야 한다.

비합리적 구매결정과정은 정보의 수집활동도 미미하지만, 평가단계가 생략된다. 특히 충동구매 상황 하에서는 광고 등을 통한 정보의 광범위한 전달이 중요하다. 그러나 무엇보다도 중요한 것은 구매되는 시점에서의 촉진이다. 따라서 상품의 유형화를 목적으로 한 포스터전시, 할인쿠폰, 가격할인, 경품, 여행설명회 등 판촉활동이 강력하게 이루어져야 한다.

(4) 상품수명주기의 단계

도입기에는 소비자의 여행상품에 대한 인지도가 매우 낮다. 따라서 새로운 여행상품의 도입기에는 잠재고객에게 정보를 제공하고 교육을 시켜야 한다. 이 단계에서는 특정 여행상품에 대한 구매를 자극하는 것이 아니고, 상품의 효용가치에 관해서 설득시키는 것이 중요하다. 이 시기에는 인적판매에 치중하고, 방문상담이나 여행설명회 등 직접 고객을 대상으로 촉진활동을 수행하는 것이 효과적이다.

성장기에는 대체적으로 도입기에 기울였던 촉진노력을 그대로 유지한다. 특정상품에 대한 수요와 구매를 자극하고, 광고를 집중적으로 강화한다. 이 단계의 후반기에는 경쟁자의 유입으로 촉진활동이 증가하게 되는데, 인적판매와 병행해서 가격할인과 경품제공 등의 수단을 사용한다.

성숙기에는 경쟁이 심화되지만, 판매량은 더 이상 증가하지 않는다. 따라서 모든 촉진수단을 총동원하여 창의적인 촉진을 전개하는 것이 중요하다. 그러나 어떤 여행사는 매출증가율이 높지 않으므로 촉진활동을 포기하거나 줄이는 경우도 있다.

쇠퇴기에는 판매량과 수익은 계속 감소되며, 새로운 여행상품이나 기존 여행상품을 수정하여 개량한 여행상품이 출시된다. 따라서 촉진활동을 감축하거나 전면 중단하는 것이 가장 현명한 선택이라고 할 수 있다.

2) 여행상품의 촉진전략

여행상품은 다른 서비스상품과 마찬가지로 제품과는 다른 특성을 가지고 있으므로 촉진전략에 있어서도 특히 고려해야 할 점이 있다.

첫째, 여행상품은 무형성이 강하므로 구매 전에 그 상품을 확인할 수 없다. 따라서 신뢰성 확보를 통한 상품이미지 개선에 노력하고 실체적 단서(브랜드)를 활용하여 구매의 불안을 해소해야 한다. 여행상품의 경우 사회적 신뢰도가 높은 인물로 하여금 해당 상품을 소개한다거나 상품구매자의 경험담을 소개하는 경우가 있다. 유명 백화점이나 신용카드 회사의 상품광고에 여행상품을 선전하거나 할인 쿠폰을 제공하는 것도 하나의 방법이다.

둘째, 여행상품은 소멸성이 강하여 재고로 저장할 수 없으므로 상품을 제때 판매하지 않으면 안 된다. 또한 여행상품은 계절성이 강하므로 이를 극복하고 상품을 최대한 판매하기 위한 전략이 필요하다.

셋째, 여행상품은 유통경로가 없거나 있어도 매우 한정적이기 때문에 유통과정에서의 판촉활동은 실시하기 어렵고 직접 활동을 해야 한다. 여행상품처럼 중간상이 있는 경우는 중간상에 대한 촉진과 그들을 통한 인적판매에 노력해야 한다.

넷째, 인적서비스가 중요요소로 구성되어 있는 여행상품은 그 자체가 상품의 핵심이 되므로 고객이 상품의 생산과정에 참여하도록 유도한다.

(1) 구매단계별 촉진전략

❶ 구매 전 단계

일반적으로 여행상품 구매자는 여행상품을 구매하기 전에 여행상품의 특성상 재무적 위험(Financial Risk), 사회심리적 위험(Socio-Psychological risk), 성과위험(Performance Risk)과 같은 불확실성을 가진다. 따라서 상품 구입에서 오는 불확실성을 최소화하고 자사의 상품이 가장 확실하고 안전하다고 인지시켜야 한다.

재무적 위험에 대해서는 광고나 직접우편 속에 제시한 금액 이외에 그 이상의 비용이 들지 않는다는 점을 강조하고, 현금 대신 신용카드도 사용할 수 있다는 것을 알리며, 사회심리적 위험에 대해서는 사회 저명인사들도 자사의 상품을 이용한다는 것을 구체적으로 보여 주어 자사 상품의 유명도를 타사와 비교하여 보여주고, 성과위험은 구매 후 단계에서 할인쿠폰이나 할인권 등을 제공하는 방법으로 계속적인 사후관리가 필요하다.

❷ 구매단계

구매단계에서는 고객과 종사원이 만나서 종사원의 총체적인 서비스를 통해 상품의 품질을 최적화하여 고객을 만족시킨다. 동시에 다른 상품에 대한 정보를 제공하며, 광고에서 말할 수 없었던 부분까지 설명함으로써 고객의 계속적인 상품구입을 유도한다.

❸ 구매 후 단계

고객들이 여행상품에 대해 좋은 평가를 한다면 그러한 평가나 이미지가 오래도록 유지되도록 해야 하며, 불만을 가진다면 불만을 감소시키거나 최소한 다른 사람에게 나쁜 평가를 전하지 않도록 주의해야 한다. 그러나 여행상품을 이용한 후 불만을 토로하지 않고 다른 사람에게 불만을 전하는 경우가 발생하기도 한다. 따라서 여행사는 자사의 상품을 이용한 고객을 대상으로 반드시 설문조사를 실시하고 불만의 소재를 파악하고, 그것을 해소하는 방법을 강구해야 한다.

(2) 비가격 촉진전략

여행상품의 경우 가격을 낮추는 데는 한계가 있다. 특히 빈번한 가격할인은 해당상품의 이미지를 떨어뜨리고 가격의 신뢰성에 손상을 입힌다. 따라서 가격할인 외에 판매를 촉진할 수 있는 할인쿠폰제도, 수량할인제도, 보너스제도, 사은품증정, 경품제공 등과 같은 비가격 촉진수단을 총동원해야 한다.

(3) 광고전략

일반적으로 여행사에서의 광고절차는 그렇게 복잡하지 않으나 체계적인 절차에 의해 광고를 시행하는 것이 바람직하다. 상품나열위주의 광고인 경우 광고절차보다는 해당시기의 인기여행상품의 부각과 가격경쟁에 신경을 쓰고 있는 것이 현실이나, 이러한 광고도 연초 또는 분기 초에 광고의 계획수립을 통해 그 절차를 정형화하는 것이 바람직하다.

따라서 여행상품을 광고하기 이전에 광고의 표적고객을 누구로 할 것인지, 또 여행사의 인지를 목적으로 할 것인지, 구매를 목적으로 할 것인지 등의 광고목표를 결정한다. 그런 후 광고비용으로 할당될 수 있는 재무적 가용자원을 결정하여 광고의 규모를 결정한다. 많은 여행사들이 상품나열식의 광고를 하고 있으나, 장기적인 광고의 효과를 기대한다면 광고대행사를 이용하는 것이 바람직하다.

광고대행사가 결정되면 광고캠페인에 필요한 다양한 광고매체 중 어느 것을 선택할 것이며, 어디에 얼마만큼의 비중을 둘 것인가를 결정하고, 광고캠페인을 위한 광고문안의 작성, 레이아웃과 디자인 등 광고를 작성하게 된다.

그림 11-14 **광고시행의 흐름**

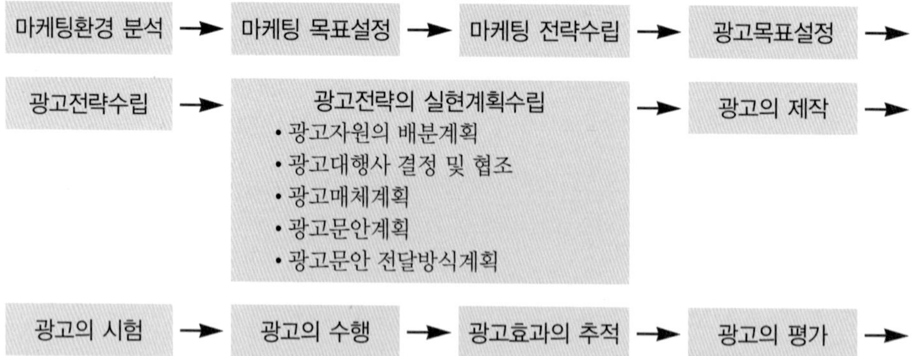

❶ 특징있는 이미지 전달 광고

현대인은 옷을 입기보다 상표를 입는다고 하듯이 광고를 통해 전달되는 상표의 이미지가 소비자들의 구매를 좌우하기 때문에 말보다 강하고 특징 있는 이미지를 중시하는 방향으로 연구되어야 한다. 더구나 요즘 신세대들은 말로 설득되지 않는다. 한순간 마음에 드는 이미지가 이들의 구매의사를 좌우한다. 예컨대, 여행상품 광고에 등장하는 대사나 광고문구가 마지막 부분에 단 한마디 브랜드명이 전부일 경우, 이들 브랜드에 익숙하지 않은 시청자들은 무슨 제품을 광고하는지도 모르고 광고를 볼 수 있기도 하지만 한번 그들에게 인지되었을 경우에는 강한 이미지를 전달하게 된다.

또한 우리나라의 상징 이미지로 비춰질 수 있는 대표성과 홍보성이 강한 종목을 CI (Corporate Identity) 대상으로 지정한 뒤, 이를 시각디자인화 또는 로고화하거나 전시 · 공연 · 영상물 · 기념품 제작 등의 다양한 기법으로 이미지 메이킹(Image Making)해서 국외에 집중 소개하는 방안도 연구되어져야 할 것이다.

❷ 고객에 따른 광고

고객에 따른 광고라 함은 여행상품의 성격에 따라 세분시장을 설정하여 특정시장에 어울리는 메시지를 가지고 공략하여야 한다는 것을 의미한다. 이러한 과제를 해결하기 위해서는 겉에서만 맴도는 관리철학에서 벗어나야 한다.

신혼여행상품을 신혼부부에게 광고하여야 한다는 단순한 논리에서 이제는 벗어나야 한다는 것이다. 또한 주 이용고객층이 학생이나 스포츠인에 해당하는 배낭여행과 같은 경우에는 스포츠지나 대학학보 등에 광고하는 전략만으로는 안 된다는 것이다. 이것은 지역적 범위와 잠재고객의 수를 고려하지 않고 다만 고객의 유형만을 감안한 광고활동인 것이다.

원칙적으로 시장이 좁거나 특정 고객에 한정되어 잠재고객의 수가 적을 경우에는 인적판매만으로 충분하다는 것이다. 따라서 냄비에 들어 있는 음식만을 볼 것이 아니라 음식을 이루는 개개의 식품들을 파악하는 자세가 필요하다.

❸ 소비구조 변화를 반영하는 광고

광고라는 것은 사회흐름에 가장 민감하게 반응하는 것이다. 어떤 때에는 사회흐름을 유도하기도 하고, 어떤 때에는 사회흐름에 따라가기도 한다. 그 대표적인 예가 소비양극화이다. 즉, 소비도 경기처럼 양극화가 극심하다는 것이다.

일반적으로 소득향상에 따른 소비구조변화는 불가피한 현상이지만 그 추세가 너무 빠르다는 데에 문제가 있다는 것을 인식하여 구조조정 과정에서 잘 적응하여야 할 것이다. 작금의 고급여행 선호패턴, 신세대의 파격적인 소비풍조를 반영할 수 있는 광고전략수립은 현재 우리 여행업체들이 피할 수 없는 숙명이 되었다.

❹ 광고효과 측정을 통한 매체 차별화

광고지출의 효과를 측정하는 것은 특히 광고주 사이에서 중요한 마케팅 조사의 문제가 되어 왔다. 이러한 측정딜레마를 다루는 연구들은 여러 가지의 주요한 장애에 당면하게 되는데, 그 중에서 광고의 영향을 분리하는 일은 대단히 어려운 과업이다.

대부분의 여행사 경영자들은 광고의 효과를 측정하기 위하여 판매결과시험을 사용하는데, 이러한 시험은 촉진예산의 지출단위당 상응하는 매출액 증가를 요구한다. 하지만 근본적인 어려움은 시장에서 작용하고 있는 여타의 변수들을 통제하기 어렵다는 것이다. 예를 들어, 천만 원의 광고비를 지출한 후 매출액이 3천만 원이나 증가되었다고 하자. 이러한 증가는 광고비 지출뿐만 아니라 경쟁자의 가격인상이라는 요인이 함께 작용하였을 가능성도 있다는 것이다.

따라서 경영자들은 통상 간접적인 평가방법을 사용하여 특정한 여행상품이나 광고물을 얼마나 기억하는지, 그리고 광고물을 구독하는 사람의 수가 얼마나 되는 지와 같은 계량화할 수 있는 요인에 집중하게 된다. 그러나 여기서 중요한 문제는 변수들을 매출량의 변화와 관련시키기 어렵다는 것이다.

또 다른 문제는 마케팅조사의 비용이 많이 소요된다는 점인데, 촉진지출의 효과를 정확하게 평가하기 위해서는 큰 투자가 필요하다. 대부분 여행사들이 행하고 있는 관광자 모집광고는 당일로 광고효과가 바로 나타나기 때문이다.

결과적으로 여행상품 광고는 그 매체를 선정할 경우 여행상품의 특성을 고려함은 물론, 광고접촉 조사를 통하여 광고전 · 중 · 후에 대응해 나가야 할 방안을 마련하는 것이 기본이다.

❺ 구사시기별 광고

가. 여행상품 개발 전

광고는 특히 여행상품에 관하여 고객들이 잘 모르는 이러한 시기에 있어서 중요한데, 이때에는 도달고객당 비용이 가장 저렴하게 수행될 수 있는 광고를 사용하며, 특별판매조치와 같은 촉진활동을 통하여 여행상품에 대한 관심과 격려를 하는 것이 바람직하다.

나. 여행상품 판매 중

이 시기에는 구전광고효과가 여행상품에 작용하기 시작하기 때문에 자사의 촉진노력을 보완하거나 대체하는 것이 옳다. 또한 많은 타 여행사들이 시장점유율을 높이려고 한다면 촉진노력을 더 견고히 하여야 할 것이다. 그러기 위하여 여행상품의 새로운 용도와 특징을 광고하는데 많은 비용을 지출하여야 하며, 특히 특별판매노력을 더 기울일 필요가 있다.

다. 보강된 여행상품 광고

일반적으로 여행상품은 일정한 주기를 거친다고 할 수 있는데, 그 주기 중 쇠퇴기에 접어든 여행상품일 경우에는 두 가지 조치방안을 취하는 것이 통례이다. 그것은 폐기할 것이냐, 아니면 더 보강하여 새로운 여행상품의 모양을 갖춰 다시 판매할 것이냐이다. 이중 후자의 경우에는 또 다른 광고활동이 필요하다.

결과적으로 새로운 여행상품이란 것이 눈을 뜨고 일어나면 신상품이 탄생하는 여타 상품과 같아 여행상품 시장의 불꽃 튀는 삼국전쟁은 불가피하다. 따라서 광고에서도 치열한 접전을 벌이지 않을 수 없는 것이다. 독특한 슬로건과 달라진 모양새를 보여주는 등 정직하고 자사 여행상품의 장점을 부각시킨 차별화 광고로 자사만의 메시지를 호소할 수 있는 방향으로 전개하여 나가야 한다.

❻ 여행상품의 성격에 따른 광고

여기서 말하는 여행상품의 성격은 전체적인 의미가 아닌 여행상품의 개별상품들이 가지고 있는 특성들을 의미한다. 여태껏 대부분의 여행사들은 개별상품에 따른 광고를 행하는 데에 몹시 인색하지 않았었나 하는 생각을 하게 된다. 어떤 여행상품은 광고를 하여야 더욱 더 큰 효과를 얻을 수 있으며, 어떤 여행상품은 홍보, 판매촉진, 인적판매 등을 행하여야 더 큰 효과를 얻을 수 있다. 이러한 것은 불필요한 광고비를 줄일 수 있는 전략인 것이다.

예컨대, 포상여행상품인 경우 막대한 비용을 투자해 가면서 신문상에 광고하는 것보다 이러한 여행상품의 주 고객이 기업체인 만큼 기업체에 전화를 하거나 방문하는 인적판매 활동이 더 효과적일 수 있다.

참 고 문 헌

1. 국내문헌

고택운 외 4인, 카지노경제학, 백산출판사, 2014.

강순영, 나도 여행사 ceo가 되고 싶다, 백산출판사, 2014.

관광서비스연구회, 관광서비스, 기문사, 2017.

김근종, 서비스 이해, 도서출판 새로미, 2017.

김성용, 여행사경영론, 기문사, 2015.

김맹선.이수희, 신관광학원론, 도서출판 새로미, 2017.

김병헌.송미선, 항공여객예약실무, 기문사, 2016

김주연,이형백. 여행업 이해. 대왕사. 2015.

김찬영, 관광항공운송사업론, 대왕사, 2000.

김창수, 관광열차상품의 특화개발 방안, 관광경영학연구 제12호, 관광경영학회, 2001.

나태영 외3명. 여행사경영실무, 대왕사. 2016.

미래서비스아카데미, 글로벌 문화관광, 도서출판 새로미, 2016.

박시범.이병열.서정원, 뉴관광학개론, 도서출판 새로미, 2016.

박희일.박승영, 최신 관광법규, 기문사, 2016.

송필수, 최신관광법규론, 기문사, 2016.

서용건, 국제관광 경영과 문화, 백산출판사, 2014.

이광원.위상배, 관광학의 이해, 기문사, 2016.

이정학, 서비스 경영, 기문사, 2016.

이현동. 여행항공실무. 한올출판사. 2016.

안대희 외5인, 여행사경영론, 백산출판사, 2017.

임형택.곽대영, 관광마케팅, 도서출판 새로미, 2017.

아시아나애바카스정보(주), CRS 기본예약, 아시아나애바카스정보(주), 2016

오수철 외 3인, 카지노경영론, 백산출판사, 2015.

유경미.박주희, 카지노 운영관리, 백산출판사, 2017.

윤대순, 여행사경영론, 기문사, 2012.

______, 관광경영학원론, 백산출판사, 2000.

윤기명. 김영호, 관광자행동론, 기문사, 2011.

최승국 외3명. 여행사실무론. 한학사. 2015.

최영기, 세계문화체험, 기문사, 2016.

하동현, 외2명 여행사경영론, 대왕사, 2017.

하인수, 여행사 경영업무론, 기문사, 2016.

한국여행업협회, 여행불편신고처리사례집, 2017.

항공여행아카데미, 여행사경영론, 도서출판 새로미, 2016.
토파스여행정보(주), 토파스 예약 발권 실무, 2017.

2. 국내논문 학술 연구

강영덕, 랜드오퍼레이터의 역량이 여행사의 경영성과와 장기거래지향성에 미치는 연구. 경기대학교 관광전문대학원. 2016. 02.
구민호. 일본 인바운드 여행사의 전통공연 관광상품 개발 요인에 대한 연구. 가톨릭대학교 글로벌융합대학원. 2016.02.
구본기, 송흥섭. 카지노 종사원의 직무스트레스가 비인격화와 성취감소진에 미치는 영향 연구. 관광연구. 제31권제1호. 대한관광경영학회. 2016. 02
김병산. 여행업의 유통경로와 가치사슬:중국인바운드 시장을 중심으로. 한국관광정책제63호.2016.03.
김윤배. 카지노의 사회적 책임이 문화마케팅을 통하여 기업가치에 미치는 영향. 경주대학교 대학원. 2016. 02.
류병직. 아웃바운드 여행업의 E-서비스품질이 관계의 질, 충성도에 미치는 영향. 단국대학교 경영대학원. 2017.02
박승영, 김희성. 여행업의 환경불확실성과 직무만족 간의 관계 연구. 관광경영연구 제21권제1호 2017.01.
신선혜. 여행사 종사원의 표면행위와 내면행위가 일-가정 갈등과 정서적 소진에 미치는 영향. 계명대학교 대학원. 2017. 02.
송흥섭. 카지노 종사원의 감정노동이 직무스트레스를 통한 직무소진에 미치는 영향. 경주대학교 대학원. 2016. 02.
안주영, 정현경,조용현. 여행업종사자의 고용의 질 인식에 관한 연구. 관광학연구. 제40권제3호. 2016.03.
양재필. 4차산업혁명의 쇄도, 대변화 직면한 여행업, 트레블투라이프. 2017.01.31
이종화. 대형마트 내 입점 여행사의 서비스 품질이 고객만족과 구매의도에 미치는 영향. 계명대학교 대학원. 2016. 08.
이창복, 이기종. 도,소매 여행사 간의 거래가치가 소매여행사의 신뢰,몰입,만족 및 장기지향성에 미치는 영향, 한국관광연구학회 제30권제3호. 2016. 03.
이혜정. 여행사 종사원이 지각한 블랙컨슈머의 행동이 소진에 미치는 영향. 계명대학교 대학원. 2016.02.
천기영. 여행업 프랜차이즈 선택속성이 신뢰,만족,관계지속의도에 미치는 영향.경희대학교 관광대학원. 2016.02
천덕희, 김경희. 여행업 종사원과 고객 간의 래포에 여향을 미치는 선행요건과 결과 요인에 관한 연구. 호텔리조트연구.제15권제2호. 2016.05.

천민호, 이철진. 여행업종사자의 브랜드 일치성과 조직유효성의 관계. 관광레저학회. 2016.11.
한성환. 여행사의 내부마케팅 요인이 종사원의 자기효능감과 조직몰입에 미치는 영향. 경기대학교 관광전문대학원. 2016. 02.
한학진, 강혜숙. 여행업 종사자의 성 평등 인식차이 및 성인지에 미치는 영향 연구. 호텔관광연구 제18권제2호. 2016.03.

3. 외국문헌

Davies, B. Industrial Organization and Competition in the U.K. Tour Operator/Travel Agency Business, 1989-1993: An Econometric Investigation (Journal of travel research, Vol.39 No.4, 2001
Law, R.; Guillet, B. D.; Leung, R. An Analysis of The Lowest Fares and Shortest Durations for Air-Tickets on Travel Agency Websites (Journal of travel &tourism marketing, Vol.27 No.6, 2010
Lai, I.K.W. The Role of Service Quality, Perceived Value, and Relationship Quality in Enhancing Customer Loyalty in the Travel Agency Sector (Journal of travel &tourism marketing, Vol.31 No.3, 2014
Ting, C.W.; Chen, M.S.; Lee, C.L. The Influences of Travel Product Types on Online Travel Purchasing of e-Travel Agency(Advanced Materials Research, Vol.459 No.- 2012 unknown. Travel agency CIO Kathryn Akerman (Computerworld, Vol.45 No.2, 2011
Tsai, Yao-Hsu. Travel agency managers' perceptions of tourism industry employability (Journal of hospitality, leisure, sport &tourism e, Vol.20 No.-, 2017
Pichpibul, Tantikorn. Improving Vehicle Routing Decision for Travel Agency in Chonburi, Thailand (LECTURE NOTES IN ELECTRICAL ENGINEERING, Vol.2015 No.349, 2015
Hassanli, N.; Brown, G.; Tajzadeh-Namin, A. Tourist decision-making: selecting a travel agency in Iran (Anatolia Turizm ve Cevre Kulturu Dergisi, Vol.24 No.3, 2013
Xu, Jing (Bill); Yan, Libo. How Students Perceive Travel Agency?Related Degree Courses (JOURNAL OF HOSPITALITY AND TOURISM EDUCATION, Vol.27 No.1, 2015
Zhang, Bai-ju. Research on Teaching Innovation of Travel Agency Product Design Based on CDIO Mode (JOURNAL- JILIN INSTITUTE OF CHEMICAL TECHNOLOGY, Vol.33 No.10, 2016
Tsai, Y.-H.; Wu, C.-T.; Wang, T.-M. Attitude Towards Green Hotel by Hoteliers and

Travel Agency Managers in Taiwan (ASIA PACIFIC JOURNAL OF TOURISM RESEARCH, Vol.19 No.9, 2014

Garcia, M.A.R. Effects of competition and quality on hotel pricing policies in an online travel agency (TOURISM ECONOMICS, Vol.19 No.1, 2013

DÃƒÂ-az, E.; MartÃƒÂ-n-Consuegra, D.; Esteban, g. Perceptions of service cannibalisation: The moderating effect of the type of travel agency (Tourism Management, Vol.48 No.-, 2015

Lee, Kwang-Woo; Han, Heesup; Hwang, Jinsoo. Developing a matrix for assessing serviceability of U.S. online travel agency websites (Social behavior and personality, Vol.45 No.1, 2017

Ling, L.; Guo, X.; Yang, C. Opening the online marketplace: An examination of hotel pricing and travel agency on-line distribution of rooms (Tourism Management, Vol.45 No.-, 2014

Garcia-Pozo, A.; Sanchez-Ollero, J.L.; Marchante-M. Educational mismatch and returns on human capital in the Spanish hospitality and travel agency sectors(TOURISM ECONOMICS, Vol.20 No.2, 2014

Chang, K. C. Feeling leads to believing: a Kansei-based approach to explore website users' purchase intention in the travel agency sector (INFORMATION SYSTEMS AND E-BUSINESS MANAGEMENT, Vol.15 No.1, 2017

4. 홈페이지

문화체육관광부 -www.mcst.go.kr/

외교부 -www.mofa.go.kr/

한국관광공사 -www.visitkorea.or.kr/

국회도서관 -www.nanet.go.kr/

경기대학교 금화도서관 -http://keumhwa.kyonggi.ac.kr/

학술연구정보서비스 -www.riss.kr/

한국관광연구원 -www.kcti.re.kr/

한국관광협회중앙회 -www.ekta.kr/

국외여행인솔자협회 -www.tckorea.or.kr/

한국여행업협회 -www.kata.or.kr/

한국카지노협회 -koreacasino.or.kr/

한국마케팅협회 -www.prideofkorea.com/

한국관광연구학회 -www.ktra.or.kr/

대한관광경영학회 -www.kastm.or.kr/

웃비아의 샛길로 빠지는 여행 -blog.naver.com/utbia

저 자 소 개

■윤 대 순(관광경영학박사 & 교육학박사)

- 경기대학교 관광경영학과 명예교수
- 안양시 시민축제추진위원장
- 사단법인 한국관광산업포럼 이사장

[학력]

- The George Washington University 대학교육행정 교육학박사
- City University Los Angeles 경영학과 관광경영학박사
- 경기대학교 대학원 경영학과 박사과정수료
- 경기대학교 대학원 관광경영학과 관광학석사
- 경기대학교 관광경영학과 관광학사

[경력]

- 현) 수원시, 안양시, 화성시 정책자문위원
- 현) 수원시예산심의위원, 수원시의회 국외여행심의위원
- 현) 관광호텔업 등급심사위원
- 현) 관광경영학회 고문, 스포츠관광학회 고문
- 서울특별시교육감인증 고등학교 교과서 관광레저와 골프장경영관리 최고집필위원
- The George Washington University 교환교수 3년
- 사단법인 경기지역 사회경제연구소 이사장
- 사단법인 한국장학재단 이사
- 비젼 2025 화성시와 광명시 자문위원
- 논산대건중고등학교 총동창회장
- 관광경영학회 제1대 제2대 회장, 관광통역안내원연합회 회장
- 영진전문대학 관광과 교수
- 관광호텔 2년, 여행사 10여 년 근무

[자격증]

- 관광호텔종사원자격증 교통부 812호(1968)
- 제1기 관광영어통역사자격증 합격(1971)
- 제1기 국외여행인솔자자격시험 합격(1982)

[저서와 논문]

- 여행사경영론, 여행사실무론, 관광기본영어, 세계문화와 관광, 기문사.
- 관광경영학원론, 항공실무론, 관광과 예절, 논문 쉽게 잘 쓰는 방법, 베이커리경영론, 백산출판사.
- 여행사마케팅, 관광마케팅, 주장경영론, 대왕사.
- 고등학교 교재, 관광레저, 골프장경영관리, 서울특별시교육청, 관광의 정의확립에 관한 연구 외 다수

■구 본 기(관광학박사)

- 경주대학교 관광학부 관광경영학과 교수
- 사단법인 한국관광산업포럼 편집위원장

[학력]

- 경기대학교 관광전문대학원 관광사업경영 관광학박사
- 경기대학교 관광전문대학원 관광사업경영 관광학석사
- 안양대학교 관광경영학과 졸업

[경력]

- 경기대학교 법인 (주)경기항공여행사 대표이사
- 경기대학교와 상지대학교 겸임교수
- 문화관광정책연구원 관광경기전망 평가위원
- 관광경영학회와 한국관광정책학회 이사
- 사단법인 밝은미소운동본부 정회원
- 경북사랑시민연대 운영위원
- 문화관광학회, 대한관광경영학회, 대한경영학회 정회원

[저서와 논문]

- 세계의 문화와 관광, 기문사, 2005.
- 관광경영학원론, 백산출판사, 2007.
- 항공사실무론, 백산출판사, 2009.
- 여행사비용우위와 차별화우위를 통한 경영성과 전략에 관한 연구 외 다수

■윤 기 명(관광학박사)

- 현) 강동대학교 항공관광과 겸임교수
- 현) (사) 한국국외여행인솔자협회 사무총장
- 현) 남서울평생교육원 국외여행인솔자 자격증 취득반 주임교수
- 현) (사)한국에니어그램연구소 전임 강사
- 현) 국제관광산업학회 이사
- 현) (주) 지구촌여행사 이사

[학력]

- 경기대학교 일반대학원 관광경영학과 박사
- 경기대학교 일반대학원 관광경영학과 석사

[경력]

- 경기대학교 관광경영학과 겸임교수
- 호원대학교 관광경영학과 강사
- 관광경영학회 이사, 대한관광경영학회 이사

[자격증]

- 지식최고경영자(K-CEO)과정 14기 수료
- 한국형에니어그램 전문강사자격증 취득
- 국외여행인솔자 자격증 취득
- 관광종사원자격증 취득

[저서와 논문]

- 관광경영학원론, 백산출판사, 1997.
- 항공사실무론, 백산출판사, 2009.
- 관광자행동론, 기문사, 2011.
- 국외관광자보험의 개선방안에 관한 연구 외 다수

■이 경 숙(관광경영학박사)

- 현) 김포대학교 관광경영과 교수

[학력]

- 경기대학교 일반대학원 관광경영학과 졸업(박사)
- 경희대학교 경영대학원 관광경영학과 졸업(석사)
- 청주대학교 경상대학 관광경영학과 졸업(학사)

[경력]

- ㈜ 신라항공여행사 실장
- ㈜ 매일관광 이사
- 오케이월드투어(랜드사) 대표
- 국내여행안내사 면접위원

[저서와 논문]

- 관광호텔 회계원리, 새로미, 2008
- 관광실용일본어, 새로미, 2010
- 관광기초일본어, 새로미, 2009
- 관광일본어(기본편), 형설출판사, 2002

■최 현 묵(관광학박사)

- 현) 백석대학교 관광경영학과 겸임교수
- 현) 용인대학교 문화관광학과 강사
- 현) 부천대학교 호텔관광경영과 겸임교수
- 현) (주)린투어 부대표이사

[학력]

- 경기대학교 관광전문대학원 관광경영학 박사
- 경기대학교 관광전문대학원 관광경영학 석사

[경력]

- (주)레드캡투어 근무
- 경기대학교 관광전문대학원 강사
- 남서울대학교 관광경영학과 강사

[자격증]

- 국외여행인솔자 자격증 취득
- 교원자격증 취득
- 관광종사원자격증 취득

[저서와 논문]

- 국가직무능력표준(NCS) 학습모듈 집필, 2014
- 여행사 종사원의 고객지향성 증진 방안 연구 외 다수

여행업 경영론

2018년 2월 1일 초 판 인쇄
2018년 2월 5일 초 판 발행

저 자 윤대순 · 구본기 · 윤기명 · 이경숙 · 최현묵
발행인 한 인 환
발행처 도서출판 **기 문 사**
등 록 1978. 8. 9. NO. 6-0637
주 소 서울시 동대문구 안암로 50-1(용두동) 홍신빌딩 3층
전 화 02) 2265-7214 / 922-8662~8663
팩 스 02) 922-8772

homepage : www.kimoonsa.co.kr
e-mail : book@kimoonsa.co.kr

ISBN : 978-89-7723-772-8 93320

정가 : 18,000원